Bernhard Hauser, Winfried Humpert

signifikant?

Einführung in statistische Methoden für Lehrkräfte

Klett und Balmer Verlag Zug

Klett | Kallmeyer

Bibliografische Information der Deutschen Nationalbibliothek
Die Deutsche Nationalbibliothek verzeichnet diese Publikation in der Deutschen Nationalbibliografie; detaillierte bibliografische Daten sind im Internet über http://dnb.d-nb.de abrufbar.

Impressum

Bernhard Hauser, Winfried Humpert
unter Mitarbeit von: Dölf Looser, Verena Messerli und Marion Rogalla
signifikant?
Einführung in statistische Methoden für Lehrkräfte
In der Reihe: Lehren lernen – Basiswissen für die Lehrerinnen- und Lehrerbildung
Herausgegeben von Lucien Criblez, Jürgen Oelkers, Willi Stadelmann

4., korrigierte Auflage 2022

Druck: BELTZ Grafische Betriebe GmbH, Bad Langensalza
Printed in Germany

ISBN D: 978-3-7800-8014-1
ISBN CH: 978-3-264-83847-3

BERNHARD HAUSER, WINFRIED HUMPERT

signifikant?

Einführung in statistische Methoden für Lehrkräfte

unter Mitarbeit von: Dölf Looser, Verena Messerli und Marion Rogalla

Klett und Balmer Verlag Zug

Klett | Kallmeyer

Vorwort der Reihenherausgeber

„Ich glaube nur der Statistik, die ich selbst gefälscht habe." Dieses Zitat, das dem ehemaligen britischen Premierminister Sir Winston Churchill zugeschrieben wird[1], soll nicht einen Generalverdacht gegen Zahlen und Statistik andeuten, sondern darauf aufmerksam machen, dass zwar Zahlen und Statistiken dazu dienen, Sachverhalte zu präsentieren und aufzuklären, dass sie aber selber auch immer kritisch geprüft werden müssen. Der vorliegende Band der Reihe *Lehren lernen – Basiswissen für die Lehrerinnen- und Lehrerbildung* versteht sich denn auch als Einführung in statistische Grundbegriffe mit dem Ziel, Zahlen und Statistiken richtig lesen, interpretieren und kritisch prüfen zu können.

Weshalb brauchen Lehrerinnen und Lehrer statistische Grundkenntnisse? Weil sie in der Ausbildung, in der Weiterbildung, im Beruf, ja sogar in ihrem privaten Alltag immer häufiger mit Zahlen und Statistiken über Bildung und Erziehung, Schule, Lernen und das Aufwachsen von Kindern und Jugendlichen konfrontiert werden. Nicht nur die Medien argumentieren oft mit Zahlen, sondern auch versierte Eltern greifen auf Statistiken zurück, um ihre Interessen zu untermauern. Die Resultate von Schulevaluationen und international-vergleichenden Schulleistungsmessungen (z. B. PISA), aber auch von nationalen und regionalen Tests, werden in Form von Statistiken präsentiert. Die Schulen selbst sind durch die verstärkte Rechenschaftspflicht aufgefordert, sich selbst immer wieder in Zahlen darzustellen. Gegenüber den Schulaufsichtsbehörden, aber auch gegenüber der Öffentlichkeit. In der Aus- und Weiterbildung von Lehrerinnen und Lehrern werden immer häufiger empirische Studien präsentiert und verwendet, sei es in pädagogischen und psychologischen Ausbildungsmodulen oder in der Fachdidaktik, die sich immer stärker an der empirischen Unterrichtsforschung orientiert.

Deshalb müssen Lehrerinnen und Lehrer heute über statistische Grundqualifikationen verfügen, nicht um selber komplizierte statistische Verfahren anwenden, sondern um Statistiken kritisch lesen und interpretieren zu können. Es geht im hier vorliegenden Band also um die Hinführung zu einer Art *statistical literacy*. Die Einführung wird ergänzt mit Übungen und Aufgabenbeispielen im Downloadbereich. Als Rechenbeispiel dient eine fiktive Unterrichtsklasse. Statistik wird an Schulbeispielen veranschaulicht und die praktischen Übungen weisen bei der Analyse von einfachen Sachverhalten auf Möglichkeiten und Grenzen grundlegender statistischer Verfahren hin.

Lucien Criblez, Jürgen Oelkers, Willi Stadelmann

---

1 Vgl. Barke, W. (2004). „Ich glaube nur der Statistik, die ich selbst gefälscht habe..." Statistisches Monatsheft Baden-Württemberg, (11), 50–53

Vorwort zur 2. Auflage

Waren quantitative Methoden und Statistik in der Ausbildung von Lehrpersonen vor zehn Jahren noch weitestgehend unbekannt, so bahnte sich in den letzten Jahren eine Trendwende an. Begünstigt durch die seit dem Jahr 2000 alle drei Jahre durchgeführte und breit diskutierte Vergleichsstudie PISA zur Wirksamkeit von Schule, aber auch durch verschiedene länderspezifische und lokale Wirksamkeits- und Evaluationsstudien wurde Statistik in der Lehrerausbildung immer mehr zum festen Bestandteil der beruflichen Fachsprache und des Curriculums. Insbesondere der Begriff der ‚Signifikanz' hat Einzug gehalten in die Alltagssprache, weshalb nicht zuletzt schon der Titel unseres Buches dies zentrale Konzept der Statistik in den Mittelpunkt stellt. Neue – auf die Bedürfnisse von zukünftigen Lehrpersonen zugeschnittene – Lehrbücher kommen heraus, die größere Anteile an deskriptiver und schließender Statistik aufweisen.

Statistikunterricht bei Lehrpersonen bedarf einer besonderen Didaktik; dies war bereits bei der 1. Auflage des Buches „signifikant?", das aus einem begleitenden Forschungsprojekt der beiden Autoren entstand, klar. Hier zeigte sich auch neben anfänglicher nicht unerheblicher Skepsis gegenüber der Statistik bei Studierenden nach gründlicherer Beschäftigung mit statistischen Themen durchaus eine relativ breite Akzeptanz gegenüber dem Stoff (Humpert, Hauser & Nagl, 2006).

An der Pädagogischen Hochschule St. Gallen (PHSG) haben in den letzten Jahren über 1000 zukünftige (Primar-)Lehrpersonen in den ersten Semestern mit dem Lehrbuch „signifikant?" gearbeitet. Ihnen gilt unser erster Dank für Anregungen zur 2. Auflage. Auch den Kolleginnen und Kollegen, welche das Fach *Wissenschaftsmethoden* an der PHSG unterrichten, danken wir für konstruktive Diskussionen und nützliche Anregungen.

Für die Datenverarbeitung mit Excel haben sich inzwischen einige Neuerungen ergeben. Herrn Guido Knaus von der PHSG sei herzlich dafür gedankt, dass er die Excel-Befehle im Buch sowohl für Windows als auch für Mac auf den neuesten Stand gebracht hat.

Abschließend bedanken wir uns für das Verständnis für die notwendigen Anpassungen der 2. Auflage bei Frau Dr. Gabriela Holzmann und Frau Kerstin Houba vom Friedrich-Verlag.

St. Gallen (CH) und Konstanz (D), im Juli 2015

Bernhard Hauser und Winfried Humpert

Einleitung

Lehrerinnen und Lehrer sollten auch etwas von Forschung verstehen. Das ist in Deutschland schon länger so, in der Schweiz seit einigen Jahren neu. Forschen heißt nichts anderes, als das Leben befragen, sich innerhalb eines Themas mit Fragen beschäftigen wie: „Was ist wahr?“, „Was erzeugt bessere, was schlechtere Wirkungen?“. Lehrpersonen stehen solchen Fragen in ihrem Alltag häufig gegenüber. Sei es, wenn sie im Unterricht mithilfe von Fragen das Denken von Kindern verstehen wollen oder sie durch Prüfungen den Lernertrag ermitteln. Seit einigen Jahren werden sie auch vermehrt mit Forschungsergebnissen konfrontiert, die die Unterrichtsqualität betreffen. Diese sollten kritisch gelesen und hinterfragt werden. Erst dann können sie im Unterricht berücksichtigt werden und dazu beitragen, die Qualität des alltäglichen Unterrichts zu verbessern.

Wo vor 15 Jahren die Begründung eines Arguments mit wissenschaftlichen Ergebnissen meist mitleidig belächelt wurde („Was versteht der schon von der Praxis?“), da mutieren heute Mehrheiten von Lehrpersonen beim Verweis auf Ergebnisse aus der Hirnforschung fast schon zu Gläubigen. Letztlich sind beide Haltungen zutiefst unwissenschaftlich. Forschung sollte stets das kritische Verstehen lehren. Vor 14 Jahren hatte Klaus Grawe (1994) seinem umfassenden Buch über die Wirkungen von Psychotherapie den Titel gegeben: „Von der Konfession zur Profession“. Michael Zutavern hat dies einmal in einem knappen Satz zusammengefasst: *„Schließlich braucht es Forschung, um die Ausbildung zum Beruf selbst zu fundieren und Berufsnovizen früh im kritischen Umgang mit Wahrheit einzuüben.“* (Zutavern, 2001, S. 19)

Nur ist diese neue Kompetenz der wissenschaftsbasierten kritischen Vernunft nicht ohne Aufwand zu haben: *„Pädagogisch-psychologische Forschung war und ist stets der anstrengende, immer nur partiell erfolgreiche Versuch, die Behauptung Paul Valerys zu widerlegen, nach der alles Einfache theoretisch falsch und alles Komplizierte praktisch unbrauchbar ist.“* (Weinert 1996, S. 10) Forschung bringt also oft Unerwartetes und Kontraintuitives. Wissenschaftliche Ergebnisse passen häufig weniger ins eigene Handlungs- und Denkkonzept, als einem lieb ist. Wie kaum ein anderer Lebensbereich erfordert Wissenschaft das, was gemeinhin als „Offenheit für Neues“ bezeichnet wird. Oft erweisen sich alte Vermutungen unerwartet als richtig, genauso wie lieb gewordene und für gut befundene Handlungspräferenzen sich als ungünstig erweisen können. Die Konfrontation eines Berufsstandes mit seinen Beständen an durch Forschung gestütztem Wissen ist eine echte Herausforderung. Die Auseinandersetzung mit Forschung hat stets (Neben-)Wirkungen. Die Integration forschungsbasierter Wissens- und Handlungsbestände in das eigene berufliche Tun ist, davon sind wir überzeugt, sowohl befreiend als auch bereichernd.

In diesem Buch werden nur die Grundlagen der Statistik erläutert. Ziel des Buches ist nicht der Aufbau von vollständiger Forschungskompetenz. Dazu gibt es schon mehrere ausgezeichnete Lehrbücher, auf welche an geeigneter Stelle hingewiesen wird. Ziel des Buches ist das Verständnis der grundlegenden Konzepte der Wissenschaftsmethoden im Zusammenhang mit Schule und Erziehung. Deshalb werden die beschriebenen Inhalte jeweils innerhalb von Kästen mit Beispielen zu Schule, Unterricht und Erziehung verdeutlicht.

Das Buch ist aus den Unterlagen hervorgegangen, mit welchen wir seit dem Jahr 2003 an der Pädagogischen Hochschule des Kantons St. Gallen (PHSG) in den beiden Modulen „Wissenschaftsmethoden" und „Empirieprojekt" gearbeitet haben.

Eine weitere wesentliche Grundlage für das Buch ist das Forschungsprojekt „Empirische Methoden" der Internationalen Bodensee-Hochschule (IBH), das in Kooperation mit der Arbeitsgruppe Methodenlehre des Fachbereichs Psychologie der Universität Konstanz durchgeführt wurde (Hauser & Humpert, 2005; Humpert, Hauser & Nagl, 2006).

Dieses Lehrbuch versucht wichtige statistische Grundlagen in einer verständlichen Sprache zu vermitteln und auf die Praxis des Lehrberufs zu beziehen. Zudem haben wir uns bemüht, den minimalen Qualitätsansprüchen von Forschung und Wissenschaft gerecht zu werden. Dabei reicht es nicht, die Dinge einfach sachlich richtig darzulegen. Angehenden Lehrpersonen sollte vorgelebt werden, wie Dinge erklärt werden müssen, damit sie von möglichst vielen Lernenden auch verstanden werden. Genauso, wie wir von Lehrpersonen erwarten, dass sie den Dreisatz nicht nur so einführen, dass Kinder diesen mit einem blinden Automatismus anwenden können, sondern ihn auch verstehen, genauso haben wir uns darum zu bemühen, dass möglichst alle Studierenden das Konzept der Signifikanz verstehen. Bei dieser Gratwanderung zwischen Vereinfachung, Übersetzung und Aufbau von anspruchsvollem Verständnis können auch bei mehrfachem Gegenlesen, durch unterschiedliche Personen mit sowohl wissenschaftlichem als auch schulpraktischem Können, Fehler entstehen. Deshalb sind wir für Hinweise und Rückmeldungen dankbar.

Das Buch ist in acht Kapitel gegliedert.

Das *erste Kapitel* stellt eine thematische Heranführung an die quantitativen Methoden dar. Dabei wird der Unterschied zwischen alltäglichen und wissenschaftlichen Hypothesen geklärt. Es wird deutlich, dass sprachliche Genauigkeit ein wesentliches Mittel der Präzisierung von Hypothesen darstellt. Als erste Differenzierung wird die Unterscheidung von Zusammenhangs- und Unterschiedshypothesen eingeführt.

Das *zweite Kapitel* führt in die wichtigsten Verfahren wissenschaftlicher Datenerhebung (Beobachtung, Fragebogen, Experiment) ein. Diese werden mit Beispielen für Beobachtungskategorien, Items von Fragebogen und experimentellen Umsetzungen illustriert.

Im *dritten Kapitel* wird in die Grundlagen des Messens eingeführt. Diese gelten sowohl für wissenschaftliche Erhebungen wie auch für alltägliche Prüfungen in der

Schule. Im Zentrum stehen die Qualitätsmerkmale (Gütekriterien) von Forschung wie Gültigkeit, Zuverlässigkeit und Objektivität sowie die dabei üblichen Maßeinheiten zur Überprüfung von Vermutungen.

Im *vierten Kapitel* wird dargestellt, wie der Weg nach der Erhebung (also nach Beobachtung, Befragung oder Experiment) weiter verläuft.

Das *fünfte Kapitel* stellt das Kernkapitel des Buches dar. Hier geht es um die Frage: Ab wann ist ein Unterschied oder ein Zusammenhang signifikant? Das bedeutet: Ab wann ist ein Unterschied oder ein Zusammenhang nicht mehr zufällig. Dabei werden vorher mehrere Unterprobleme behandelt: Es wird gezeigt, wie eine Stichprobe beschaffen sein muss, damit sie für eine Population als repräsentativ gelten kann. Zudem wird das für die quantitativen Methoden zentrale Konzept des Standardfehlers erläutert.

Im *sechsten Kapitel* werden die ersten drei Unterkapitel als Standardlektüre empfohlen, weil beim Lesen von wissenschaftlichen Untersuchungen oft der Fehler unterläuft, nur nach Signifikanzen zu fahnden. Dabei ist die Effektstärke mindestens ebenso wichtig wie die Signifikanz: Es gibt unzählige signifikante Ergebnisse, die fast keinen Effekt haben, weil bei großen Stichproben Ergebnisse eben rasch signifikant werden. Diese Zusammenhänge werden in den Unterkapiteln 6.1.1 bis 6.1.3 erläutert.
Das Kapitel sechs ist jedoch mehrheitlich als fakultatives Kapitel gedacht. Angehende Lehrpersonen brauchen nicht über alle Verfahren der statistischen Testung eine genaue Kenntnis. Deshalb ist dieses Kapitel mehrheitlich im Stile eines Rezeptbuches verfasst. Im Kapitel 6.1.3 sind die möglichen „Menüs“ aufgeführt: Mithilfe dieses Auswahlrasters kann bestimmt werden, welches Verfahren sich für eine gerade bearbeitete Fragestellung am besten eignet.

Im *siebten Kapitel* wird der Bereich „Testen“ gesondert aufgegriffen. Es wird in die Grundlagen der Testtheorie eingeführt. Dies ist für Lehrpersonen durchaus von Bedeutung, ist doch das Prüfen von Leistungen Teil ihrer Aufgabe. Darüber hinaus werden die gegenwärtig wichtigsten Verfahren zur Leistungsmessung in der Schule beschrieben, weil diese die Diskussion im Lehrberuf in den letzten Jahren stark beeinflusst haben. Sie sind wesentlich mitverantwortlich für die zunehmende Bedeutung von quantitativen Methoden im Lehrberuf.

Wissenschaftliche Befunde gelten streng genommen oft nur für einen kleinen Ausschnitt des Alltags in Erziehung und Unterricht. Gleichzeitig gibt es eine große Anzahl an Ergebnissen und Berichten, die zeigen, dass für die einzelne Lehrperson ein umfassender Überblick über für das eigene Berufsfeld bedeutsame Ergebnisse gar nicht möglich ist. Welche Schlüsse soll eine einzelne Lehrperson aus Ergebnissen ziehen? Wie soll sie interpretieren? Das *achte Kapitel* gibt dazu einige Hinweise und schließt damit das Buch ab.

Im Downloadbereich finden sich verschiedene Übungsmaterialien.
In vier Ordnern finden Sie:

- eine Sammlung mit *Übungen und Lösungen,*
- eine Sammlung von sechs *Demonstrationen,*
- eine Beschreibung der *Empirieprojekte* mit vier Beispielen von Studierenden,
- eine Sammlung von *Web-Adressen* mit interessanten Demonstrationen und Übungen,
- ein Beispieldatensatz der anonymisierten Schulklasse „Schulhaus Dorf“.

Wie die meisten Bücher ist auch dieses nicht nur ein Produkt der Autorinnen und Autoren. Unser herzlicher Dank gilt zunächst Herrn Dr. Willi Nagl von der Universität Konstanz, der uns beim Aufbau der Lernangebote stark unterstützte und dem wir zahlreiche Anregungen verdanken. Er war auch wichtiger Impulsgeber für die Untersuchung zum Vergleich zwischen virtuellem und tutoriellem Lernen (vgl. Humpert, Hauser & Nagl, 2006; Hauser & Humpert, 2005), wodurch wir wichtige Hinweise für die Verbesserung unseres Kurses erhalten haben. Ein weiterer Dank gilt Frau lic. phil. Andrea Christen, welche das Lernangebot am Anfang aufbauen half. Ein besonderer Dank geht an Prof. Dr. Erwin Beck, der uns als Rektor der Pädagogischen Hochschule des Kantons St. Gallen immer wieder ermutigte, dieses Buch zu schreiben, und uns darin bestärkte, mit unserem Lernangebot auf einem guten Weg zu sein.

Nicht zuletzt sei auch allen Studierenden gedankt, welche mit vielen wertvollen Hinweisen zur Verbesserung dieses Produkts beigetragen haben. Dabei wollen wir acht Studierenden namentlich danken: Dominique Angehrn, Tamara Dreier, Stephanie Entner, Simone Frei, Patrizia Sieber, Ben Stokvis, Rebecca Studer, Simone Carole Widmer. Sie haben uns bereitwillig ihre Handouts zu den Empirieprojekten für den Download überlassen. Abschließend möchten wir den vielen Praxislehrpersonen danken, welche jedes Jahr die Durchführung eines Empirieprojektes nicht nur ermöglichen, sondern auch tatkräftig unterstützen.

Rorschach (CH), im Herbst 2008,

Bernhard Hauser und Winfried Humpert

1. Wissenschaft und ihre Arbeitsweisen

1.1 Inhalt und Ziele

Die Auseinandersetzung mit empirischen Methoden und Statistik ist für die meisten (zukünftigen) Lehrerinnen und Lehrer Neuland. Das Verständnis für wissenschaftliche Methoden und Statistik wird für die Schule von heute zunehmend notwendiger. Die Beurteilung von Vergleichsuntersuchungen in Schulen (z.B. PISA) ist ohne statistische Grundkenntnisse nicht seriös möglich. Vergleichende Leistungsmessungen von Schülerinnen und Schülern eines Jahrgangs gewinnen immer mehr an Gewicht. Instrumente der Leistungsmessung werden mit bestimmten Methoden und nach definierten Kriterien entwickelt, die in der Regel der statistischen Testtheorie entspringen. Auch für die Durchführung von Erhebungen in der eigenen Klasse oder Schule sind Kenntnisse von wissenschaftlichen Methoden sehr nützlich, da sich die Aussagen in Wissenschaft und Alltag unterscheiden.

Nachfolgend werden die wesentlichen Ziele beschrieben, welche in den Wissenschaftsmethoden von angehenden Lehrpersonen erreicht werden sollen.

Ziel 1: Bedeutung und Qualität von Untersuchungen besser beurteilen

Im Schulalltag werden Lehrpersonen vermehrt mit wissenschaftlichen Untersuchungen (z.B. PISA[1], IGLU[2], TIMSS[3]) konfrontiert. Über diese Arbeiten müssen sie sich ein Bild machen können, um die Bedeutung der Ergebnisse für den eigenen Schulalltag realistisch einschätzen zu können. Um Fehlinterpretationen zu vermeiden, aber auch um nicht einfach unkritisch glauben zu müssen, was Forschende ihnen vorsetzen, braucht es minimale wissenschaftliche Kompetenzen. Dies gilt auch für Befunde, die im Laufe eines Studiums in den Lehrbüchern und Veranstaltungen besprochen werden.

Ziel 2: Selbst kleine Untersuchungen durchführen und Qualitätsentwicklungsprojekte in der Schule mitgestalten

Im Laufe eines heutigen Studiums für den Lehrberuf an einer Hochschule werden Untersuchungen durchgeführt, bei denen statistische Grundlagen vorausgesetzt werden (Empirieprojekte, Erkundungsprojekte, Seminararbeiten, Diplomarbeiten, MA-, BA-Arbeiten). Im späteren Beruf werden häufig Methoden angewendet, die der Qualitäts- oder Schulentwicklung dienen und die auf statistischen Grundlagen basieren. Viele Lehrpersonen werden möglicherweise selbst in ihrem Berufsalltag solche Untersuchungen durchführen oder Kolleginnen und Kollegen führen solche durch und diskutieren die Ergebnisse im Kollegium. Auf der Basis von Grundlagenkenntnissen

[1] PISA Programme for International Student Assessment
[2] IGLU Internationale Grundschul-Lese-Untersuchung
[3] TIMSS Third International Mathematics and Science Study

der Statistik können Untersuchungen aus der Praxis besser hinsichtlich ihrer Bedeutung beurteilt werden.

Ziel 3: Tests und Leistungsbeurteilungen in der Praxis besser beurteilen
Für die Analyse von Leistungstests (z. B. Klassencockpit[4]) oder auch von psychologischen Tests (z. B. Intelligenztests, Motivationstests, Persönlichkeitstests) oder auch von vergleichenden Leistungsuntersuchungen zwischen verschiedenen Schulen ist eine statistische Grundlagenkenntnis zur Einschätzung besonders nützlich. Damit können z. B. Leistungen der eigenen Klasse im Vergleich zu der Schülerschaft in einem größeren Gebiet (z. B. Kanton, Bundesland) besser eingeschätzt werden.

1.2 Wissenschaftliche Hypothesen versus Alltagsaussagen

Im Alltag machen Menschen täglich Aussagen allgemeiner Art: Sie äußern Vermutungen über das Eintreffen von Ereignissen, über Zusammenhänge oder Unterschiede. Diese Alltagsaussagen sind oft mit größerer Unsicherheit behaftet, als vermutet wird. Das zeigt die Forschung zu einigen gängigen Vorurteilen:

- *„Einzelkinder haben mehr soziale Probleme als Kinder mit Geschwistern.“*
- *„Hochbegabte haben mehr soziale und/oder emotionale Probleme als durchschnittlich intelligente Kinder.“*
- *„Mobbende Kinder (sog. Täter/Täterinnen) im Primarschulalter haben im Grunde ein geringeres Selbstwertgefühl als die Mehrheit der Kinder.“*
- *„Menschen, welche hervorragende Leistungen zeigen, tun dies vor allem aufgrund ihrer genetisch bedingten Begabung.“*

Die Forschung konnte diese häufig gehörten Alltagsweisheiten entweder widerlegen oder gar deren Gegenteil beweisen[5]. Um solche Zusammenhänge zu erforschen, müssen alltägliche und wissenschaftliche Aussagen unterschieden werden.
Ziel dieses Kapitels ist die Unterscheidung zwischen Alltagsaussagen und wissenschaftlich überprüften bzw. überprüfbaren Aussagen. Dabei geht es um die Fragen: Wie können wir Aussagen präzisieren? Wie kommen wir von der Umgangssprache zu brauchbaren wissenschaftlichen Hypothesen?

4 Klassencockpit ist eine Form der Qualitätssicherung für die Volksschule in der Schweiz. Mithilfe von standardisierten Prüfungen für die Bereiche Sprache und Mathematik können Lehrpersonen dreimal im Jahr Orientierungstests (sog. Orientierungsmodule) einsetzen, um den aktuellen Lernstand sowohl ihrer Klasse als auch der einzelnen Lernenden zu bestimmen (vgl. www.klassencockpit.ch).

5 Zu den fehlenden Unterschieden zwischen Einzel- und Geschwisterkindern im Sozialverhalten vgl. Kasten (1995) oder Rollin (1993); zur sozial-emotionalen Überlegenheit von Hochbegabten vgl. Rost (1993); zum Selbstwertgefühl von mobbenden Kindern vgl. Olweus (1995); zur Bedeutung des Lernens für das Erlangen von Expertise vgl. Stern (2001).

Wissenschaftliche Hypothesen sollten präziser sein als Alltagsaussagen. Dies lässt sich bereits an der sprachlichen Formulierung feststellen. Wenn wir z. B. in die Ferien in ein anderes Land fahren, haben wir in der Regel eine Vorstellung davon, wie „die Menschen" dort sind. So werden Menschen aus dem asiatischen Kontinent oft als besonders gastfreundlich, Menschen aus Schottland als besonders geizig, Menschen aus der Schweiz als besonders sauber, Menschen aus Frankreich als besondere Genießer usw. klassifiziert. Es geht hier im Moment nicht um die Frage, ob es für bestimmte Nationen typische Verhaltensweisen gibt[6], sondern es geht um die Frage, wie präzise unsere Aussagen für eine bestimmte Person oder eine bestimmte Personengruppe sind. (vgl. auch Gigerenzer, 2002).

Nehmen wir folgenden Satz eines deutschen Politikers:
Aussage 1: „Lehrer sind faule Säcke."
Aussagen auf Stammtischniveau wie diese mögen einen begrenzten Wahrheitsgehalt haben. Sie eignen sich jedoch vorzüglich zur Klärung des Unterschiedes zwischen Alltagsaussagen und wissenschaftlichen Hypothesen. Was bedeutet also der Satz mit den faulen Säcken?
Aussage 1a: „Alle Lehrer sind faule Säcke."
Dann würde es genügen, genau einen fleißigen Lehrer zu finden und die Aussage wäre widerlegt.
Aussage 1b: „Die meisten Lehrer sind faule Säcke", oder
Aussage 1c: „Im Durchschnitt sind Lehrerinnen und Lehrer fauler als Personen der übrigen Berufe", oder
Aussage 1d: „Unter den Lehrerinnen und Lehrern gibt es einige, die wenig arbeiten", d. h. *„Manche Lehrer sind faul."*.

Was ist nun das Problem mit solchen Aussagen? Die wissenschaftliche Beantwortung solcher Fragen erfordert es, Behauptungen möglichst genau zu belegen. Um sie überprüfen zu können, müssen sie klarer als im Alltag gefasst werden. Dies gilt für alle sprachlichen Begriffe. Wir werden später zeigen, dass selbst der „Durchschnitt" verschieden interpretiert werden kann. Deshalb gilt: Nur genau formulierte Vermutungen können auch überprüft werden.

In diesem Beispiel müsste zunächst der Begriff „fauler Sack" näher definiert werden. Dabei ergibt sich die Frage, wie Faulheit oder Fleiß zu erfassen sind: An der Zeit der Unterrichtsvor- und -nachbereitung, an der zusätzlichen Unterstützung von Schülerinnen und Schülern mit Lernschwierigkeiten, am Ausmaß der Elternarbeit, an der tatsächlichen Jahresarbeitszeit, usw. Haben alle Gesichtspunkte das gleiche Gewicht? Weiter müsste die Menge präzisiert werden: Alle, die meisten oder mehr als die Hälfte, x-Prozent, im Durchschnitt.

6 Zur Problematik solcher Zuschreibungen vgl. Nunner-Winkler (1995).

Beispiel zur Präzisierung von Hypothesen

Beispiel: Eine Lehrerin berichtet in der großen Pause im Kollegium.
Aussage: *„Meine Klasse war heute morgen wieder so unruhig."*

Was bedeutet dieser Satz? Bedeutet er etwa:

a) Alle Schülerinnen und Schüler waren unruhig.
Wenn jetzt eine Kollegin oder die Eltern der Schülerin Tina fragen würden, ob diese auch unruhig gewesen sei, und die Lehrerin antwortet mit „nein", so wäre klar, dass mit „Klasse" nicht alle Schülerinnen und Schüler gemeint sein können.

Es sind folgende weiteren Bedeutungen dieses Satzes möglich:

b) In der Klasse waren die meisten der Schülerinnen und Schüler unruhig.
c) In der Klasse war es heute überdurchschnittlich laut.
d) Die Jungen waren mehrheitlich unruhig, aber die Mädchen waren mehrheitlich ruhig.

Hier müsste genauer geklärt sein, wie „Unruhe" definiert wird. Ist das Kriterium für Unruhe z.B. über Bewegungsverhalten (z. B. auf dem Stuhl hin und her rutschen) oder über Sprachverhalten (z. B. mit Nachbarn reden) oder über beide Verhaltensweisen erfassbar? Ist Unruhe für verschiedene Lehrpersonen das Gleiche?

Lösung: Wenn ich eine genaue Vorstellung darüber habe, was unter Unruhe zu verstehen ist (z. B. sobald sich mindestens zwei andere Kinder dadurch weniger gut auf die Sache konzentrieren können), können die Formulierungen b–d gewählt werden.
Eine solche Präzisierung für den Begriff der Unruhe könnte lauten:
Eine Schülerin/ein Schüler hat mehrere Male (z. B. zweimal pro Unterrichtsstunde) mit dem Banknachbarn geredet und dabei unterrichtsfremde Inhalte ausgetauscht.

1.3 Maßeinheit und Bezugssystem

Neben der Präzisierung der Fragestellung bzw. Hypothese ist auch die Mengenangabe bzw. die dafür verwendete Maßeinheit wichtig. Für die Messung der Länge lässt sich dies z. B. erläutern. Solange der „Urmeter" noch nicht festgelegt war, konnten Maße wie „Fuß" oder „Elle" sich deutlich von Land zu Land oder auch von Person zu Person unterscheiden. Für Fleiß oder Lesekompetenz etc. gibt es keine weltweit einheitlich festgelegten Maße und je nach Art der Messung resultieren andere Ergebnisse. Bei nicht gut präzisierten Begriffen bestimmt oft der Kontext die Ausprägung. In leistungsstarken Klassen wird die eigene Leistungsfähigkeit tiefer eingeschätzt, als in leistungsschwachen (vgl. in Lüdtke & Köller, 2002). Analog dazu ist zu vermuten, dass in leistungsorientierten Klassen Lernende fast nie als „Streber" (übermäßig fleißig Lernende) etikettiert und abgewertet werden, in eher trägen Klassen schon. Je nach Art der zu messenden Merkmale lassen sich unterschiedliche Rechenoperationen durchführen. Hierzu sind einige Grundkenntnisse der Skalentheorie (vgl. Kp. 3.4) notwendig. Eine weitere Frage ist, wie gut die Messungen sind (d. h. wie objektiv, wie zuverlässig usw.). Hier geht es um die Frage nach den Gütekriterien (vgl. Kp. 3.3) der Messung.

Auch der Frage nach dem Durchschnitt muss näher nachgegangen werden. Für den Durchschnitt gibt es verschiedene Maße, die je nach Verteilung der Daten unterschiedlich geeignet sein können. Wenn z. B. in einer Verteilung zwei oder mehrere Untergruppen sichtbar werden, macht die Bildung eines einzelnen Durchschnittswertes wenig Sinn.

Beispiel zu den passenden Maßen für die Dauer von Hausaufgaben

Beispiel: Die durchschnittliche Hausaufgabenzeit in einer Klasse ist dann ein sinnvolles Maß, wenn die meisten Lernenden nahe an dieser durchschnittlichen Zeit liegen. Wie sieht das in einer Klasse von zehn Lernenden aus, von denen sechs täglich rund 20 Minuten und vier täglich rund 2 Stunden Hausaufgaben machen?

Zahlenverhältnisse:

Schülerzahl	1	2	3	4	5	6	7	8	9	10
HA (min)	18	22	19	21	17	23	115	125	130	110

Zeit für Hausaufgaben (HA) in Minuten (min)
Durchschnitt: (18 min + 22 min + … + 110 min) : 10 = 60

Lösung: Wenn in einer Klasse von zehn Schülern sechs täglich rund 20 Minuten und vier Schüler täglich rund zwei Stunden Hausaufgaben machen, so beschreibt der durchschnittliche Wert von einer Stunde diese Klasse nicht besonders gut. Hier müsste die Klasse in zwei Gruppen aufgeteilt werden und/oder ein Maß für die Unterschiede (Streuungsmaß) in der Stichprobe (hier: Klasse) eingeführt werden. Der Durchschnitt von 60 Minuten alleine liefert zu wenig Information zur „Hausaufgaben-Realität" dieser Schulklasse. Angemessen wäre deshalb – neben dem Durchschnitt über alle Werte – die Errechnung der Durchschnitte der beiden offensichtlichen Teilgruppen: nämlich derjenigen, die alle mehr als 100 Minuten lernen und derjenigen, die alle weniger als 25 Minuten lernen.

In der **beschreibenden Statistik** (Kp. 4) werden u. a. günstige Maße zur Beschreibung von „Durchschnitten" von Gruppen näher aufgeführt.

Die **schließende Statistik** (Kp. 5) hilft bei der Prüfung, ob ein Unterschied ein echter Unterschied ist oder ein Zusammenhang ein echter Zusammenhang. Mithilfe der

Wahrscheinlichkeitsrechnung erfasst die schließende Statistik zufällig zustande gekommene Unterschiede oder Zusammenhänge.

1.4 Unterschieds- und Zusammenhangsprüfung

Statistische Prüfverfahren kennen grundsätzlich zwei Arten, Hypothesen zu testen: Verfahren zum Testen von Unterschiedshypothesen und Verfahren zum Testen von Zusammenhangshypothesen.

Prüfung von Unterschieden

Anhand statistischer Verfahren wird gezeigt, wie Unterschiede innerhalb und zwischen Gruppen von Personen (z. B. Schülerinnen und Schülern, Lehrpersonen) wissenschaftlich zu überprüfen sind.

Bei der Prüfung von Unterschieden zwischen Gruppen geht es z. B. darum, ob die Unterschiede zwischen den Mittelwerten zweier Gruppen (z. B. die durchschnittlichen Leseleistungen von Jungen und Mädchen in einer Schule) zufällig sind oder ob generell von einem bedeutsamen Unterschied zwischen den Leseleistungen der Mädchen und Jungen auszugehen ist. Also von einem Unterschied, der nicht zufällig zustande gekommen ist[7]. Die Überprüfung solcher Unterschiede ist Gegenstand der schließenden Statistik (Inferenzstatistik).

Die gemachten Aussagen müssen in der Wissenschaft „operationalisiert" werden: So ist für die Aussage zu präzisieren, was und in welcher Maßeinheit (konkrete Messvorschrift) gemessen werden soll. Dies ist für bestimmte definierte Merkmale relativ leicht (z. B. Jungen sind im 100 m-Lauf im Durchschnitt schneller als Mädchen). Für andere Merkmale (z. B. Noten, Fleiß, Sozialkompetenz) ist dies deutlich schwieriger. Nun wird die Aussage als Hypothese formuliert und dann auf ihr Zutreffen (bzw. Nicht-Zutreffen) in Form einer Wahrscheinlichkeitsaussage überprüft.

Prüfung von Zusammenhängen

Anhand statistischer Verfahren können Zusammenhänge zwischen Merkmalen bei Gruppen von Personen (z. B. Schulleistungen und Lernmethode; Schulleistung und Intelligenz) wissenschaftlich überprüft werden.

Bei der Prüfung von Zusammenhängen zwischen Merkmalen geht es um die Stärke und Richtung des Zusammenhangs. Wie hängen z. B. Schulleistung und Lernmotiva-

[7] Es geht dabei um die Frage, ob die Stichprobe der Mädchen und die Stichprobe der Jungen zur gleichen Grundgesamtheit (Population) gehören oder nicht. Wenn beide Geschlechter (mit großer Wahrscheinlichkeit) zur gleichen Grundgesamtheit (Population) gehören, dann liegt kein Unterschied im Durchschnitt der Leseleistung vor, wenn Mädchen und Jungen zu verschiedenen Grundgesamtheiten gehören, liegt ein Unterschied vor.

tion zusammen? Ein möglicher Zusammenhang wäre: Je höher die Lernmotivation, desto besser ist die Schulleistung. Bestimmte Rechenverfahren (Korrelationsverfahren) erlauben, diese Zusammenhänge genau zu prüfen. Ein einfaches Beispiel für Zusammenhangsanalysen ist die Prüfung des Zusammenhangs zwischen Schuh- und Fußgröße. Allgemein gilt: Je größer der Fuß, desto größer der Schuh. Bei Kindern im Wachstum könnte dann, wenn viele Kinder zu große oder zu kleine Schuhe tragen, der Zusammenhang jedoch nicht „perfekt" sein.

Beispiele zu Hypothesen

Beispiel 1: Unterschiedshypothesen

Variablen: Geschlechtsunterschiede und Lesegeschwindigkeit
Aussage: Mädchen lernen schneller lesen als Jungen

Bei einer wissenschaftlichen Prüfung muss definiert sein, was „lesen" bedeutet (z. B. Leseverständnis definierter Texte), und es muss festgelegt werden, wie der Unterschied zwischen Jungen und Mädchen geprüft wird.
Passende wissenschaftliche **Hypothese**: Im Durchschnitt lesen Mädchen mit 7,5 Jahren und Jungen mit 8 Jahren einen unbekannten Märchentext von einer Seite mit weniger als 10 Fehlern vor.
Oder: Die bessere Hälfte der Mädchen liest besser als die bessere Hälfte der Jungen. Für die entsprechenden Verfahren vgl. Kapitel 6.

Beispiel 2: Zusammenhangshypothese

Variablen: Schulgesamtzeit und Bildung
Aussage: Je länger die Schulzeit, desto höher die Bildung

Nun ist es in der Regel nicht schwierig, einen hoch gebildeten Menschen zu kennen, der nur relativ kurz zur Schule gegangen ist oder auch einen ungebildeten Menschen, der lange zur Schule gegangen ist. Es gibt immer wieder Expertinnen oder Experten, z. B. Wirtschaftsfachleute oder Künstlerinnen oder Künstler, die sich eher autodidaktisch weitergebildet und eine eher kurze Schulbildung durchlaufen haben. Diese Beispiele widersprechen der obigen Aussage. Aber widerlegen sie diese schon? Ist damit die Aussage falsch? Oder kann man sagen, das gilt meistens, aber nicht immer oder nur zu einem gewissen definierbaren Grad?

Auch diese Frage lässt sich mit einem wissenschaftlichen Ansatz, nämlich der Korrelationsrechnung, präzise prüfen. So könnte die Schulgesamtzeit errechnet werden (als Anzahl Schuljahre, evtl. inklusiv der Anzahl wöchentlicher Schulstunden pro Stufe) und das Bildungsniveau als Erwachsener (z. B. für die Altersgruppe der 25-Jährigen). Dabei ist das Bildungsniveau zu präzisieren (z. B. in Form der Abschlüsse: vorzeitiger Schulaustritt, Oberstufe/Realschule, Sekundarstufe I, Abitur/Matura, Fachhochschulabschluss, Universitätsabschluss, Doktorat, Habilitation). Wenn nun in einer grafischen Abbildung (x-Achse: Dauer der Schulgesamtzeit, y-Achse: erreichtes Bildungsniveau) sichtbar wird, dass Personen mit einer geringen Schulgesamtzeit mehrheitlich ein eher tiefes Bildungsniveau erreichen, solche mit einer langen Schulgesamtzeit jedoch ein eher hohes Bildungsniveau, dann wird dies als vorhandener Zusammenhang beschrieben, obwohl einzelne Menschen gegen diese Regel verstoßen werden (was in der Grafik auch sichtbar werden wird). Die Korrelationsrechnung drückt den grafisch sichtbaren Zusammenhang in einer Zahl aus (für die entsprechenden Verfahren vgl. Kp. 6). Dabei gilt: Je weniger Personen gegen die Regel verstoßen, desto perfekter ist der Zusammenhang (die Korrelation).

A

Übungen im Download:
1a – 1e

2. Wissenschaftliche Verfahren der Datenerhebung

Fragestellungen sind so zu formulieren, dass sie auch überprüft werden können. Wissenschaftliche Untersuchungen sollen aber auch nachvollziehbar sein. Deshalb ist die Methode der Überprüfung ebenfalls genau anzugeben. In der Wissenschaft geht es darum, Daten zu gewinnen und die Aussagen, die mit diesen Daten gewonnen wurden, zu überprüfen. Es können also zwei Methodentypen unterschieden werden: Methoden der Datengewinnung und Methoden der Überprüfung der Hypothesen (auch Auswertungsmethoden genannt).

Im Folgenden werden drei verschiedene Methoden vorgestellt. Es sind dies: Beobachtung, Fragebogen und Experiment. Während Beobachtungs- und Fragebogenmethoden im Rahmen eines Studiums und auch später im Beruf gut eingesetzt werden können, ist das Experiment im strengen Sinne eher selten durchführbar. Im Rahmen des Unterrichts in Grundschule und Kindergarten lassen sich aber durchaus kleinere Experimente einsetzen, die im Wesentlichen den Bedingungen eines wissenschaftlichen Experiments entsprechen. Die Ergebnisse in den Erziehungswissenschaften und der Psychologie beruhen vor allem auf Experimenten.

2.1 Beobachtung

Wir beobachten im Alltag andere Personen (Fremdbeobachtung) oder uns selbst (Selbstbeobachtung). Im pädagogischen Alltag ist die Beobachtung von Kindern eine wesentliche Aufgabe der Lehrpersonen. Die einfachste Beobachtungsmethode ist die freie Beobachtung.

Die **freie Beobachtung** erfolgt ohne Regeln. Die Person beobachtet ein bestimmtes Verhalten, nimmt es in geeigneter Weise auf, z. B. mit einem Protokoll, einem Tonband oder einer Videokamera. Vorteil dieser Methode ist die uneingeschränkte Aufnahme unterschiedlichster Aspekte des Verhaltens, welche in der Beobachtungssituation als wichtig erscheinen. Nachteil ist, dass Beobachtung notwendigerweise unvollständig bleibt und sich nie auf alle Aspekte gleichzeitig und gleich gewichtet richten kann. So eignet sich die freie Beobachtung zur Exploration (Erkundung) von relevanten Verhaltensaspekten, aber weniger zu einer exakten Quantifizierung derselben.

Deshalb werden in wissenschaftlichen Untersuchungen **systematische Beobachtungsverfahren** bevorzugt. Bei der systematischen Beobachtung werden bestimmte Verhaltensweisen im Voraus festgelegt und nach definierten Kriterien (Beobachtungskategorien) registriert. Dies ermöglicht eine Überprüfung der Unabhängigkeit von Beobachtungen unterschiedlicher Beobachter bei demselben Beobachtungsobjekt. Zwei verschiedene Beobachter/-innen sollten unabhängig voneinander zum gleichen Ergebnis kommen, wenn sie das Gleiche beobachten.

Im Folgenden wird ein einfaches Beispiel eines Beobachtungsrasters für systematische Beobachtung vorgestellt. Es wurde bereits in der ersten Hälfte des vorigen Jahrhunderts von Bott 1934 angewendet (vgl. Fassnacht, 1995) und kann im Kindergarten und in der Schule erprobt werden.

Beobachtungsraster

Thema: Kinder in der Pause.
Vorlieben von Mädchen und Jungen bei motorischen Aktivitäten

Zahlenverhältnisse:

Ort			Datum	
Beobachtung	Mädchen	Junge	Beobachter/-in	
Klasse	c	c		
Alter				
Ort der Beobachtung				

	A								B	C			
Minute	rennen	springen	klettern	hüpfen	gehen	stehen	sitzen	anderes was?	Was wird gespielt?	Mit 1 anderen Kind	Mit 2 anderen Kindern	Mit 3 anderen Kindern	Mit mehr Kindern (Anzahl)
1													
2													
3													
4													
5													

Tab. 1: Beispiel eines systematischen Beobachtungsrasters

Das Raster kann eingesetzt werden für die Beobachtung eines Kindes während einiger Minuten in der Pause oder beim freien Spiel.

Es gibt verschiedene Möglichkeiten, dieses Raster zu bearbeiten: Es kann für jede Minute angegeben werden, wie lange (in Sekunden) das ausgewählte Kind eine Verhaltensweise der Überkategorie A ausführt. Bei der freien Beobachtung ist dies bei bewegungs- und abwechslungsfreudigen Kindern manchmal schwierig. Bei Videoaufnahmen ist dies jedoch kein Problem. Mit einer Strichliste können einfach nur die Häufigkeiten ermittelt werden (für jede Bewegungsform, in welche in der jeweiligen Minute gewechselt wird, einen Strich). Die sparsamste Variante besteht darin, pro Minute in einer Kategorie höchstens einen Strich zu setzen (kommt vor – kommt nicht vor).

Die Bearbeitung der Überkategorie B („Was wird gespielt?“) erfordert ein Grundwissen über Spielformen. Dies gilt auch für die Kategorie C, welche sich auch auf eine Kategorie reduzieren lässt (Anzahl Kinder, mit welchen das ausgewählte Kind spielt).

Das Entwickeln von Beobachtungskategorien erfordert oft viel mehr Zeit als anfangs vermutet wird. Dies hat verschiedene Gründe:

- Die **Trennschärfe** von Kategorien: Viele Kategorien müssen sorgfältig gegen nahe liegende andere Kategorien abgegrenzt werden können. Ein Beispiel ist die Unterscheidung zwischen gespielter und echter Aggression. Beide haben sehr vieles gemeinsam, vor allem dann, wenn die gespielte Aggression gut gespielt wird. Deshalb sind alle Merkmale, welche zwei Kategorien voneinander unterscheidbar machen, herauszuarbeiten und festzuhalten. So können sich Forschende mit Kindern zusammensetzen und im Gespräch die unterscheidenden Merkmale zwischen gespielter und echter Aggression herausarbeiten. Anschließend können diese Merkmale – wiederum mit Kindern – an Videobeispielen präzisiert werden. Dabei wird herausgearbeitet, welche Merkmale diese beiden Verhaltensformen unterscheiden.
- Die **Vollständigkeit** der Kategorien: Oft werden die Kategorien (aufgrund von früheren Beobachtungen) vor einer eigentlichen Untersuchung entwickelt. Wenn in dieser Phase nicht genügend unterschiedliche Situationen beobachtet wurden, kann es vorkommen, dass während der eigentlichen Beobachtung Situationen auftreten, die eine Erweiterung der Kategorien oder gar eine Überarbeitung nötig machen. Beobachtungsstudien erfordern deshalb einen oft aufwändigen Vorlauf.

Nachfolgend wird ein Verfahren zur Beobachtung von aggressivem Schülerverhalten dargestellt, das auf die Gütekriterien überprüft wurde und im Rahmen des Lehrertrainings KTM (Konstanzer Trainingsmodell) zur Bewältigung von Aggression und Störung im Unterricht bisher von mehreren Tausend Trainingstandems benutzt wurde (s. Humpert & Dann, 2012; Dann & Humpert, 2002).

Kategorien für aggressive Schülerhandlungen

Beschädigung von Sachen (SACH): Der Schüler zerstört, beschädigt, beschmutzt mit Absicht Gegenstände, macht sie funktionsuntüchtig oder mindert sie im Wert bzw. unternimmt dahingehende Versuche. Zum Beispiel etwas zerreißen, beschmieren, zerkratzen, aus dem Fenster werfen, Zerstörungsversuche ...
Physische Auseinandersetzung (PHYS): Tätlichkeiten von Schülern, die in der Absicht ausgeführt werden (auch Versuche), Mitschüler zu schädigen (Schmerz zufügen oder in unangenehme Lage bringen). Zum Beispiel schlagen, umwerfen, zwicken, festhalten ...
Besitzergreifen von Sachen (BESI): Schüler nimmt einem Mitschüler einen Gegenstand weg (bzw. beansprucht dessen Freiraum) oder unternimmt einen entsprechenden Versuch.

Zum Beispiel Arbeitsplättchen der ganzen Gruppe für sich beanspruchen, einen Auftrag des Lehrers an Mitschüler übernehmen, auch: heimlich wegnehmen ...
Drohen und Erpressen (DROS): Schüler stellt Mitschüler Strafe bzw. unangenehme Folgen in Aussicht. Mögliche Auftretensformen: nur negative Ankündigung, Ankündigung und bestimmte Forderungen; offen bleibende Folgen, rein nonverbal (Gebärden). Zum Beispiel Faust oder einen Gegenstand erheben, „Gib mir ..., sonst kriegst du in der Pause Schläge".
Verbale Auseinandersetzung (VERB): Äußerungen des verbalen Angriffs, beispielsweise mit beleidigenden Schimpfwörtern (Schimpftiraden und Beleidigungen). Dies kann auch von intensiver Mimik und Gestik begleitet werden. Zum Beispiel Schimpfwörter, Zungeherausstrecken, Autofahrergruß, „Ätsch"-Gestik ...
Ablehnung, Geringschätzung (ABLE): Im Allgemeinen Verhalten ohne Worte, das eine negative Einstellung eines Schülers (einer Gruppe, der Klasse) gegenüber einem Mitschüler ausdrückt. Zum Beispiel abrücken, in Gegenwart des Mitschülers Ausdrucksweise des Ekels oder Verachtung, Gruppe lässt durch Zusammenrücken Mitschüler nicht dazu ...
Verweigerung (WEIG): Auf eine neutrale oder positive Zuwendung eines Mitschülers bzw. Lehrers (Hilfe anbieten oder erbitten) reagiert der Schüler mit „nein" (feindselig, passiv, resignativ). Zum Beispiel schmollen, mauern, auf Hilflosigkeit beharren, „Machen Sie es doch selbst!".
Sonstige aggressive Schülerhandlungen (REST): Dazu gehören alle die Verhaltensweisen von Schülern, die nicht unter die Kategorien 1–7 fallen, aber Aggressionskriterien erfüllen und störend sind, sodass sich Lehrer zu einer spezifischen Maßnahme (s. dort) genötigt sieht.

Kategorien für störende Schülerhandlungen:

Auffallende unterrichtsfremde Störung (AUFS): Visuell und/oder akustisch auffallende, nicht-aggressive Verhaltensweisen des Schülers (vokal, verbal, motorisch), mit denen er ohne Schädigungsabsicht den Unterricht in den Augen des Lehrers behindert, unterbricht oder sogar blockiert. Zum Beispiel unruhiges Verhalten, auffällige Selbstbeschäftigung, mit dem Nachbarn schwatzen ...
Auffallende störende Teilnahme am Unterricht (ASTU): Verhaltensweisen des mitarbeitenden Schülers, mit denen er ohne Absicht, aber in auffallender Weise, fahrlässig oder regelverletzend den Unterrichtsablauf in den Augen des Lehrers beeinträchtigt oder sogar unterbricht und blockiert. Zum Beispiel abwegige Fragen stellen, Gesprächsregeln verletzen, störende Begleithandlungen ...

Für die anschließenden Handlungen der Lehrperson gibt es ebenfalls ein System mit zehn Kategorien, auf das hier aus Platzgründen verzichtet wird.

Quelle: Humpert, Dann; 1988; S. 77 f.

2.2 Fragebogen

Fragebogenverfahren sind die häufigste Methode bei der Gewinnung von Daten in der Schule und auch in den Erziehungswissenschaften. Die Vorteile liegen auf der Hand: Sie ermöglichen eine relativ schnelle und ökonomische Befragung vieler Personen. Dies geschieht in einer einheitlichen Art und Weise, da die meisten Fragebögen mit einem festen Antwortraster (weitgehend standardisiert) arbeiten. In der Durchführung sind Fragebögen sehr viel weniger aufwändig als Beobachtungen. Für die Entwicklung des Fragebogens sind jedoch sorgfältige Vorarbeiten zu leisten, um zu brauchbaren Ergebnissen zu kommen.

Im Folgenden werden verschiedene Arten von Fragen, Antwortmöglichkeiten und Formulierungshinweisen vorgestellt.

Offene Fragen

Offene Fragen sind Fragen ohne vorgegebene Antworten.
Beispiele dafür sind:
„Welches ist deine Lieblings-Fernsehsendung?"
„Was macht einen guten Film aus?"
„Wie kann das Arbeitsblatt verbessert werden?"

Offene Fragen erlauben es den Testpersonen, nach ihrer eigenen Wahl zu antworten. Sie können zu einer Vielfalt von Antworten führen und sind schwieriger festzuhalten und zu analysieren als vorgegebene Antworten. Interviews, die unerwartete Antworten, unbekannte Einstellungen oder Meinungen erfragen, gehören ebenfalls zu dieser Kategorie. Kreativitäts- und Originalitätstests arbeiten oft mit offenen Fragen, um ungewöhnliche und seltene Antworten zu generieren.

Zum Beispiel: „Was könnte alles passieren, wenn aus allen Wasserleitungen nur noch Salzwasser flösse?" (vgl. z. B. Jäger, 1970)

Offene Fragen aktivieren vor allem kürzlich gespeichertes, situiertes oder subjektiv bedeutsames Wissen. Sie sind geeignet zur Sondierung eines Forschungsfeldes, zur Hypothesengewinnung in der Feldforschung oder für intensive Fallstudien. Der zeitliche Aufwand bei der Auswertung ist oft sehr groß. Quantitative Auswertungen (mit Auszählen) sind oft nur mit Abstrichen bei den Gütekriterien zu erzielen. So braucht beispielsweise das Herausarbeiten ähnlicher oder zusammengehöriger Antworten viel Zeit.

Halboffene Fragen

Die halboffenen Fragen werden z. B. bei Lücken- oder Wissenstests verwendet. Die Fragen sind in der Regel so formuliert, dass nur eine Antwort möglich oder richtig ist. Schul- und Intelligenztests, aber auch Fragen zu Einstellungen und Meinungen arbeiten oft mit einem halboffenen Frageformat (z. B.: „Wie heißt der höchste Berg Europas?"). Die Fragen sind so zu formulieren, dass in der Auswertung richtige Zuordnungen möglich sind.

Geschlossene Fragen

Geschlossene Fragen haben vorgegebene Antworten. Mit diesem Fragetyp werden die Testpersonen gebeten, aus einer Auswahl von Antworten zu wählen. Während solche Antworten weniger inhaltsreich sind als Antworten auf offene Fragen, sind diese im Allgemeinen einfacher zu erfassen und weiterzuverarbeiten. So ermöglichen geschlossene Fragen bei geeignetem Antwortformat (vgl. Kp. 3.4) bessere statistische Berechungen. Fragen mit vorgegebener Antwort enthalten am häufigsten folgende Fragetypen:

- **Ja/nein- oder Wahr/falsch-Fragen**
  Solche Entweder-oder-Fragen geben die Möglichkeit, eine positive oder eine negative Antwort zu geben. Sie zwingen die Antwortenden, sich für eine Richtung zu entscheiden. Zum Beispiel: Meine Familie entsorgt mindestens einmal monatlich ihre Zeitungen.
  ☐ ja ☐ nein

- **Mehrfachwahl-Fragen (Multiple-Choice-Fragen)**
  Fragen mit mehreren Antwortmöglichkeiten geben den Testpersonen die Möglichkeit, auszuwählen.

Beispiel für Multiple-Choice-Fragen

Mein Lieblingssport ist:
☐ Fußball
☐ Basketball
☐ Schwimmen
☐ etwas anderes

An Schultagen schaue ich fern:
☐ gar nicht
☐ weniger als 2 Stunden
☐ 2 bis 4 Stunden
☐ mehr als 4 Stunden

- **Bewertungsskalen**
  Bewertungsskalen verlangen, dass Dinge nach einer bestimmten Bewertung eingereiht werden. Die verschiedenen Stufen müssen klar benannt sein und die Befragten müssen wissen, ob sie auch die Mittelwerte als Antwort wählen dürfen oder nicht. Die Bewertungsskala sollte zur Forschungsfrage passen. Bewertungsskalen in einem Fragebogen für Schulkinder können wie folgt aussehen:

Beispiel für eine Bewertungsskala

Kreise bitte die entsprechende Ziffer unter dem Gesicht ein.

Mit dem Wahlfach bin ich

a) Sehr unzufrieden  sehr zufrieden

	zu schwierig	eher schwierig	gerade richtig	eher leicht	zu leicht
b) Der Unterricht in diesem Fach war für mich	☐1	☐2	☐3	☐4	☐5

	nichts	wenig	einiges	viel	sehr viel
c) Wie viel hast du in diesem Wahlfach gelernt?	☐1	☐2	☐3	☐4	☐5

Um Unklarheiten zu vermeiden, ist es oft sinnvoll, ein Beispiel für das Ausfüllen einer Reihe von Fragen mit demselben Antwortformat an den Anfang zu stellen.

Beispiel für eine Anfangsfrage

Bitte gib an, wie sehr du mit jeder Aussage übereinstimmst.

	stimmt nicht	stimmt eher nicht	teils/ teils	stimmt eher	stimmt genau	weiß nicht
Ich kann in der Interessengruppe an Dingen arbeiten, die ich interessant finde.	☐1	☐2	☐3	☐4	☐5	○

Die kleinen Zahlen rechts der Kästchen weisen auf die Codierung für die spätere Auswertung hin.

Formulierungshinweise:
Es ist wichtig, dass die Fragen klar und neutral formuliert sind, ohne suggestives Beiwerk, und so, dass die zu erwartenden Antworten alles einschließen, was man erforschen will. Versuchen Sie, die folgenden Fallen und Fehler zu vermeiden:

1. Vermeidung von Fachjargon
Es ist nicht sinnvoll, davon auszugehen, dass Befragte bestimmte Abkürzungen oder Fachbegriffe wie z. B. Treibhauseffekt kennen und verstehen. Fachausdrücke sind stets auf die Wissensvoraussetzungen der Befragten abzustimmen.

2. Vermeidung unklarer Wörter
Wörter wie „oft", „regelmäßig", „im mittleren Alter", können für verschiedene Personen verschiedene Bedeutungen haben und sollten deshalb vermieden werden. Wenn eine Frage lautet: „Bringen Sie Gläser und Plastikflaschen regelmäßig zur Entsorgung?", kann regelmäßig für die einen wöchentlich, für andere einmal pro Monat und wieder für andere einmal pro Jahr heißen. Die genauere Benennung der Menge (z. B. einmal wöchentlich) ist der unklaren (z. B. gelegentlich) vorzuziehen.

3. Nur ein Inhalt pro Item
Wenn eine Frage lautet: „Befürworten Sie den Kauf neuer Schulbusse und die Ausweitung der Busrouten?", hat die Befragte keine Möglichkeit, den ersten Teil der Frage zu befürworten, den zweiten aber nicht. Deshalb sollte pro Frage oder pro zu bewertender Aussage (Item) nur ein Inhalt aufgegriffen werden.

4. Vermeidung von mit Text überfrachteten oder suggestiven Fragen
In politischen Umfragen werden gelegentlich Sätze mit ähnlichem Inhalt formuliert, z. B.: „Unterstützen Sie die linken antifamiliären Extremisten hinter dieser Initiative oder die vaterlandsliebenden soliden Bürger, die dagegen sind?" Häufig hören wir von Politikerinnen und Politikern, dass die Mehrheit der Bevölkerung, welche an der Umfrage beteiligt war, ihre Ideen und Vorhaben unterstützen. Wenn jedoch eine Umfrage die wirklichen Überzeugungen und Ideen der Befragten wiedergeben soll, muss jede mögliche Antwort auch gleichwertig formuliert sein. Suggestive Fragen verwirren, weil sie die Befragten in eine Richtung ziehen wollen. Mit Text überfrachtete Fragen verwirren, weil in der Vielfalt der Frage das eigentlich Gefragte nur noch schwer zu finden ist. Ein besonderes Beispiel für diese Kategorie ist die *doppelte Verneinung*. Die Frage: „Ich bin dagegen, dass Lehrpersonen vor Abstimmungen ihre diesbezügliche politische Haltung nicht äußern dürfen?", lässt sich deutlich vereinfachen durch Umformulierung in eine bejahende Formulierung: „Ich befürworte, dass Lehrpersonen vor Abstimmungen ihre diesbezügliche politische Haltung äußern dürfen."

5. Nennung aller Antwortmöglichkeiten

In den vorgegebenen Antworten sollten alle Antwortmöglichkeiten untergebracht werden können. Werden für die Frage nach der eigenen Haarfarbe nur die Antwortmöglichkeiten a) braun, b) schwarz, c) blond aufgeführt, dann können Rothaarige oder Punkrocker mit blauen Haaren nicht antworten. Es ist auch wichtig, dass die gegebenen Antworten sich einigermaßen scharf voneinander unterscheiden lassen (Trennschärfe). Die Frage: „Bist du a) in einer Band, b) in einem Chor?", geht von der Annahme aus, dass Kinder entweder in einer Band oder in einem Chor mitmachen, niemand jedoch in beidem. Solche Annahmen können richtige Datenerhebung verhindern.

6. Einsatz von Filter-Fragen

Wenn nicht alle Fragen von allen Befragten beantwortet werden können oder müssen, kann mit einer Filter-Frage die unnötige Bearbeitung von Fragen verhindert werden. Beispiel: „Besitzen Sie einen Hund?" Ja ___ Nein ___. Wenn nein, gehen Sie gleich weiter zu Frage 6. Solche Abkürzungen bewahren die Befragten davor, ärgerlich zu werden, weil sie z. B. als Nichtbesitzer/-innen eines Hundes noch gefragt werden, welches Hundefutter sie denn benutzen.

7. Beschränkung des schriftlichen Aufwands

Befragte sollten nicht zu viel schreiben müssen. Dies gilt besonders dann, wenn jüngere Kinder befragt werden. Vorgegebene Antworten sind einfacher auszufüllen und einfacher zu analysieren. Eine Umfrage kann auch mündlich durchgeführt werden. Dabei können alle Antworten aufgezeichnet werden. Dies beschert zwar den Forschenden einen größeren Zeitaufwand und verhindert die Anonymität, andererseits können sich so auch Menschen (Kinder) mit begrenzter oder (noch) nicht vorhandener Lesefähigkeit beteiligen.

8. Logische Reihenfolge

Schwierige oder persönliche Fragen werden am besten gegen Ende einer Umfrage gestellt. Die Fragen sollten inhaltlich kohärent gruppiert sein. Gelegentlich lohnt es sich, diese Reihung zu durchbrechen, um „blindes" Antworten aufzubrechen und zu testen.

9. Beachtung der gewohnten formalen Aspekte

Am Anfang stehen klare Anweisungen und Beschreibungen, die den Zweck der Umfrage sowie die Art der Beantwortung erklären. In dieser Anleitung ist verschiedenes zu bedenken: Sollen die Befragten das Betreffende einkreisen? Sollen sie ihre Antworten noch einmal kontrollieren? Sind mehrere Antworten gleichzeitig erlaubt? Ein Dankeschön an die Befragten am Ende der Umfrage macht einen guten Eindruck.

10. Testlauf

Die Durchführung eines Testlaufs (Voruntersuchung) vor der eigentlichen Umfrage liefert wichtige Hinweise für die Hauptbefragung. Dies kann die Vollständkeit der Antwortkategorien betreffen (Sind alle Antwortmöglichkeiten enthalten?), die Verständlichkeit der

Anweisung, die Zumutbarkeit der Dauer des Ausfüllens des Fragebogens, die Eindeutigkeit der Fragen usw. Es empfiehlt sich, die Testpersonen nach dem Testlauf ausführlich zu befragen, ob und wo sie die Umfrage schwierig, unklar etc. fanden. Die Antworten des Probedurchlaufs sollten auch gezählt werden, um zu sehen, ob diese auch auszuwerten sind. Solche Probedurchläufe werden in der wirklichen Studie nicht mitgerechnet.

11. Ausmaß des Testlaufs
Das Ausmaß des Testlaufs hängt von der Komplexität der gestellten Forschungsaufgabe ab. Soll eine ganze Region über Computergebrauch befragt werden, so sollte die Umfrage an 20–30 Kindern verschiedenen Alters getestet werden. Sollen Kinder einer ersten Klasse über das beliebteste Eisaroma befragt werden, kann dies an ein oder zwei Kindern ausprobiert werden, um sicherzugehen, dass die Frage auch klar ist.

2.3 Experiment[1]

Das Experiment dient dazu, **Hypothesen** systematisch und methodisch kontrolliert, auf ihre Richtigkeit zu überprüfen. Nicht jede Fragestellung eignet sich für eine experimentelle Untersuchung. So sollte die Hypothese „Ein paar Ohrfeigen haben noch keinem Kind geschadet" aus ethischen Gründen nicht experimentell untersucht werden. Hingegen gibt es viele Bereiche, welche für eine experimentelle Untersuchung geeignet sind:

- Kaugummikauen erhöht die Konzentration im nachfolgenden Unterricht.
- Spielerischer Umgang mit der Schriftsprache im Kindergarten verringert die Sprachprobleme im ersten Schuljahr.
- Intensiver fertigkeitenbezogener Zeichen- und Malunterricht im Vorschulalter hat auf die Intelligenzentwicklung die gleiche Wirkung wie intensiver fertigkeitenbezogener Musikunterricht im Vorschulalter.

Um die Überprüfung dieser Hypothesen vornehmen zu können, wird das zu untersuchende Geschehen im Experiment absichtlich herbeigeführt, um es dann beobachten zu können. Zufallseinflüsse, die den zu untersuchenden Zusammenhang möglicherweise beeinflussen könnten, werden bestmöglich ausgeschaltet. So ist bei der Erforschung der Wirkungen eines Konzentrationstrainings auf eine nachfolgende Unterrichtssequenz damit zu rechnen, dass die Motivierungskraft einer Lehrperson und die Art der nachfolgenden Lerntätigkeit das Ergebnis ganz erheblich beeinflussen. Diese **Störvariablen** lassen sich ausschalten bzw. reduzieren oder kontrollieren. Die Störvariable „Motivierungskraft der Lehrperson" lässt sich ausschalten, indem entweder alle Klassen mit derselben Lehrperson die anschließende Unterrichtssequenz durchführen oder indem statt einer direkt erlebten Lehrperson eine auf Video gefilmte Lehrperson die Sequenz anleitet oder indem in einem Manual das Durchführen der Sequenz Schritt für Schritt

1 Dieser Abschnitt ist angelehnt an Nagl (2003).

vorgegeben wird (u.a. mit dem Hinweis, relativ neutral zu wirken). Die zweite Störvariable „nachfolgende Lerntätigkeit" kann kontrolliert werden, indem nachfolgend alle dasselbe tun. Dies sollte etwas sein, was für alle Kinder etwa gleich anspruchsvoll und interessant (oder uninteressant) ist. Das Ausschalten bzw. Kontrollieren von Störvariablen ist in einem Forschungsbericht stets zu beschreiben.

Im Experiment wird zwischen verschiedenen Variablen unterschieden: Unabhängigen Variablen, abhängigen Variablen und störenden Variablen. Die **unabhängige Variable** (auch Treatmentvariable, von Treatment = Behandlung) ist die Variable, welche „behandelt" oder eben variiert wird. Sie ist in dem Sinne unabhängig, als sie von den anderen Variablen innerhalb des Experiments nicht beeinflusst wird, jedoch selber einen Einfluss auf die abhängige Variable ausübt. Der durch das Treatment hervorgerufene Effekt wird mit der **abhängigen Variablen** (auch Responsevariable oder Kriteriumsvariable genannt) gemessen, während alle unwichtigen oder **störenden Variablen** konstant gehalten bzw. kontrolliert werden. Es sind also drei Gruppen von Variablen zu unterscheiden:

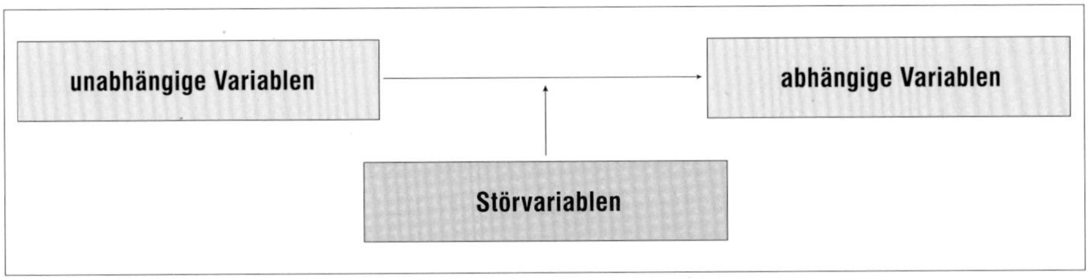

Abb. 1: Drei Gruppen von Variablen

Beispiel zum Experiment

Es gibt verschiedene Herangehensweisen, um Kindern das Lesen beizubringen. Im Laufe der Zeit haben sich die Ansichten darüber, was die beste Methode sei, verändert. Neue Ideen haben sich entwickelt. So gibt es beispielsweise die Ganzheitsmethode, die Lautiermethode, die Methode des Lesens durch Schreiben, die Lesegespräche beim Lesen durch Schreiben und kombinierte Anwendungen.
Heute wird für vieles der Computer benutzt. In diesem erfundenen Beispiel hat jemand eine Methode entwickelt, mit welcher Kinder interaktiv am Computer das Lesen lernen können. Nun soll festgestellt werden, ob diese Methode besser, gleich gut oder schlechter als das herkömmliche Lesenlernen funktioniert. Das ist die **Fragestellung**. Es ist nun zu überlegen, was „gut" oder „besser" bedeutet. Ist es die Schnelligkeit, mit der die Kinder lesen lernen, oder ist es die Anzahl der Fehler, die sie nach einer gewissen Zeit beim Lesen noch machen, oder ist es etwas anderes?
Als *abhängige Variablen* (Kriterium) werden festgelegt: Die Schnelligkeit des Lesens und die Anzahl der Fehler beim Lesen eines Textes nach dem ersten Grundschuljahr.

Arbeitshypothese: Kinder, die über die Computermethode das Lesen erlernen, machen nach dem ersten Grundschuljahr weniger Fehler beim Lesen und lesen insgesamt schneller als Kinder, die traditionell das Lesen erlernt haben.

Lösung: Planung des Experiments: Es werden zwei Grundschulklassen ausgewählt. Die Kinder werden zufällig in zwei Gruppen (Experimental- und Kontrollgruppe) aufgeteilt: Die eine Gruppe bekommt Leseunterricht nach der Computermethode, die andere Gruppe nach der Ganzwortmethode. Zu beachten ist hierbei, dass sich die Gruppen vor dem Unterricht nicht hinsichtlich ihrer Lesefähigkeit unterscheiden. Das muss geprüft werden, zum Beispiel mit einem Eingangstest. Außerdem darf der Unterricht nicht von nur einer Lehrperson pro Methode durchgeführt werden, damit sichergestellt werden kann, dass nicht nur die Freundlichkeit und Geduld einer Lehrperson den Kindern beim Lesenlernen Vorteile verschafft, die unabhängig von der Lehrmethode sind.
Nachdem die Kinder also ein Jahr lang von unterschiedlichen Lehrpersonen nach einer bestimmten Methode unterrichtet worden sind, werden sie einem Lesetest unterzogen. Jedes Kind aus jeder Gruppe wird gebeten, einen kurzen Text vorzulesen. Die dafür benötigte Zeit und die Anzahl Fehler werden notiert. Schließlich werden die beiden Gruppen miteinander verglichen.
Zusammenfassung: Zunächst wird die Art des Leseunterrichts manipuliert (*unabhängige Variable*, Treatmentvariable), dabei werden die *Störvariablen* (Personeneigenschaften der Lehrperson, bereits bestehende Unterschiede zwischen den Kindern) kontrolliert. Anschließend werden die Auswirkungen auf die Lesefähigkeit (*abhängige Variable*, Responsevariable) gemessen.

Das Experiment als Form der Datenerhebung zeichnet sich durch die *Absichtlichkeit* (Planmäßigkeit) seiner Durchführung, die *Wiederholbarkeit* (durch erneute Herstellung der Situation) und *Variierbarkeit* (Durchführung des gleichen Experiments mit anderen Variablenmanipulationen) aus.

Experimente sollten hinsichtlich ihrer Absichten gut erklärt werden, die Planung sollte transparent und nachvollziehbar sein. Sie sollten gut durchführbar sein: Wenn die meisten Kinder nach der zweiten von insgesamt fünf geplanten Aufgaben müde werden, ist das Experiment nicht durchführbar. Sie sollten weiter wiederholbar sein: Wenn andere Forschende dasselbe Experiment nochmals durchführen wollen, sollte es so gut beschrieben sein, dass die Wiederholung ohne größere Schwierigkeiten erfolgen kann (*Replikation*). So sollte die erneute Herstellung der Situation keine Probleme bereiten. Der Umgang mit den Variablen und dem Ausschluss von Störvariablen sollte in derselben Weise nachvollzogen werden können wie in der Urversion des Experiments. Und weiter sollte das Experiment variierbar sein, d. h. es sollte möglich sein, das gleiche Experiment mit Variablenmanipulationen durchzuführen (z. B. für das Experiment auf S. 31 f.: Anstelle der Art des Leseunterrichts werden die Personenmerkmale variiert: begeisternde Lehrpersonen, eher trockene Lehrpersonen usw.).

Anmerkung: Auch Kinder können experimentelles Forschen in kleinem Umfang im Unterricht gut erlernen. Die Fächer Biologie, Mensch und Umwelt, Technik, Physik, Psychologie usw. eignen sich im Unterricht gut für die Anwendung wissenschaftlicher Kriterien des experimentellen Messens.

Quasiexperimentelle Verfahren

Auf der Basis der Kriterien des Experiments lassen sich aber auch „weichere" Verfahren, wie z. B. experimentelle Fragebögen konstruieren. Hier werden bestimmte Merkmale planmäßig variiert, um z. B. komplexere Kognitionen und Einstellungen von Lehrpersonen zu prüfen. Dabei werden den Befragten meist Geschichten vorgelesen oder zum Selberlesen gegeben. Sie sollen dann auf nachfolgende Fragen Antwort geben und ihre Meinung dazu äußern.

Beispiel zu quasiexperimentellen Verfahren

Beispiel: *Zwei Jungen raufen auf dem Schulhof. Der eine hat dem anderen in die Haare gegriffen und zieht ihm den Kopf herunter.*
In diese Geschichte wird eingebaut, ob einer der Jungen eine Schädigungsabsicht hatte oder nicht (systematisch variiert) und was das Aggressionsziel war. Auf diese Weise entstehen mehrere Varianten der Geschichte. Bei der einen Geschichte war eine Absicht vorhanden und bei der anderen nicht. Bei der nächsten Geschichte fehlte die Absicht – die Schädigung und das Aggressionsziel sind noch vorhanden. Bei der nächsten ist nur das Aggressionsziel vorhanden. Das ist dann die systematische Variation. Durch diese Variation lässt sich feststellen, welche Merkmale dafür entscheidend sind, einer Handlung Aggressivität zuzuschreiben. Weiter kann festgestellt werden, ob die Merkmale mit anderen Merkmalen in systematischer Beziehung bzw. Wechselwirkung stehen. Diese Verfahren werden auch als quasiexperimentelle Verfahren bezeichnet (vgl. Humpert et al., 1983). Dadurch lassen sich wie bei einem Experiment nicht direkt sichtbare Bedingungen erzeugen, gleichzeitig ist das Verfahren aufwändiger als die Entwicklung eines Fragebogens.

A

Übungen im Download:
2a – 2b

3. Grundlagen des Messens

3.1 Der Ablauf von Forschung

Zur Einordnung der Bedeutung der Statistik folgt zunächst ein kurzer Abriss über den Ablauf wissenschaftlicher Untersuchungen. Der Ablauf wissenschaftlicher Untersuchungen ist für die verschiedensten Themen im Grundsatz gleich oder zumindest doch sehr ähnlich. Er besteht aus fünf Elementen:

- **Literaturrecherche:** Das zum Thema bereits vorhandene Wissen wird zusammengetragen. Dabei wird der theoretische und empirische Hintergrund aufgearbeitet.
- **Fragestellung(en) und Hypothese(n):** Die noch ungeklärten Fragen aus dem bisher zum Thema schon Gedachten und Erforschten werden herausgearbeitet. Es findet eine Auswahl und Formulierung der zu untersuchenden Fragestellungen und Hypothesen statt.
- **Methode:** Die Methode der Datenerhebung (Fragebogen, Beobachtung, Experiment) und die geeigneten statistischen Verfahren für die zu prüfenden Hypothesen werden bestimmt.
- **Ergebnisse:** Die Ergebnisse werden in geeigneter Form (Tabelle, Diagramm, Kennwerte und Signifikanzen) dargestellt.
- **Interpretation:** Zuerst wird angegeben, ob die Hypothesen zu verwerfen oder beizubehalten sind. Nachher werden verschiedene Aspekte der Ergebnisse erläutert. Dazu gehören insbesondere der Gültigkeitsbereich der Befunde, das Erwägen von Alternativerklärungen für die (nicht) gefundenen Effekte, selbstkritische Hinweise (z. B. zu methodischen Problemen), Konsequenzen für die Weiterentwicklung der Theorie und für die weitere Forschung.

Am Anfang einer wissenschaftlichen Untersuchung steht immer eine **Fragestellung**. Es wird eine Frage formuliert, die durch die Untersuchung beantwortet werden soll. Die Fragestellung wird meist weiter aufgefächert in möglichst präzise Unterfragen. Fragen können zum Teil mithilfe von bereits abgesichertem Wissen beantwortet werden, zum Teil sind die Antworten eher Vermutungen bzw. Behauptungen. Solche Antworten werden auch **Hypothesen** genannt. Die gesicherten Aussagen und die Hypothesen zusammen seien hier als die *inhaltlichen Aussagen* bezeichnet. Zusätzlich zu diesen Aussagen sind *Definitionen* erforderlich, die festhalten, was mit den verschiedenen verwendeten Begriffen und Merkmalen gemeint ist. Eine **Definition** ist eine Beschreibung einer Sache, bestehend aus der nächsten (in der Regel Über-)Kategorie (genus proximum) und dem spezifischen Unterschied (differentia specifica) zu den am nächsten liegenden Dingen oder Kategorien. So ist ein Singvogel definiert als Vogel (genus proximum), bei welchem in der Regel die Männchen zum Zweck des Anlockens von Weibchen und der Revierverteidigung gegen Artgenossen singen (differentia specifica).

Im Kontext von Schule ist Mobbing unter Kindern definiert (Alsaker, 2002, S. 17–21) als Form der Gewalt (genus proximum), welche sich in bestimmten Tätigkeiten (wie treten, schlagen, foppen, ausschließen usw.) äußert, die vom betroffenen Kind als unerwünscht wahrgenommen werden, wiederholt oder über lange Zeit auftreten. Kein Mobbing sind Gewalttätigkeiten zwischen zwei gleich starken Kindern, die beide mit dem Gewalthandeln einverstanden sind (differentia specifica).

Alle Aussagen und Definitionen zusammen werden bei größeren wissenschaftlichen Arbeiten oft in weiteren Schritten systematisiert und können im Sinne eines Systems von Aussagen als **Theorie** bezeichnet werden.

Bei manchen wissenschaftlichen Untersuchungen reicht der Wissensstand nicht einmal für Hypothesen, es bleiben nur mehr oder weniger präzise Fragen.

In einem weiteren Schritt ist zu überlegen, ob zur Überprüfung der Hypothesen bzw. Beantwortung der Fragen empirische Wirklichkeit untersucht werden muss oder ob durch rein logische Analyse geklärt werden kann, ob bestimmte Hypothesen aus gesicherten Aussagen der Theorie gefolgert werden können.

Falls die Überprüfung der Hypothesen oder die Beantwortung der Fragen auf Grund der rein theoretischen Überlegungen nicht hinreichend zum Ziel führt, wird das Sammeln von Beobachtungen und primären Erfahrungen notwendig. Eine empirische Untersuchung ist nötig. Die dabei erzeugten **Ergebnisse** führen zum Beibehalten oder Verwerfen der Hypothesen, oft auch zu neuen Fragen und Hypothesen. Forschungsergebnisse führen meistens zu einer Präzisierung und Erweiterung von Theorien. Die Konsequenzen, welche ein Forschungsergebnis für eine Theorie hat, werden in der Regel im Rahmen der **Interpretationen** begründet.

Die bisherigen Überlegungen lassen sich durch das Schema in Abb. 2 charakterisieren.

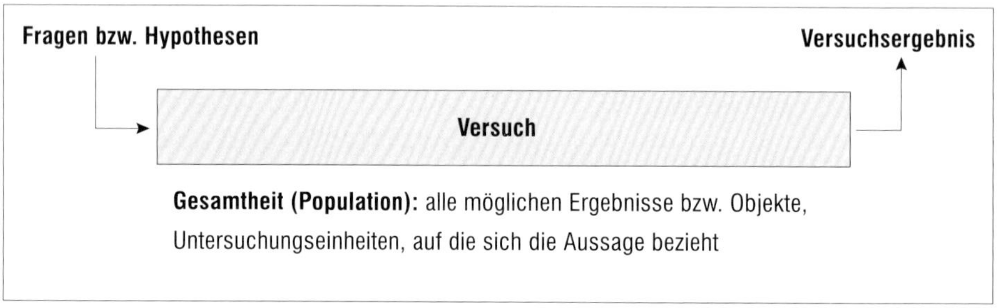

Abb. 2: Einfaches Forschungsschema (Quelle: Nagl, 2003)

Forschung ist immer eine Form der Befragung der Natur. Jeder Versuch oder Test (Befragung, Experiment, Beobachtung) hat die Objektivierung von Aussagen zu einer Grundgesamtheit oder Population (z. B. alle 10-jährigen Kinder der Schweiz) zum Ziel. Der Versuch betrifft in der Regel nur einen Teil davon (repräsentative Stichprobe). Für die Praxis ist die abschließende **Diskussion** der Ergebnisse wichtig.

Das Fach Statistik beschäftigt sich mit folgenden Inhalten:

- mit der sinnvollen Beschreibung und Interpretation von Ergebnissen aus Untersuchungen (beschreibende Statistik = *deskriptive Statistik*),
- mit der Definition von Sicherheit als Wahrscheinlichkeit und mit den Regeln für das Rechnen mit Wahrscheinlichkeiten (*Wahrscheinlichkeitstheorie*) sowie
- mit der Frage, ob bzw. mit welcher Sicherheit und unter welchen Bedingungen von den Teilversuchen auf die Gesamtheit der möglichen Versuche (Beobachtung, Fragebogen, Experiment) geschlossen werden kann (induktive Statistik, *schließende Statistik*, Inferenzstatistik).

Diese Hilfsmittel erleichtern die Auswertung der Ergebnisse der in den Versuchen gemachten Erfahrungen. Statistik unterstützt daher zentral den Prozess der Erweiterung des Wissens aufgrund von Erfahrung.

3.2 Grundbegriffe

Hypothesen: Hypothesen sind zunächst Vermutungen. In der Regel sind es Vermutungen über Zusammenhänge oder Unterschiede. Dabei werden Aussagen gemacht über bestimmte Aspekte eines Merkmals (z. B. Anteil der Schülerinnen, die dunkelblondes Haar haben) oder auch über mehrere Merkmale gleichzeitig (z. B. Zusammenhang zweier Merkmale: Je größer ein Schüler ist, umso schwerer ist er.).

Untersuchungseinheiten: Bei jeder Aussage muss erkennbar sein, über wen bzw. was etwas festgestellt wird (z. B. Kinder einer Schule). Die Aussage wird in der Regel über die Population gemacht. Auch wenn eine Stichprobe gezogen wird (z. B. tausend 10-jährige Kinder aus der Schweiz), soll diese doch stellvertretend für die ganze Population (alle 10-jährigen Kinder aus der Schweiz) gelten. Untersucht wird also meistens nur eine Stichprobe von Objekten/Subjekten. Diese Objekte/Subjekte einer Aussage werden Untersuchungseinheiten genannt (oft abgekürzt mit UE). Eine Untersuchungseinheit ist das Objekt oder das Subjekt, das konkret untersucht wird. Die UE ist die Merkmalsträgerin, auf die sich die Forschung bezieht (also z. B. Schulen, Personen, Texte) und sie ist die Einheit, auf die sich die Untersuchung bezieht. Dabei können Objekte/Subjekte der Stichprobe oder der Gesamtheit gemeint sein.

Merkmale: Vor einer Untersuchung muss festgelegt werden, welche Merkmale erhoben werden sollen und wie diese Merkmale zu messen sind. Für die Messung von Merkmalen müssen Merkmalsausprägungen festgelegt werden. Manchmal sind diese nahe liegend, z. B. bei der Körpergröße (z. B. Zentimeter auf eine Kommastelle genau) oder dem Geschlecht (männlich, weiblich), manchmal hingegen müssen diese Ausprägungen zuerst herausgearbeitet werden, zum Beispiel bei den Merkmalen Freundlichkeit einer Person oder künstlerisches Potenzial.

Sobald die Maßeinheiten zur Bestimmung der Merkmalsausprägungen vorliegen, kann jeder Untersuchungseinheit für jedes Merkmal ein Messwert, eine Merkmalsausprägung zugeordnet werden (z. B. Ergebnisse im Sprachtest: Kind 1: 24 Punkte, Kind 2: ...).

Beispiele zu den Grundbegriffen

Aussage/Hypothese: Mädchen sind klüger als Jungen.
Hilfen zum Finden der für diese Hypothese notwendigen Übersetzungen in ein wissenschaftliches Instrument sind folgende *Fragestellungen*:

- Was/Wer soll gemäß der vorliegenden Aufgabe untersucht werden (UE)?
- An wem soll es untersucht werden (Stichprobe)?
- Für wen soll die Aussage prinzipiell gelten (Gesamtheit, Population)?
- Welche Merkmale spielen eine Rolle bei der Beantwortung der jeweiligen Frage (Merkmale)?
- Welche Ausprägungen kann das Merkmal in der Untersuchung annehmen (Merkmalsausprägung)?

Untersuchungseinheit: Kind
Stichprobe: kleine Auswahl von Kindern verschiedenen Alters
Gesamtheit: alle Kinder
Merkmale: Geschlecht, Klugheit
Merkmalsausprägungen:

- Geschlecht: männlich, weiblich
- Klugheit:
  - Variante 1:
    sehr intelligent, intelligent, mittel intelligent, wenig intelligent, sehr wenig intelligent
  - Variante 2:
    IQ gleich oder größer 130
    IQ gleich oder größer 115, aber kleiner als 130
    IQ gleich oder größer 85, aber kleiner als 115,
    IQ gleich oder größer 70, aber kleiner als 85,
    IQ kleiner als 70

Merkmalsarten
Je nach Untersuchungsziel sind bestimmte Aspekte von Merkmalen relevant. Wichtige Merkmalsunterscheidungen sind:

Quantitative versus qualitative Merkmale: Qualitativ heißen jene Merkmale, deren Merkmalsausprägungen unterschiedliche Arten darstellen. Beispiele dafür sind: Farbe mit den Ausprägungen rot, blau, grün, gelb, usw. Hobbys mit den Ausprägungen Reisen, Sport, Lesen, Schach usw. Quantitative Merkmale haben Zahlen als Ausprägungen: Alter, Körpergröße, Gewicht …

Stetige versus diskrete Merkmale: *Stetige Merkmale* können jeden Wert eines Kontinuums annehmen (z. B. Zeit, Alter, Länge, Gewicht usw.). Ein typisches Beispiel ist die erreichte Zeit in einem Skirennen (z. B. in Hundertstelsekunden). Die Ausprägungen können jeden Wert haben. Ganz ähnlich ist es mit dem Gewicht, welches auch sehr genau angegeben werden kann und somit ebenfalls jeden Wert eines Kontinuums annehmen kann.

Diskrete Merkmale können nur abzählbar viele Werte annehmen (z. B. Anzahl Kinder einer Klasse, Geschlecht). Bei der Anzahl Kinder in einer Klasse hat die Merkmalsausprägung stets ganze Zahlen (z. B. 6, 12 oder 25). Die Werte sind klar abzählbar. Es sind entweder 10 oder 11 Kinder, nie aber 10,5 oder 10,75. Dasselbe gilt für die Ränge in einem Skirennen: Zwischen den Rängen gibt es kein Kontinuum (wie beispielsweise 1,2 oder 1,666). Deshalb sind Anzahlen und Ränge diskret.

Quantitative stetige Merkmale werden oft diskret erhoben: Obwohl das Merkmal Alter jeden Wert auf einem Kontinuum annehmen kann (also eigentlich stetig ist), messen wir es oft diskret. Meist geben wir nur das Alter in Jahren an (z. B. eingeteilt in Jahrgänge). Bei Kindern geben wir manchmal das Alter in Jahren und Monaten an. Auch das ist eine diskrete Erhebung.

3.3 Gütekriterien

Unabhängig davon, was gemessen wird, sei es nun Fieber, Feinstaub in der Luft oder Sozialkompetenz von Kindern, es braucht ein taugliches Messinstrument. Weil nicht jedes Messinstrument gleich gut misst, hat sich die Forschung auf drei Gütekriterien geeinigt: die Validität, die Reliabilität und die Objektivität. Auf diese wird im Verlauf dieses Kapitels näher eingegangen.

Bevor Merkmale auf ihre Gütekriterien geprüft werden, müssen sie operationalisiert werden. Operationalisierung meint eine möglichst genaue Bestimmung des zu messenden Merkmals. Dazu sind Ausprägungen eines Merkmals zu präzisieren. Bei traditionell schon gut präzisierten Merkmalen ist das einfach: Der Fiebermesser misst das Merkmal Fieber (als Hauttemperatur) mit den Ausprägungen Zehntelgrade Celsius innerhalb des Bereichs von 35° bis 42°. Schwieriger ist das bei psychologischen Merkmalen.

Beispiel

Ein Beispiel dafür ist die Entwicklung des Sozialspiels, für das die Theorie von Parten (1932) Grundlage der meisten Arbeiten bis weit in die 1970er Jahre war (für eine aktuelle Reformulierung vgl. Hauser, 2005). Die Theorie von Parten postulierte folgendes Entwicklungskontinuum:

(1) Unbeschäftigt: Keine Kontaktaufnahme mit anderen Kindern. Weder Spiel noch sonst eine Tätigkeit.
(2) Zuschauen: Visuelle Kontaktaufnahme mit anderen Kindern. Weder Spiel noch sonst eine Tätigkeit – nur Beobachten.
(3) Alleinspiel: Kind spielt – keine Kontaktaufnahme mit anderen Kindern.
(4) Parallelspiel: Das Kind spielt neben anderen Kindern gleiche oder ähnliche Spiele, aber ohne Interaktionen (z. B. Austausch von Spielzeug) und ohne gemeinsames Spielziel.
(5) Assoziatives Spiel: Die Kinder spielen gemeinsam, sie tauschen sich aus und sie spielen organisiert (z. B. durch Rollenverteilung) auf ein Spielziel hin (z. B. eine fiktive Geburtstagsfeier). Ziele und Inhalte können noch rasch und spontan wechseln.
(6) Kooperationsspiel: Intensives aufeinander Eingehen. Zum Beispiel ein längeres Spiel zwischen Verkäufer und Kundin, in welchem Inhalte voneinander aufgegriffen werden.

Diese Präzisierungen von Merkmalen, welche im Rahmen der Operationalisierung vorgenommen werden, werden auch als *operationale Definitionen* bezeichnet. Sie können mehr oder weniger gut sein. Gute Operationalisierungen erfüllen die drei Gütekriterien *Validität, Reliabilität* und *Objektivität.*

3.3.1 Validität

Die Validität (Gültigkeit) liegt bei jenen Messungen vor, deren Ergebnisse genau der theoretischen Definition entsprechen. Das, was gemessen werden soll, wird auch gemessen.

Konstruktvalidität liegt vor, wenn Messungen das erfassen, was sie erfassen sollen. Es soll das gemessen werden, was mit einem Konstrukt auch gemeint wird. Ein Konstrukt (z.B. Begabung) ist so etwas wie ein Begriff, welcher im Rahmen einer ausformulierten Theorie beschrieben wird. Im Unterschied zu einem Begriff der Alltagssprache wird ein wissenschaftlicher Begriff (eben ein Konstrukt) deutlicher geklärt. Der Begriff Hochbegabung wird im Alltag rasch und sehr unterschiedlich eingesetzt. Wissenschaftlich gesehen wird in der Regel gemeint: Wer im Vergleich mit Gleichaltrigen in einer Kompetenzmessung zu den obersten 2,14 % gehört. Eine ungenügende Konstruktvalidität liegt vor, wenn das Konstrukt nicht gemessen werden kann oder wenn etwas anderes gemessen wird. Ein Intelligenztest sollte das messen, was als Intelligenz beschrieben wird, jedoch nicht z. B. die Frustrationstoleranz. Konstruktvalidität setzt gesichertes Wissen, also Kenntnis der zugehörigen Theorien und der einschlägigen Befunde voraus. Eine geringe Konstruktvalidität spricht aber nicht unbedingt gegen die Messung, sie kann auch gegen das Konstrukt sprechen. Im 19. Jahrhundert wurde zum Beispiel versucht, die Intelligenz mithilfe des Gehirnvolumens zu messen. Diese Messungen waren jedoch nicht valide (trotz genauer Messung). Damit ist das Konstrukt (Gehirnvolumen als Indikator für Intelligenz) untauglich.

Liegt eine **prognostische Validität** vor, so können mit den Testdaten Prognosen gestellt werden. Wenn zum Beispiel das Konstrukt der Intelligenz voraussagt, dass höhere Intelligenz zu einer erfolgreicheren Berufslaufbahn führe, dann kann gemessen werden, wie gut die frühe Intelligenz (z. B. in der Schulzeit) zusammenhängt mit dem Berufserfolg im Erwachsenenalter. Wenn eine entsprechende Untersuchung diesen Zusammenhang bestätigt, ist der entsprechende Test (das entsprechende Verfahren) in seiner Prognose zutreffend. Man spricht in diesem Zusammenhang von prognostischer Validität (oder Vorhersage-Gültigkeit).

3.3.2 Reliabilität

Die Reliabilität (Zuverlässigkeit, Genauigkeit) kennzeichnet den Grad der Schwankungsfreiheit (Präzision) einer Messung.

Diese kann durch wiederholte Messung der gleichen Untersuchungseinheiten mit dem gleichen Instrument geprüft werden (Test-Retest-Reliabilität). Die Übereinstimmung zwischen Vor- und Nachtest ist dann das Maß für die Reliabilität. Die Bedeutung und Berechnung dieses Maßes wird in Kapitel 6.3 (Korrelation) näher erläutert.

Eine andere Variante ist die Paralleltest-Reliabilität: Hier werden die gleichen Untersuchungseinheiten mit zwei Instrumenten gemessen, die das gleiche Merkmal messen sollen (z. B. mit zwei unterschiedlichen Intelligenztests).

3.3.3 Objektivität

Eine Messung ist dann objektiv, wenn unabhängig vom Anwender das gleiche Ergebnis herauskommt. Das Ergebnis ist vom Verfahren und von der Untersuchungsleitung nicht beeinflusst.

Die **Durchführungsobjektivität** fordert, dass die Durchführung (Versuchsleitung, Verfahren, ...) keinen Einfluss auf das Ergebnis hat. So muss bei einem objektiven Prüfungsverfahren der Einfluss der während der Prüfung anwesenden Durchführungsverantwortlichen (z. B. überwachende Lehrpersonen) konstant gehalten werden, indem z. B. diese nicht einschüchterndes oder Angst machendes Verhalten (Körpersprache, Mimik) zeigen.

Die **Auswertungsobjektivität** verlangt von den Auswertenden unabhängige Ergebnisse. In der Auswertung einer schriftlichen Prüfung (Korrektur) liegt dies dann vor, wenn die Auswertenden über die Geprüften nichts wissen, diese auch nicht kennen und sich auch nicht durch Schriftbilder beeinflussen lassen. In verschiedenen Studien konnte z. B. gezeigt werden, dass Lehrpersonen denselben Aufsatz unterschiedlich interpretierten, je nachdem, ob ihnen vorher gesagt wurde, er sei von einem Jungen oder von einem Mädchen geschrieben worden: Beim Mädchen hatten sie die Tendenz, die Attribute „fleißig" und „wenig originell" zu vergeben, bei Jungen jedoch „originell" und „könnte sich noch etwas mehr anstrengen" (EDK, 1992, S. 54 f.).

Außerdem gibt es für psychologische und pädagogische Tests noch einige so genannte Nebengütekriterien wie Nützlichkeit des Tests, Ökonomie, Akzeptanz durch die Anwender und die Probanden, Normiertheit.

Beispiel für die Wichtigkeit der Gütekriterien bei der Notengebung

Schlechte Validität: Es ist oft unklar, was eine Note 3 oder eine 5 in Französisch, Geschichte oder Mathematik inhaltlich bedeuten, was ein Lernender, eine Schülerin wirklich kann und was nicht. Analysen über das Zustandekommen von Noten belegen, dass eine für Außenstehende unbekannte Zahl von Faktoren in die Note einfließt. Validität ist oft schwer nachzuweisen. Die prognostische Validität, die Vorhersage von Erfolg etwa im Beruf oder in der folgenden Schul- und Studiumsstufe ist im besten Fall sehr kurzfristig gegeben, verwischt sich schon nach einem oder zwei Jahren. So gibt es etwa keinerlei Zusammenhang zwischen Abiturnoten und Studienerfolg an Hochschulen. Nicht zuletzt deshalb haben viele Lehrbetriebe in der Schweiz damit begonnen, interessierte Jugendliche mithilfe von eigenen Testverfahren auf die Eignung für bestimmte Berufe zu testen. Sie halten die Zeugnisse der Schule für zu wenig (prognostisch) valide.

Schlechte Objektivität: Die unabhängige Nachkontrolle ergibt bei Mathematikarbeiten eine Differenz von zwei bis drei Notenpunkten. Beim Vergleich zwischen Schulnoten und den Resultaten in Tests (etwa TIMSS oder PISA) ergaben sich Differenzen von bis zu vier Notenpunkten – sogar dort, wo die Lehrpersonen die Tests zuvor als valide, also dasselbe messend, akzeptiert hatten. Bei gleichen Leistungen erzielen Jungen und Mädchen, Schüchterne und Selbstbewusste, Einheimische und Ausländer etc. chronisch unterschiedliche Noten.

Schlechte Reliabilität: Die Wiederholungszuverlässigkeit bei „hausgemachten", also nicht aufgrund von Kompetenzmodellen erstellten Prüfungen ist mäßig bis schlecht. Vor allem dort, wo „Teaching to the Test[1]" praktiziert wird, führen Prüfungswiederholungen regelmäßig zu schlechteren Resultaten.

Schlechte Vergleichbarkeit: Sekundarschüler aus dem Kanton Baselland schneiden später an der Berufsschule besser ab als Absolventen der Orientierungsstufe des Nachbarkantons Basel-Stadt. Das ist bekannt und trivial: Die den Schülern aus Baselland leistungsmäßig vergleichbaren Schüler sitzen – salopp gesagt – in Basel-Stadt allesamt im Gymnasium und nicht in Berufsschulen. Häufig ist eine Vergleichbarkeit nicht einmal innerhalb derselben Schule gegeben: Eine 4 bei Lehrer X entspricht einer 3 oder einer 5 bei Parallelklassen-Lehrerin Y.

In Anlehnung an Strittmatter, 2004, S. 7 f., vgl. auch Kronig, 2007.

3.4 Skalenniveaus

Ein ländervergleichendes Beispiel am Anfang soll die Bedeutung des Skalenniveaus illustrieren.

Beispiel 1 für die Bedeutung des Skalenniveaus

In der Schweiz und in Deutschland gilt in der Schule die Notenskala von 1 bis 6. In der Schweiz ist 6 die beste Note und 1 die schlechteste Note. In Deutschland ist 1 die beste Note und 6 die schlechteste Note. Die Note 4 (ausreichend) gilt in beiden Ländern als „Grenznote" für das Bestehen. Nehmen Sie an, für die Versetzung in die nächste Klasse seien zwei Arbeiten entscheidend. Ein Schüler schreibt nun einmal die schlechteste Note und einmal die Bestnote. Wir gehen nun auch davon aus, dass die Lehrpersonen die Noten aufgrund von denselben Punktwerten im Test vergeben haben. Wird nun die Note traditionell durch Bildung des arithmetischen Mittels (Durchschnitt) gebildet, so erhält das Kind in Deutschland und in der Schweiz die Note 3,5 (6 + 1 = 7). In Deutschland hätte dieses Kind bestanden und das Klassenziel erreicht, in der Schweiz wäre es klar durchgefallen. Wie kommt das?

1 Meint folgendes Verhalten: Wenn Lehrpersonen wissen, dass die Leistungsfähigkeit ihrer Klassen mit Tests gemessen und anschließend die Leistungen verschiedener Klassen miteinander verglichen werden, dann kann es vorkommen, dass sie den Unterricht fast nur noch auf die Testinhalte ausrichten. Bei schlechten Tests führt das zum Üben sogenannter „blinder" Routinen und nachfolgend nicht selten auch zu schlechteren Resultaten. Bei guten Tests kann diese verstärkte Zielorientierung auch zu insgesamt besseren Lernergebnissen führen.

Die Darstellung unten erklärt es.

	beste Note					schlech-teste Note
Note D	1	2	3	4	5	6
Note CH	6	5	4	3	2	1

Das „Gewicht" der einzelnen Notenstufen in Deutschland und der Schweiz ist unterschiedlich. Die Note 1 in der Schweiz macht Schüler sozusagen schlechter als die gleichbedeutende schlechte Note 6 in Deutschland, da es in der Schweiz drei Notenstufen unter ausreichend gibt, in Deutschland aber nur zwei. Entsprechendes gilt dann umgekehrt auch für die guten Noten-stufen. Streng genommen gilt für Noten nur die Relation „besser" bzw. „schlechter" bei verschiedenen Notenstufen, und es darf (wiederum streng genommen) auch kein Durchschnittswert (arithmetisches Mittel) berechnet werden. Um einen Durchschnitt berechnen zu können, müssen Summen geteilt werden. Das geht nur, wenn dieselben Abstände dasselbe bedeuten. Nun ist aber jedem Kind klar, dass im schweizerischen System der Abstand zwischen einer 3.5 (knapp ungenügend) und einer 4 (genügend) nicht derselbe ist, wie derjenige zwischen einer 5 (gut) und einer 5.5 (gut bis sehr gut).

An einem weiteren (auch für Schüler interessanten) Beispiel kann gezeigt werden, warum es nützlich ist, sich mit Skalentheorie zu beschäftigen.

Beispiel 2 für die Bedeutung des Skalenniveaus

Ist es bei 10 Grad Celsius halb so warm wie bei 20 Grad Celsius? Die Antwort lautet eindeutig nein, weil 0 Grad Celsius nicht dem absoluten Nullpunkt entsprechen. Sobald aber der Temperaturbetrag von Celsius in die „Währung" mit Nullpunkt (die in den USA gebräuchliche Kelvin-Skala) umgerechnet wird, wird dies möglich. Bei der Fahrenheit-Skala liegt der Gefrierpunkt bei 32 Grad Fahrenheit und der Siedepunkt des Wassers bei 212 Grad Fahrenheit. Die Umrechnung Fahrenheit in Celsius ergibt also:
F = 1,8 x °C + 32
10 Grad Celsius entspricht 18 + 32 = 50 Grad Fahrenheit
20 Grad Celsius entspricht 36 + 32 = 68 Grad Fahrenheit
Die Temperatur von 20 Grad Celsius (68 Grad Fahrenheit) ist also nicht doppelt so warm wie 10 Grad Celsius (50 Grad Fahrenheit), sondern nur 1,36 mal so warm (68/50).

Ein Vergleich zwischen der Temperatur in Grad Celsius und den Noten verdeutlicht das Problem: Ein Kind mit einem Notendurchschnitt von 6,0 ist nicht doppelt so gut wie ein Kind mit 3,0 (in der Schweiz); ein Kind mit Notendurchschnitt 3,0 ist nicht doppelt so gut wie ein Kind mit Notendurchschnitt 6,0 (in Deutschland).

Diese Beispiele verdeutlichen, warum bei Beurteilungen von Merkmalen (von Schülern) die Relationen zwischen den Zahlen und den zu messenden Merkmalen (z. B. Lesefähigkeit, Intelligenz usw.) genauer angeschaut werden sollten.

Jedes Merkmal lässt sich einem oder mehreren Skalenniveaus zuordnen. Bei der Zuordnung von Zahlen zu den Merkmalsausprägungen sind folgende Skalenniveaus zu beachten:

Nominal-Skala: Werden bei qualitativen Merkmalen den Ausprägungen Zahlen zugeordnet, muss nur beachtet werden, dass verschiedenen Ausprägungen auch verschiedene Zahlen zugeordnet werden (entsprechend: gleichen Ausprägungen gleiche Zahlen). Die Zahlen bringen damit nur die Verschiedenheit im Namen zum Ausdruck und nicht mehr (z. B. weiblich = 1, männlich = 2). Diese liegt dann vor, wenn Merkmale einigermaßen verlässlich unterscheidbar sind (z. B. Geschlechtszugehörigkeit, Augenfarbe) und wenn diese Merkmale nicht in eine Rangreihe gebracht werden können.

Jeder Merkmalsausprägung, welche nicht schon in Zahlen ausgedrückt wird, kann eine Zahl als Code zugeordnet werden (z. B. ja = 1, nein = 2 oder blond = 1, schwarz = 2, braun = 3). Dieser Zahlencode könnte im Prinzip völlig beliebig gewählt werden; vorteilhafter aber ist ein Zahlencode, aus dem bestimmte wichtige Aspekte der Relationen (Beziehungen) zwischen den Ausprägungen abgelesen werden können.

Ordinal-Skala: Manche Ausprägungen eines Merkmals stehen zueinander in einer „Größer-bzw.-kleiner“-Beziehung (z. B. schwach, mittel, stark). Diese Ordinal-Forderung der Ausprägungen soll wiederum beim Zahlencode berücksichtigt werden. Die Merkmalsausprägungen können in eine Rangreihe gebracht werden, die Unterschiede sind aber nicht in genauen Abständen bzw. Maßeinheiten (Intervallen) messbar. Hierzu gehören die Schulnoten.

Intervall-Skala: Bei anderen Merkmalsausprägungen (vor allem bei den quantitativen) sind die Intervalle zwischen je zwei benachbarten Ausprägungen gleich groß. In diesem Zusammenhang wird auch von äquidistanten Abständen gesprochen. Daher soll der Zahlencode so gewählt werden, dass diese Intervall-Eigenschaft erhalten bleibt (z. B.: Temperatur in °Celsius, nicht jedoch Noten). Die Merkmalsausprägungen lassen sich in Maßeinheiten mit regelmäßigen Abständen (Intervallen) beschreiben.

Verhältnis-Skala: Bei manchem Merkmal ist zudem ein natürlicher Nullpunkt festgelegt (z. B. Körpergröße). Diese Art der Skalierung ist die genaueste. Nur hier können wir beispielsweise sagen, dass jemand drei mal größer ist als jemand anderes. Die Merkmalsausprägungen lassen sich in Maßeinheiten mit regelmäßigen Abständen (Intervallen) beschreiben. Diese Maßeinheiten besitzen zudem einen absoluten Nullpunkt.

Festlegen der Messeinheit: Die Messeinheit ist festzulegen (z. B. beim Merkmal Anzahl Geschwister ist die Messeinheit naheliegend: eine Person).

Das Bestimmen des Skalenniveaus ist deshalb wichtig, weil es die Möglichkeiten der Auswahl statistischer Tests beeinflusst.

Dabei gilt: Je höher das Skalenniveau eines Merkmals ist, desto genauer sind die Aussagen über dieses Merkmal und desto anspruchsvollere Tests können zur Beantwortung von Fragestellungen zu den Merkmalen herangezogen werden.

Skalenniveau	**Voraussetzungen Operationen**	**Zulässige Maßzahlen (Parameter)**
Nominalskala	Bestimmbarkeit der Gleichheit Beispiele: Geschlecht, Unterrichtsform (im Prinzip keine Zahlen nötig)	absolute und prozentuale Häufigkeit Modalwert
Rangskala (Ordinalskala)	Bestimmung der Reihenfolge kleiner-größer-Relation Beispiele: Schulnoten, Fragebogenantworten	kumulierte Werte, Prozentränge, Median, Spannweite
Intervallskala	Bestimmung von Differenzen A – B = C – D relativer Nullpunkt Beispiel: IQ-Test	arithmetisches Mittel, Standardabweichung, Schiefe, Breite der Verteilung
Ratioskala (Verhältnisskala)	Bestimmung des Vielfachen und von Proportionen absoluter Nullpunkt Beispiel: Körpergröße	geometrisches Mittel

Tab. 2: Notwendige Voraussetzungen für jedes Skalenniveau

Im Folgenden werden nur drei Skalenniveaus beschrieben: Nominal-, Ordinal- und Intervallskala. Die Ratioskala hat in den Erziehungswissenschaften keine große Bedeutung und wird deshalb in diesem Buch nicht weiter thematisiert.

Manchmal ist das Skalenniveau eines Merkmals oder einer Aussage intuitiv erkennbar, manchmal ist es einfacher, dieses mithilfe der oben beschriebenen Voraussetzungen für die Skalenniveaus zu bestimmen.

Beispiele für die einzelnen Skalenniveaus

Beispiel Nominalniveau

Anforderung: Gleich bleibt gleich, verschieden bleibt verschieden; kann nicht in eine Rangreihe gebracht werden.

Augenfarben der Kinder in einer Klasse: blau, grün, braun. Für die Augenfarben können Codenummern vergeben werden, zum Beispiel: blau = 0, grün = 1, braun = 2. Wichtig ist, dass die Codierung auf einer eigenen Codeliste beschrieben wird und dass keine Ausprägung denselben Code erhält wie eine andere. Nominalskalierte Merkmalsausprägungen sind in der Regel leicht zu erkennen. Eine hilfreiche Frage zur Unterscheidung von Nominal- und Ordinalskalen-Niveau ist die Bestimmung durch Rangierung: Kann eine auf- oder absteigende Ordnung in den Merkmalsausprägungen festgestellt werden (größer, besser, mehr...)?

Falls diese Frage mit nein beantwortet wird, ist ein Merkmal nominal skaliert.

Beispiel Ordinalniveau

Anforderung: Eine Ordnung ist feststellbar und bleibt bei Codierungen in Ziffern erhalten. Eine hilfreiche Frage zur Unterscheidung von Ordinal- und Intervallskalen-Niveau ist die Bestimmung durch Messung der Abstände: Lassen sich zwischen den einzelnen Rangplätzen die unterschiedlichen Abstände genau bestimmen? Falls diese Frage mit nein beantwortet wird, ist ein Merkmal ordinal skaliert.

Ein interessantes Beispiel für Ordinalniveaus sind Schulnoten. Dabei kann festgestellt werden, dass in der Schweiz eine 5 besser ist als eine 1, und eine 4 besser als eine 3. Es ist also eine auf- bzw. absteigende Ordnung vorhanden. Im deutschen System ist dies allerdings umgekehrt – aber es ist ebenfalls eine Rangordnung vorhanden. Hingegen ist der Unterschied zwischen Nichtkönnen und Können (in der Schweiz zwischen 3 = ungenügend und 4 = genügend) ein ganz anderer als der zwischen gut (5) und sehr gut (6). Solche Abstände können gar nicht äquidistant sein. Dennoch wird in vielen Untersuchungen so getan, als wäre das der Fall, damit Fragestellungen zu Schulnoten auf Intervallskalenniveau durchgeführt werden können. Genau genommen ist das aber nicht richtig.

Beispiel Intervallniveau

Anforderung: Zusätzlich zur Ordnung sind auch noch die Abstände zwischen den einzelnen Werten gleich. Diese bleiben bei Transformationen erhalten.

Ein klassisches Beispiel für Intervallskalenniveau sind Temperaturskalen. Sie erfüllen die Forderung nach Ordnung und festen Abständen zwischen den einzelnen Werten. Transformationen dürfen hier mithilfe folgender einfachen Formel durchgeführt werden:

Transformierter Wert = a (eine beliebige Zahl) + b (eine beliebige Zahl) · Rohwert

Mit einem Rohwert darf hier also einiges angestellt werden: Es darf etwas dazugezählt werden und er darf mit einer beliebigen Zahl multipliziert werden.

0 °Celsius = 32 °Fahrenheit + 1.8 · 0° = 32 °Fahrenheit

Beispiel Verhältnisniveau
Anforderung: Zusätzlich zu den Anforderungen für Intervallskalen wird ein fester Nullpunkt verlangt.
Der Unterschied zwischen den Körpergrößen 160 cm und 161 cm ist gleich groß wie der Unterschied zwischen 135 cm und 136 cm. Zusätzlich hat die Größenskala einen natürlichen Nullpunkt: 0 cm. (Wobei natürlich kein Mensch 0 cm groß sein kann.)
Dies ist die einzige Skala, welche es erlaubt, Verhältnisse anzugeben: Wenn Anna für den Hundertmeterlauf 15 Sekunden braucht und Erika 30 Sekunden, dann kann das Ergebnis von Anna als doppelt so schnell bezeichnet werden – wohingegen 40 °Celsius nicht doppelt so heiß wie 20 °Celsius ist.

3.5 Vermessung einer dritten Grundschulklasse

Zur praktischen Veranschaulichung der Möglichkeiten von wissenschaftlichen Bearbeitungen von Fragestellungen aus der Grundschule oder aus dem Kindergarten haben wir in Tab. 3 in einer Grundschule verschiedene Daten erhoben. Die Daten wurden allerdings aus Anonymisierungsgründen und zur Verdeutlichung verschiedener Fragestellungen an verschiedenen Stellen verändert.

Nr.	Name	Noten[2]			IQ	Vergleichender Schulleistungstest		Leistungsdaten Leichtathletik		
		Deutsch	Mathe	Turnen		Deutsch	Mathe	60 m	Weitsprung	Ballwurf
						Punkte	Punkte	Sek.	m/cm	m/cm
1	Sophie	5	6	6	109	42	40	9,1	2,3	9
2	Cecile	4,5	5	5	108	44	41	9	2,95	35,1
3	Alena	4,5	5	5,5	102	39	31	8,25	3,93	45,33
4	Carmen	4,5	6	5	115	25	23	9	3,98	39,14
5	Madlen	5,5	6	5	102	41	42	9,05	2,98	18,9
6	Anna	4,5	5	5,5	106	47	28	8,8	3,71	35,5

2 Die in der Tabelle angegebenen Noten sind Schweizer Noten: 1 = schlechteste Note, 6 = beste Note

Nr.	Name	Noten[2]			IQ	Vergleichender Schulleistungstest		Leistungsdaten Leichtathletik		
		Deutsch	Mathe	Turnen		Deutsch	Mathe	60 m	Weit-sprung	Ballwurf
						Punkte	Punkte	Sek.	m/cm	m/cm
7	Tim	4	5	6	99	36	39	11,35	2,7	19,3
8	Severin	4,5	4,5	5	99	45	41	10,23	2,7	23,4
9	Bojan	4	5	5	95	23	22	11,63	2,5	25,3
10	Florian	4,5	5	5,5	118	27	30	11,47	2,79	23,5
11	Vanes-sa	6	5,5	5	117	27	29	9	3,12	32,9
12	Regina	5,5	4,5	4,5	115	33	29	10,13	3,3	40
13	Leon	5,5	5,5	4	118	37	39	9,45	2,9	24,6
14	Olivia	5,5	6	4,5	118	45	47	11	3,5	28,5
15	Daniel	4,5	5	4,5	112	35	33	10,35	3,55	34,96
16	Mareike	4,5	6	4,5	109	34	1	10	3,6	38,4
17	Tho-mas	5	5	4,5	125	40	42	11,01	3,4	31,8
18	Pascal	4	4,5	5	101	41	43	8,25	3,45	36,8
19	Finn	5	5,5	5	100	38	40	11,11	3,37	27,4
20	Richard	4	5	5	111	29	32	11,82	3,71	43,8

Tab. 3: Dritte Grundschulklasse Schulhaus Dorf (Schuldaten)

Name	Geschl.	Größe (cm)	Gewicht (kg)	Schuhgröße	Haare	Augen	Geschwister	Taschengeld pro Monat (sFr)
Sophie	w	124	23	30	dblond	hellgrün	0	0
Cecile	w	126	26	32	dblond	braun	2	0
Alena	w	126	25	31	hellbraun	braungrün	0	10
Carmen	w	128	25	35	braun	braun	3	15
Madlen	w	128	26	31	braun	braungrün	1	10
Anna	w	128	27	32	hellblond	blau	1	9
Tim	m	129	29	35	rot	braun	1	0
Severin	m	131	29	31	hellbraun	braun	0	24
Bojan	m	133	35	32	hellbraun	blau	0	0
Florian	m	134	36	35	dblond	graublau	3	0
Vanessa	w	134	24	33	schwarz	dunkelbraun	1	0
Regina	w	135	28	33	rot	dunkelbraun	1	0
Leon	m	136	31	34	braun	grünbraun	1	30
Olivia	w	137	35	34	dblond	braun	1	8
Daniel	m	137	30	34	hellblond	graublau	1	24
Mareike	w	138	34	34	braun	grünbraun	1	5
Thomas	m	139	31	36	schwarz	blau	2	8
Pascal	m	141	35	36	hellblond	dunkelbraun	1	7
Finn	m	142	34	37	braun	dunkelbraun	2	0
Richard	m	144	37	39	braun	dunkelbraun	1	0

Tab. 4: Dritte Grundschulklasse Schulhaus Dorf (allgemeine Daten)

Beschreibung der Datentabelle

Diese Datentabelle wurde erstellt, um mit vertrauten Merkmalen, an praktischen Beispielen, die zu erarbeitenden Inhalte anzuwenden. Elemente aus dieser Tabelle werden in verschiedenen Kapiteln aufgegriffen und uns so durch das ganze Buch begleiten.

Nummer: Nummern ermöglichen ein gutes Zurechtfinden in den Zeilen der Tabelle.

Name: Qualitatives Merkmal, nominalskaliert.

Noten: Noten liegen für Deutsch, Mathematik und Turnen vor. Es sind gute Noten mit einer geringen Streuung.

IQ: Die IQ-Werte sind fiktiv. Sie wurden durch Zufall aus der Normalverteilung der IQ-Werte gezogen und nur leicht verändert. IQ-Werte sind das Ergebnis nach einem Intelligenztest.

Vergleichender Schulleistungstest: Solche Tests sind in der Regel Evaluationsinstrumente für den Unterricht, welche es den Lehrerinnen und Lehrern erlauben, den Lernerfolg der Klasse im Vergleich zum Lernerfolg anderer Klassen zu beurteilen. Ein typisches Beispiel dafür ist das schweizerische Instrument „Klassencockpit". Es stellt den Lehrpersonen Leistungstests (Module) zur Verfügung, die sich auf verschiedene Unterrichtsinhalte in den Fächern Mathematik und Deutsch beziehen. Die Leistungstests enthalten Aufgaben, die nach fachdidaktischen und testtheoretischen Kriterien zusammengestellt, erprobt und in einer repräsentativen Stichprobe geeicht wurden. Die Leistungstests sind vergleichbar mit Prüfungen, wie sie Kinder und Jugendliche im Laufe ihrer Schullaufbahn immer wieder zu bearbeiten haben. Die Tests werden nach einer standardisierten Anleitung mit den Schülerinnen und Schülern durchgeführt und von den Lehrpersonen selbst korrigiert. Mit Hilfe einer Eingabemaske werden die Lösungen der einzelnen Schülerinnen und Schüler übers Internet in die Klassencockpit-Datenbank eingelesen. Die Ergebnisse der Klasse sowie der Schülerinnen und Schüler können danach angesehen und gedruckt werden.[3]

Leistungsdaten in der Leichtathletik: Aus verschiedenen Bereichen der Leichtathletik wurden Daten zusammengetragen, die miteinander verglichen werden können. Eine typische Fragestellung wäre: Sind Kinder, die schnell 60 Meter laufen können, auch gut im Weitsprung?

Im zweiten Teil der Tabelle helfen die Nummern und Namen bei der richtigen Zuordnung der Kinder.

Geschlecht: Das „Geschlecht" ist ein so genanntes *dichotomes* Merkmal, hat also nur zwei einander entgegengesetzte Ausprägungen (männlich-weiblich).

Körpergröße: intervall- und ratio-skaliertes Merkmal

Gewicht: intervall- und ratio-skaliertes Merkmal

Haarfarbe: qualitatives Merkmal, nominalskaliert

[3] Quelle: www.klassencockpit.ch (vgl. auch Kp. 7.2.6)

Augenfarbe: qualitatives Merkmal, nominalskaliert

Geschwisterzahl: Ein interessantes Merkmal, dessen Ausprägung in westlichen Ländern in den letzten Jahrzehnten kontinuierlich kleiner wurde. Die Daten sind in unseren Ländern sehr schief verteilt, d. h. es gibt sehr viele Kinder mit einem Geschwister und weniger mit keinem oder zwei und mehr.

Taschengeld pro Monat: Ebenfalls ein interessantes Merkmal aufgrund der Ungleichmäßigkeit der Verteilung – viele Kinder erhalten kein Taschengeld, die meisten erhalten einen Betrag, welcher dem Rang ihrer Schulklasse entspricht (Kinder der vierten Klasse in der Regel vier Franken bzw. Euro).

A

Übungen im Download:
3a – 3f

Die Daten zum Klassensatz sind im Downloadbereich abrufbar.

4 Beschreibende Statistik

In der beschreibenden Statistik werden Methoden gezeigt, wie Ergebnisse beschrieben und grafisch dargestellt werden können. Dabei geht es um verschiedene Möglichkeiten Charakteristisches in großen Datenmengen anschaulich darzustellen. Hilfsmittel dazu sind nach unterschiedlichen Kriterien geordnete (oder sortierte) Tabellen, Tabellen mit berechneten Hilfsgrößen (wie zum Beispiel Prozentränge), für unterschiedliche Aspekte geeignete grafische Darstellungen wie Kuchen-, Säulen- und Balkendiagramme usw. Weitere Hilfsmittel zur Beschreibung von Datenmengen sind Hilfsgrößen wie Mittelwerte und andere Maße der zentralen Tendenz, Standardabweichungen und andere Maße der Abweichung von mittleren Werten. Abschließend werden die für die Statistik sehr bedeutsame Normalverteilung und deren Rechnungsmöglichkeiten eingeführt. Mit diesem eleganten Verfahren kann z. B. die Position von Einzelwerten innerhalb einer Verteilung (sofern diese annähernd normal verteilt ist) bestimmt werden.

4.1 Häufigkeitsverteilungen

In diesem Kapitel werden verschiedene Häufigkeitsverteilungen erklärt und gezeigt, wie sie hergestellt werden können. Inadäquate Darstellungen von Daten sollen erkannt und adäquate grafische Darstellungen gewählt werden. Die geläufigen Berechnungen und Darstellungen mit dem Programm Excel werden eingeführt. Übungen mit Excel werden stets in der untenstehenden Form dargestellt:

TIPP	**zu Excel**

4.1.1 Urliste, sortierte Liste und Häufigkeitsverteilungen

Index	Name	Gewicht (kg)
1	Sophie	23
2	Cecile	26
3	Alena	25
4	Anna	27
5	Carmen	25
6	Madlen	26
7	Vanessa	24
8	Regina	28
9	Olivia	35

In der **Urliste** ist für genau ein Merkmal (z. B. Körpergewicht) für jede Person (z. B. Bojan) einer Erhebung (Stichprobe = Klasse) der Zahlenwert der Ausprägung des Merkmals bekannt (z. B. 35 kg). Die Liste dieser Werte nennt man Urliste. Zur besseren Lesbarkeit wird den Werten ein Laufindex i beigefügt. So steht in unserem Beispiel Bojan an der Stelle 13. Wir können ihn auch mit x_{13} abkürzen: der Wert x an der Stelle 13 in der Urliste.

Index	Name	Gewicht (kg)
10	Mareike	34
11	Tim	29
12	Severin	29
13	Bojan	35
14	Florian	36
15	Finn	34
16	Pascal	35
17	Richard	37
18	Leon	31
19	Daniel	30
20	Thomas	31

Tab. 5: Urliste (Auszug aus der Datenliste Eingangsdatensatz Tabellen 3 und 4.)

Index	Name	Gewicht (kg)
(1)	Sophie	23
(2)	Vanessa	24
(3)	Alena	25
(4)	Carmen	25
(5)	Cecile	26
(6)	Madlen	26
(7)	Anna	27
(8)	Regina	28
(9)	Tim	29
(10)	Severin	29
(11)	Daniel	30
(12)	Leon	31
(13)	Thomas	31
(14)	Mareike	34
(15)	Finn	34
(16)	Olivia	35
(17)	Bojan	35
(18)	Pascal	35
(19)	Florian	36
(20)	Richard	37

Tab. 6: Sortierte Liste

Die **sortierte Liste** dient der Verbesserung der Übersichtlichkeit. Dabei werden die Werte der Urliste sortiert. Wir sortieren in unserem Fall nach Gewicht. Es werden jeweils die ganzen Zeilen sortiert (wichtig!). Daraus resultiert die sortierte Liste, hier für Körpergewicht.

Zu beachten ist, was mit dem Index geschieht. Durch das Sortieren verändert sich die Position der Werte in der Liste. Betrachten wir wieder Bojan: Vorhin stand Bojan an der Stelle 13 in der Urliste. Jetzt steht er in der 17. Zeile in der sortierten Liste.

Um zu kennzeichnen, aus welcher Liste wir einen Wert entnehmen, setzen wir bei der sortierten Liste den Index in Klammern. Bojan lässt sich jetzt also mit $x_{(17)}$ abkürzen.

TIPP	zu Excel

Sortieren einer Liste in Excel:

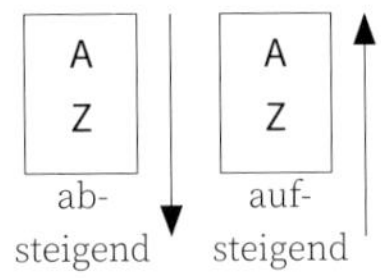

- Klicken Sie auf eine Zelle in der Spalte, nach der Sie sortieren möchten.
- Klicken Sie auf absteigend oder aufsteigend sortieren.

Häufigkeitsverteilung

Wie anhand der sortierten Liste zu sehen ist, kommen einige Werte mehr als einmal vor: So haben zum Beispiel Olivia, Bojan und Pascal das gleiche Körpergewicht. Es ist bei großen Datenmengen hilfreich und notwendig, mehrfach vorkommende Werte zusammenzufassen. Aus dieser Zusammenfassung resultiert die Häufigkeitsverteilung: Das ist die Liste, die angibt, wie oft welche Werte vorkommen. Auch Werte, welche die Häufigkeit Null haben, sind für die Häufigkeitsverteilung unbedingt anzugeben.

Urliste → Sortieren → **Sortierte Liste**; Urliste → Strichliste → **Häufigkeitsverteilung** ← Zusammenfassen ← Sortierte Liste

Urliste

Index	Wert	
i	x_i[1]	
1	23	
2	26	
3	25	
4	27	$= x_4$
5	25	
6	26	
7	24	$= x_7$
8	28	
9	35	
10	34	$= x_{10}$
11	29	
12	29	
13	35	
14	36	
15	34	
16	35	
17	37	
18	31	
19	30	
20	31	

Häufigkeitsverteilung

Wert	Häufigkeit
x_i	n_i
23	1
24	1
25	2
26	2
27	1
28	1
29	2
30	1
31	2
32	0
33	0
34	2
35	3
36	1
37	1

Sortierte Liste

Index	Wert	
(i)	$x_{(i)}$	
(1)	23	
(2)	24	
(3)	25	
(4)	25	$= x_{(4)}$
(5)	26	
(6)	26	
(7)	27	$= x_{(7)}$
(8)	28	
(9)	29	
(10)	29	$= x_{(10)}$
(11)	30	
(12)	31	
(13)	31	
(14)	34	
(15)	34	
(16)	35	
(17)	35	
(18)	35	
(19)	36	
(20)	37	

Tab. 7: Merkmal Körpergewicht der Schüler/-innen in kg (Eingangsdatensatz Grundschule Dorf)

1 x_i verweist auf die Zeilennummer in der Urliste.

TIPP | **zu Excel**

Häufigkeitsverteilungsfunktion in Excel am Beispiel der besprochenen Aufgabe (Körpergewicht)

In Excel kann die Funktion „Häufigkeit" auf ganz große Listen angewendet werden. Somit können die einzelnen Merkmalsausprägungen recht schnell ausgezählt werden. Die folgende Anleitung zeigt, wie es geht.

Gewicht (kg)
23
24
25
26
27
28
29
30
31
32
33
34
35
36
37

Tragen Sie die einzelnen Gewichtswerte (oder Gewichtsklassen) in eine separate Spalte ein. Beachten Sie, dass die Reihe keine Unterbrechungen hat (z. B. jene Werte, die in der Urliste nicht vorkommen: grau markiert).

Gewicht (kg)	Häufigkeit
23	
24	
25	
26	
...	...

Wählen Sie eine neue Spalte am besten gleich neben „Gewichtswert") und geben ihr die Überschrift „Häufigkeit".

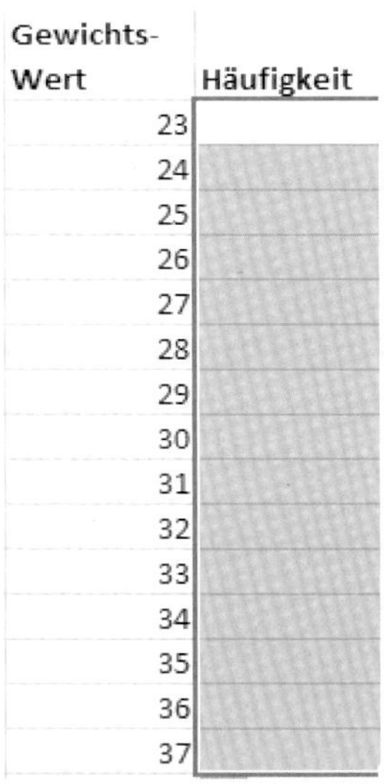

Markieren Sie genau die folgenden Zellen in der Spalte „Häufigkeit" (hier grau). Zu beachten ist: Die Überschrift ist nicht markiert.

Wählen Sie nun unter dem Menü „Einfügen" die Funktion „Häufigkeit" und klicken Sie auf OK.

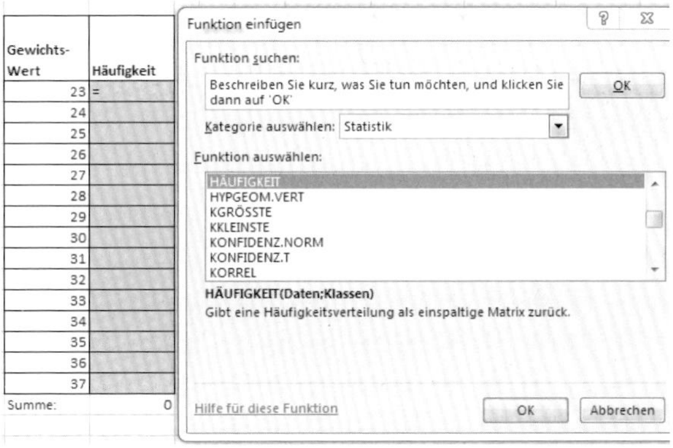

Nun erscheint folgendes Eingabefenster mit zwei Feldern: „Daten" und „Klassen".

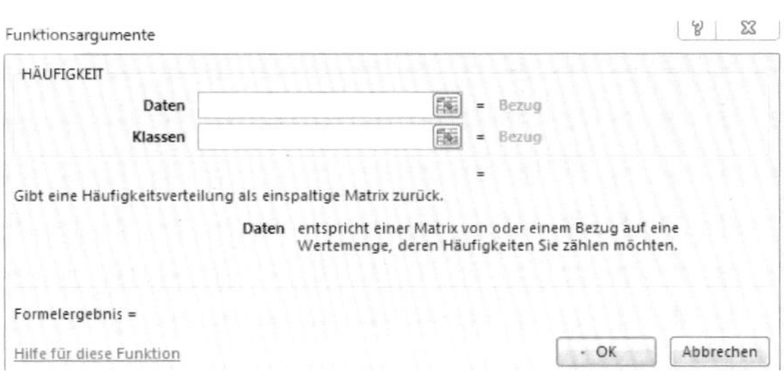

Wenn sich der Cursor im Feld „Daten“ befindet, markieren Sie die Daten in der Liste (erscheinen nun gestrichelt eingerahmt).

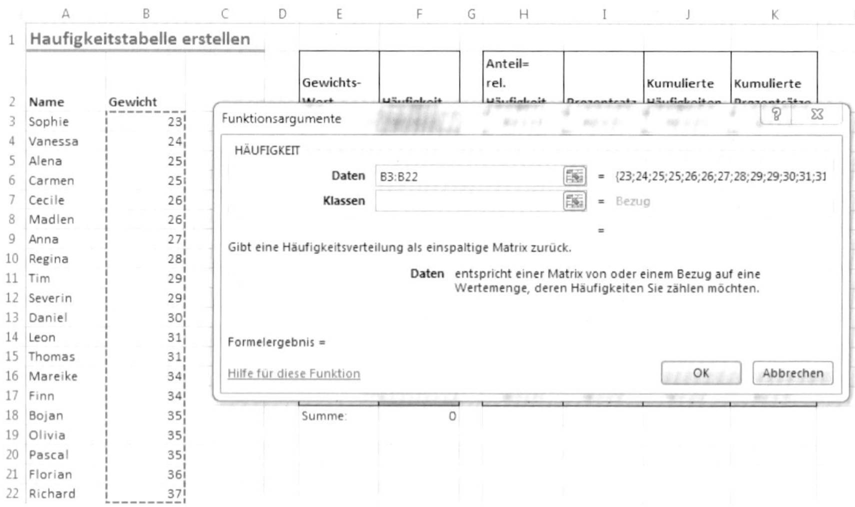

Dann setzen Sie den Cursor ins Feld „Klassen“ und markieren Sie nachher die Gewichtsklassen bzw. Gewichtswerte (erscheinen nun gestrichelt eingerahmt und die beiden Felder „Daten“ und „Klassen“ erhalten nun die Berechnungsbezüge B3:B22 bzw. E3:E17).

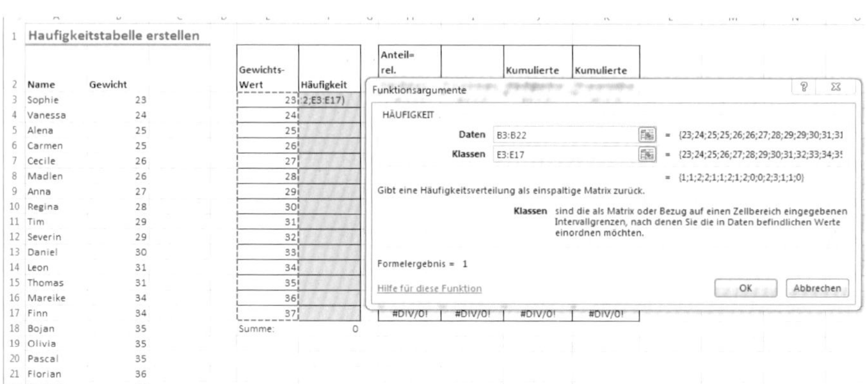

Dann klicken Sie nicht auf OK, sondern weil die Häufigkeit in einer Matrixformel berechnet wird, drücken Sie die folgenden drei Tasten zusammen: CTRL, SHIFT und RETURN (Mac: CMD, SHIFT und RETURN). Nun sollte folgendes Schluss-Resultat erscheinen: siehe dunkle Zellen. Die einzelnen Häufigkeiten sind nun für eine Grafik verfügbar.

	A	B	C	D	E	F
1	Haufigkeitstabelle erstellen					
2	**Name**	**Gewicht**			**Gewichts-Wert**	**Häufigkeit**
3	Sophie	23			23	1
4	Vanessa	24			24	1
5	Alena	25			25	2
6	Carmen	25			26	2
7	Cecile	26			27	1
8	Madlen	26			28	1
9	Anna	27			29	2
10	Regina	28			30	1
11	Tim	29			31	2
12	Severin	29			32	0
13	Daniel	30			33	0
14	Leon	31			34	2
15	Thomas	31			35	3
16	Mareike	34			36	1
17	Finn	34			37	1

4.1.2 Häufigkeiten: absolut, relativ und kumuliert

Der Umfang der Stichproben (Anzahl der Untersuchungseinheiten) kann variieren. Deshalb kann die absolute Häufigkeit[2] eines bestimmten Wertes (z. B. Anzahl derjenigen, die 35 kg wiegen) aus verschiedenen Untersuchungen nicht unmittelbar verglichen werden.

Eine Schulklasse mit 20 Kindern kann mit einer Schulklasse mit nur 15 Kindern nicht mit absoluten Werten verglichen werden. Wenn beispielsweise in beiden Klassen fünf Kinder einmal pro Woche zu spät kommen, handelt es sich nicht um dieselben Anteile. Daher wird die **relative Häufigkeit** (Anteil) berechnet. Die relative Häufigkeit mit 100 multipliziert ist als **Prozentsatz** bekannt. Angewendet auf das obige Beispiel: Wenn 10 der Klasse mit 20 Kindern ein Musikinstrument erlernen, dann ist der Anteil 0,5, was einem Prozentsatz von 50 % entspricht. Bei 15 Kindern entspricht dieselbe absolute Häufigkeit (10 Kinder) einem Anteil von 0,67 bzw. einem Prozentsatz von 67 %.

Die relative Häufigkeit berechnet sich folgendermaßen:

$$\text{Relative Häufigkeit} = \frac{\text{Häufigkeit des Wertes innerhalb einer Ausprägung}}{\text{Summe aller Werte}}$$

2 Genaue Anzahl Untersuchungseinheiten in einer Kategorie, z.B. Anzahl Kinder mit der Note 4 in Deutsch.

Beispiel zu Häufigkeiten

2 Kinder (Carmen, Alena) wiegen 25 kg:
Absolute Häufigkeit = 2.
Bei insgesamt 20 Kindern ist das eine relative Häufigkeit von:

$$\frac{2}{20} = 0{,}10$$

Um den Prozentsatz zu erhalten, wird die relative Häufigkeit mit 100 multipliziert. Er beträgt in diesem Fall 10 %.

Wir erweitern also unsere Tabelle von oben um zwei Spalten:

Index	Wert	absolute Häufigkeit	relative Häufigkeit	Häufigkeit in %
1	23	1	0,05	5
2	24	1	0,05	5
3	25	2	0,1	10
4	26	2	0,1	10
5	27	1	0,05	5
6	28	1	0,05	5
7	29	2	0,1	10
8	30	1	0,05	5
9	31	2	0,1	10
10	34	2	0,1	10
11	35	3	0,15	15
12	36	1	0,05	5
13	37	1	0,05	5

Tab. 8: Absolute, relative und prozentuale Häufigkeitsangaben

Für ordinale und intervallskalierte Merkmale interessiert oft die Frage, wie groß der Anteil derer ist, die einen Wert haben der kleiner oder gleich einem bestimmten x-Wert ist (z. B. wie viele Kinder einer Klasse erhalten mehr als 10 SFR. Taschengeld im Monat). Dieser Anteil heißt auch der *kumulierte Anteil.* Dieselbe Frage kann auch bezüglich der Häufigkeit selbst gestellt werden (= kumulierte Häufigkeit), z. B.: „Wie viele Kinder sind leichter als Bojan?"

In unserer Tabelle sieht das dann so aus:

Index	Wert	absolute Häufigkeit	rel. Häufigkeit	Häufigkeit in %	kumulierte rel. Häufigkeiten	kumulierte Häufigkeit in %
1	23	1	0,05	5	0,05	5
2	24	1	0,05	5	0,1	10
3	25	2	0,1	10	0,2	20
4	26	2	0,1	10	0,3	30
5	27	1	0,05	5	0,35	35
6	28	1	0,05	5	0,4	40
7	29	2	0,1	10	0,5	50
8	30	1	0,05	5	0,55	55
9	31	2	0,1	10	0,65	65
10	34	2	0,1	10	0,75	75
11	35	3	0,15	15	0,9	90
12	36	1	0,05	5	0,95	95
13	37	1	0,05	5	1,0	100

Tab. 9: Ergänzung mit relativ kumulierten und kumuliert prozentualen Häufigkeiten

Hier wird anschaulich, was oben beschrieben ist: Wenn alle Anteile (relativen Häufigkeiten) addiert werden, so muss am Ende 1 (20/20) resultieren.

Aufgrund der kumulierten Verteilung lassen sich Aussagen treffen wie z. B.: „Der Anteil der Kinder in der Stichprobe, die ein Körpergewicht von 35 kg oder weniger haben, beträgt 0,9, das entspricht 90 %."

Klassierung von Daten

Falls das Merkmal als stetig betrachtet wird, können Klassenbildungen (Klassierung, Kategorisierung) vorgenommen werden. Klassenbildung ist eine Datenzusammenfassung (Komprimierung).

Um die Daten klassieren zu können, muss der **Datenbereich $\mathbf{x}_{min}$** bis $\mathbf{x}_{max}$ in eine (sinnvolle/überschaubare) Anzahl Intervallklassen eingeteilt werden. Folgende Faustregel kann für das Festlegen der Anzahl zu bildender Klassen hilfreich sein: Die Wurzel aus der Anzahl unterschiedlicher Merkmalsausprägungen soll kleiner gleich der Anzahl der Intervallklassen sein.

Die Länge dieser Intervallklassen wird als **Klassenbreite** bezeichnet; sie soll für jedes Intervall gleich groß, also „äquidistant" sein.

Es kann manchmal sinnvoll sein, das Intervall der ersten und der letzten Klasse nach unten bzw. oben offen zu definieren. D. h., diese Klassen haben keine untere oder obere Grenze, können also beliebig kleine oder große Werte aufnehmen.

Wie geht man vor bei der Klassierung von Daten?

In unten stehender Tabelle „Körpergrößen der Kinder" haben wir 15 unterschiedliche Merkmalsausprägungen. Dies kann durch Erstellen einer Häufigkeitsverteilung überprüft werden. Es sollen vier bis fünf Intervallklassen gebildet werden.

Körpergröße (cm)	Intervallklasse
124	1
126	2
126	2
128	2
128	2
128	2
129	2
131	3
133	3
134	3
134	3

Wir können die Körpergrößen der Kinder in folgende Intervallklassen einteilen:
121 – 125 cm (Intervallklasse 1)
126 – 130 cm (Intervallklasse 2)
131 – 135 cm (Intervallklasse 3)
136 – 140 cm (Intervallklasse 4)
141 – 145 cm (Intervallklasse 5)
Die (Intervall-)Klassenbreite beträgt 4cm (125 – 121cm)

Körpergröße (cm)	Intervallklasse
135	3
136	4
137	4
137	4
138	4
139	4
141	5
142	5
144	5

Tab. 10: Körpergröße der Kinder – Einteilung in Intervalle

Klassengrenzen		Anteil	kum. Anteil
Untere Grenze	Obere Grenze		
121	**125**	**0,05**	**0,05**
126	**130**	**0,3**	**0,35**
131	**135**	**0,25**	**0,6**
136	**140**	**0,25**	**0,85**
141	**145**	**0,15**	**1,0**

Tab. 11: Aufbereitung als Tabelle

TIPP **zu Excel**

Berechnungen der relativen Häufigkeiten mit Excel:

Relative Häufigkeit:

- Notieren Sie im betreffenden Feld folgende Formel: **= 1/20**.
  Klicken Sie die Enter-Taste; es erscheint das Resultat im entsprechenden Feld oder: notieren Sie **=** ins Feld, klicken mit dem Cursor ins Feld links daneben, und notieren dann weiter **/20**, Enter-Taste.
  - Die Felder in dieser Spalte können mit folgendem Vorgehen ausgefüllt werden: Ins erste Feld einmal klicken. Rechts unten am Feld erscheint nun ein kleines ausgefülltes Quadrat. Wenn Sie mit dem Cursor darauf zeigen, wird der Cursor zu einem +. Ziehen Sie damit das kleine Quadrat in alle darunter liegenden Felder. Excel berechnet analog der Formel im obersten Feld die Werte in den aktivierten Feldern.

Häufigkeit in %:

- Schreiben Sie in das entsprechende Feld **=**, klicken mit dem Cursor ins Feld links daneben und notieren weiter *** 100**. Bestätigung mit Enter-Taste.
- Die darunterliegenden Felder können analog ausgefüllt werden (siehe oben).

Kumulierte relative Häufigkeiten:

- Formeln in jedes Feld schreiben. (Eine Formel beginnt immer mit "=").
  Sie können auch jeweils die in die Berechnung einzubeziehenden Felder anklicken.

Kumulierte Häufigkeiten in %:

- Schreiben Sie in das entsprechende Feld =,
  klicken mit dem Cursor ins Feld links daneben und notieren weiter * **100**.
  Bestätigung mit Enter-Taste.
- Die darunterliegenden Felder können analog ausgefüllt werden (siehe oben).

In der folgenden Darstellung wird Ihnen die Lösung der Gewichtswerte-Berechnungen inklusive

Formeln in Excel präsentiert. Der schattierte Bereich verweist auf eine Lücke (32, 33), welche bei der

	A	B	E	F	H	I	J	K
2	Name	Gewicht	Gewichts-Wert	Häufigkeit	Anteil= rel. Häufigkeit	Prozentsatz	Kumulierte Häufigkeiten	Kumulierte Prozentsätze
3	Sophie	23	23	1	0.05	5	0.05	5
4	Vanessa	24	24	1	0.05	5	0.10	10
5	Alena	25	25	2	0.1	10	0.20	20
6	Carmen	25	26	2	0.1	10	0.30	30
7	Cecile	26	27	1	0.05	5	0.35	35
8	Madlen	26	28	1	0.05	5	0.40	40
9	Anna	27	29	2	0.1	10	0.50	50
10	Regina	28	30	1	0.05	5	0.55	55
11	Tim	29	31	2	0.1	10	0.65	65
12	Severin	29	32	0	0	0	0.65	65
13	Daniel	30	33	0	0	0	0.65	65
14	Leon	31	34	2	0.1	10	0.75	75
15	Thomas	31	35	3	0.15	15	0.90	90
16	Mareike	34	36	1	0.05	5	0.95	95
17	Finn	34	37	1	0.05	5	1.00	100
18	Bojan	35	Summe:	20				
19	Olivia	35						
20	Pascal	35						
21	Florian	36						
22	Richard	37						

H	I	J	K
Anteil= rel. Häufigkeit	Prozentsatz	Kumulierte Häufigkeiten	Kumulierte Prozentsätze
=F3/$F$18	=H3*100	=H3	=J3*100
=F4/$F$18	=H4*100	=J3+H4	=J4*100
=F5/$F$18	=H5*100	=J4+H5	=J5*100
=F6/$F$18	=H6*100	=J5+H6	=J6*100
=F7/$F$18	=H7*100	=J6+H7	=J7*100
=F8/$F$18	=H8*100	=J7+H8	=J8*100
=F9/$F$18	=H9*100	=J8+H9	=J9*100
=F10/$F$18	=H10*100	=J9+H10	=J10*100
=F11/$F$18	=H11*100	=J10+H11	=J11*100
=F12/$F$18	=H12*100	=J11+H12	=J12*100
=F13/$F$18	=H13*100	=J12+H13	=J13*100
=F14/$F$18	=H14*100	=J13+H14	=J14*100
=F15/$F$18	=H15*100	=J14+H15	=J15*100

Abb. 3: Häufigkeitstabellen erstellen

Mystifikation der Prozentzahl

Mit Prozentwerten wird nicht selten Unfug getrieben. Als Grundregel gilt: In Diagrammen oder Tabellen mit Prozentwerten sind an prominenter Stelle stets die absoluten Werte aufzuführen. Das gilt vor allem dann, wenn Gruppen mit unterschiedlichen Größen verglichen werden.

Beispiel zur Mystifikation der Prozentzahl

Beispiel: Evaluation einer Weiterbildungsveranstaltung für Lehrpersonen zum Erstlesen verdeutlicht. Diese Evaluation der Präsentationen der drei Kursleiterinnen hat Folgendes ergeben:

Bewertung	sehr gut	gut	ausreichend	ungenügend
Kursleiterin A	20 %	50 %	20 %	10 %
Kursleiterin B	15 %	40 %	20 %	25 %
Kursleiterin C	66 %	16,5 %	16,5 %	0 %

Ein erster Blick in die Ergebnisse lässt die Kursleiterin C als deutlich Beste erscheinen. Ein zweiter Blick muss zur Frage führen, wie viele Teilnehmende denn in den unterschiedlichen Kursen waren. Kursleiterin A hatte 50, Kursleiterin B 20 und Kursleiterin C 6 Teilnehmende. Bei diesen unterschiedlichen Stichprobengrößen wird klar, dass die drei Veranstaltungen hinsichtlich der Präsentationsqualität eigentlich nicht vergleichbar waren. Kursleiterin C hatte viel bessere Möglichkeiten, auf die einzelnen Teilnehmenden einzugehen. Bei einer so kleinen Zahl von Teilnehmenden können Zufallseffekte einen starken Einfluss auf die Bewertung haben.

Durch das dargestellte Beispiel wird deutlich, dass es wichtig ist, die absolute Anzahl (n =) stets prominent zu platzieren. Hier wäre es sinnvoll, diese Anzahl gleich nach der Kursleiterin aufzuführen: Kursleiterin A (n = 50).

Prozentuale Trends weisen meist auf Veränderungen in Teilgruppen hin. Sie akzentuieren das Problem: Wenn z. B. in einem Jahr eines von hundert Kindern das Klassenziel nicht erreicht und im folgenden Jahr zwei von 100 Kindern das Klassenziel nicht erreichen, so könnte gesagt werden „Nichterreichung des Klassenziels um 100 % gestiegen". Bei kleinen Anteilen ist eine solche Aussage in der Regel irreführend. Wenn jedoch 20 bzw. 40 Kinder von 100 das Klassenziel nicht erreichen, ist die Aussage „Nichterreichung des Klassenziels um 100 % gestiegen" eher angebracht.

4.1.3 Grafische Darstellung der Häufigkeitsverteilung

Grafische Darstellungen sollen einerseits eine ansprechende und rasch informierende Übersicht vermitteln, andererseits dem Ziel dienen, Vergleiche zwischen den Verteilungen des betrachteten Merkmals (z. B. Körpergewicht) in unterschiedlichen Gruppen zu erleichtern. Daher wird oft nicht nur der Ausprägungsbereich der Werte in einer Gruppe betrachtet, sondern alle möglichen Ausprägungen. Bei Merkmalen mit sehr vielen Ausprägungen wird meist die gesamte x-Achse (waagrechte Achse) betrachtet.

Balken- und Säulendiagramm
Balken- und Säulendiagramme eignen sich vor allem zur Darstellung von intervall-skalierten Daten. Diese Formen der grafischen Darstellung ermöglichen einen raschen Überblick und ein gut einprägbares Bild über die Verteilung der Daten.

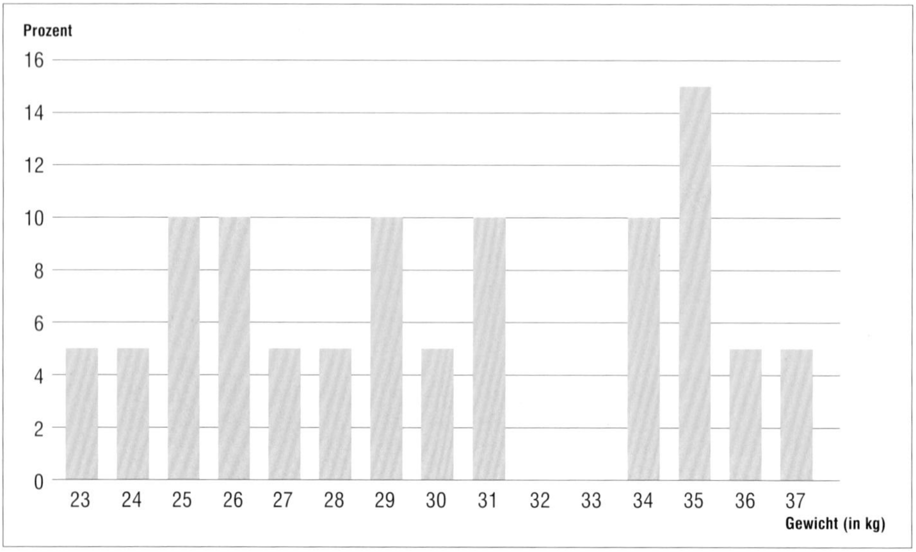

Abb. 4: Verteilung des Gewichts der Kinder im Schulhaus Dorf

Bei Säulendiagrammen ist es sinnvoll, auf der x-Achse die Merkmalsausprägungen (z. B. in Abb. 4 die Gewichtsklassen) und auf der y-Achse die Häufigkeit anzugeben. Bei Balkendiagrammen ist dies umgekehrt.

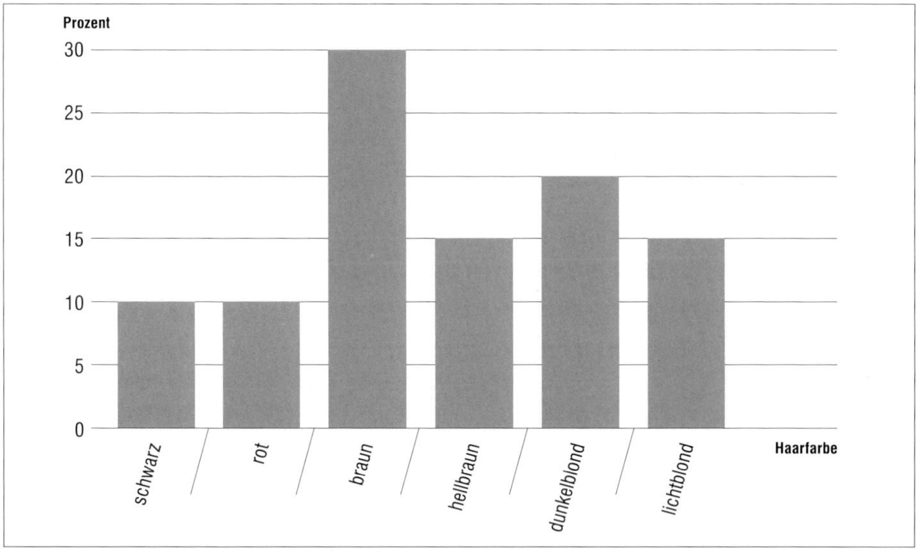

Abb. 5: Haarfarben der Schüler. Jedem x-Wert ist genau ein Wert auf der y-Achse zugeordnet.

Nachfolgend finden Sie die wichtigsten Möglichkeiten der grafischen Darstellung:

Säulendiagramm

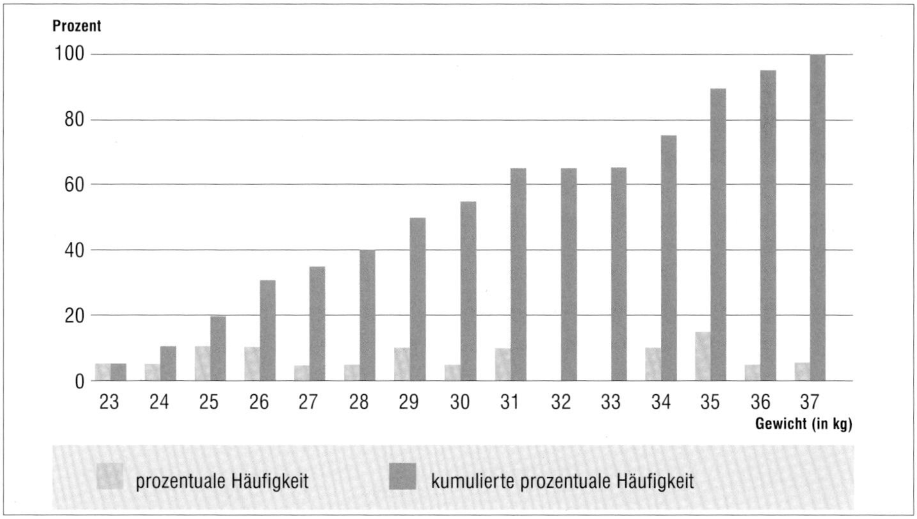

Abb. 6: Prozentuale Häufigkeit (hell) und kumulierte prozentuale Häufigkeit (dunkel) des Merkmals „Gewicht“

Kreisdiagramm

Für Merkmale, die nicht allzu viele Ausprägungen haben, sind Kreisdiagramme (engl. Pie = Kuchen) und Netzdiagramme brauchbare Darstellungen für Anteile oder Häufigkeiten.

Beim Kreisdiagramm werden die Anteile proportional zur Kreissektorfläche aufgetragen.

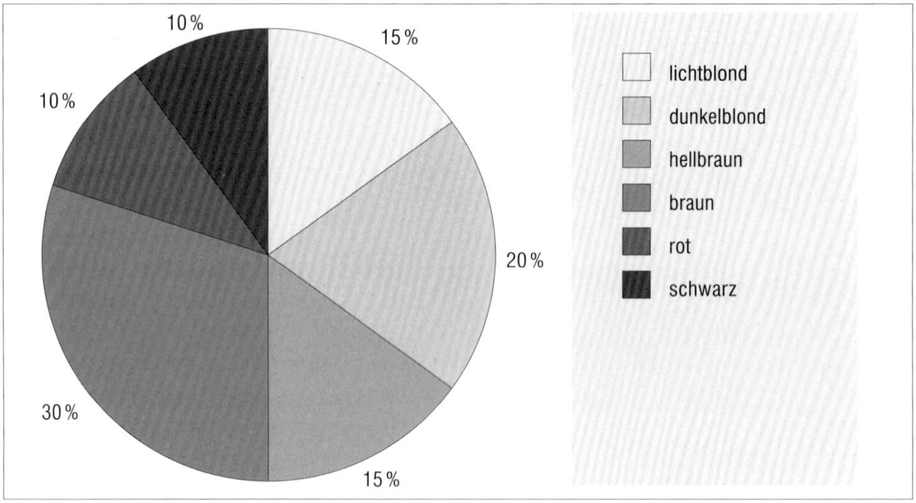

Abb. 7: Kreisdiagramm für die Haarfarben der Schüler

Netzdiagramm

Beim Netzdiagramm wird für jede Ausprägung eine Achse gezeichnet und auf ihr der Anteil, bzw. der Prozentsatz eingetragen.

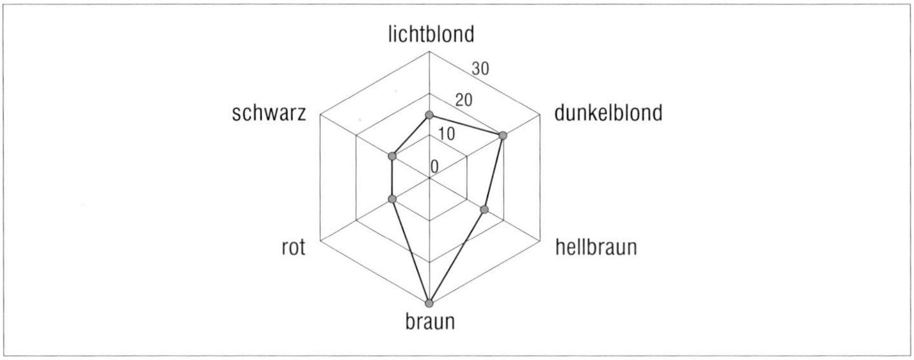

Abb. 8: Netzdiagramm für die Haarfarben der Schüler, mit Excel erstellt

TIPP **zu Excel**

Diagramme mit Excel erstellen

Excel bietet diverse Möglichkeiten, Diagramme zu erstellen. Wählen Sie zur Erstellung den Diagramm-Assistenten von Excel über den Menüpunkt „Einfügen“ und folgen Sie seinen Instruktionen.

Beispiel „Gewichtsverteilung in der Klasse“:

i	Gewicht (in kg)	Häufigkeit	Anteil= rel. Häufigkeit	Prozentsatz	Kumulierte Anteile	Kumulierte Prozentsätze
1	23	1	0.05	5	0.05	5
2	24	1	0.05	5	0.10	10
3	25	2	0.10	10	0.20	20
4	26	2	0.10	10	0.30	30
5	27	1	0.05	5	0.35	35
6	28	1	0.05	5	0.40	40
7	29	2	0.10	10	0.50	50
8	30	1	0.05	5	0.55	55
9	31	2	0.10	10	0.65	65
	32	0	0.00	0	0.65	65
	33	0	0.00	0	0.65	65
10	34	2	0.10	10	0.75	75
11	35	3	0.15	15	0.90	90
12	36	1	0.05	5	0.95	95
13	37	1	0.05	5	1.00	100

(Beachten Sie die markierten Felder! Für die Grafikerstellung muss die Häufigkeit für die Werte 32 und 33 aufgeführt sein: als leeres Feld oder mit 0.)

- Markieren Sie in der Tabelle den Bereich, den Sie im Diagramm darstellen wollen (also z. B. die Spalten „Gewichtswert“ und „Häufigkeit“ mitsamt dem jeweiligen Titel). (Tipp: Mit gedrückter Ctrl-Taste können auch nicht nebeneinanderliegende Bereiche markiert werden.)

Gewichts-Wert	Häufigkeit
23	1
24	1
25	2
26	2
27	1
28	1
29	2
30	1
31	2
32	0
33	0
34	2
35	3
36	1
37	1

- Diagramm-Assistent anklicken; es öffnet sich ein Fenster.
- Diagrammtyp (z. B. „Säulen“) wählen; „weiter“ anklicken.
- Der Datenbereich, der für die Grafik verwendet wird, ist automatisch eingetragen.
- Nun müssen Sie die dahinter liegende zweite Registerkarte noch öffnen, um dort Anpassungen vorzunehmen, z. B. die Datenreihe „Gewichtswerte“ entfernen (diese soll ja auf der x-Achse abgebildet werden).
  Feld „Name“ kann beliebig geändert werden.
  Für das Feld „Werte“ das Tabellenfeld „Häufigkeiten“ markieren (ohne Titel).

Beschriftung der Rubrikenachse (x): das Tabellenfeld „Gewichtswerte“ markieren, und zwar ohne Titel (das ist der Bereich, welcher auf der x-Achse abgebildet wird).
Weiter:

- Im folgenden Fenster können Sie in den unterschiedlichen Registern das Diagramm und die Rubriken betiteln sowie das Diagramm gemäß Ihren Wünschen layouten.

Weiter:

- Diagramm einfügen.
- it Doppelklick auf eine Gitternetz-Linie im Diagramm können Sie nun noch die Gitter-netzlinien formatieren, also z. B. die Skalierung der x-Achse ändern (Hauptintervall 1; Hilfsintervall 1; etc.)
- Mit Doppelklick auf eine Säule in der Grafik können Sie weitere Layout-Wünsche erfüllen.

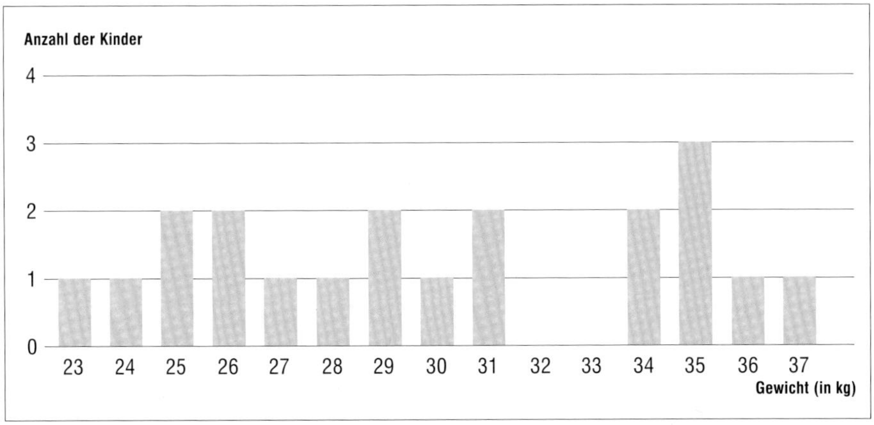

Abb. 9: Säulendiagramm Körpergewicht

Wenn Sie in einem Säulendiagramm sowohl die Anteile, als auch die kumulierten Anteile abbilden möchten, markieren Sie am Anfang als Datenbereich sowohl die Anteile als auch die kumulierten Anteile.

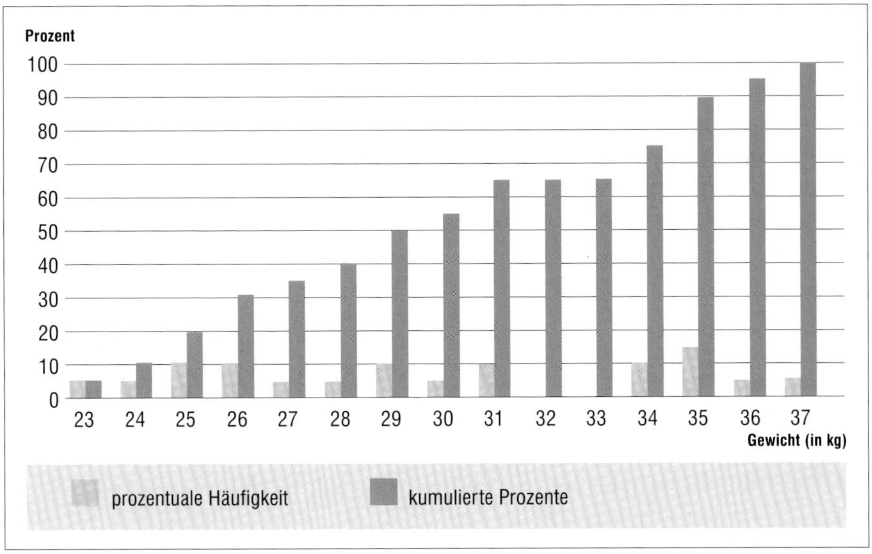

Abb. 10: Säulendiagramm, das die prozentuale Häufigkeit (hell) und die kumulierte prozentuale Häufigkeit (dunkel) des Gewichts der Kinder der 3. Klasse darstellt.

4.2 Mittelwert, zentrale Tendenz und Streuung

Verteilungen lassen sich hinsichtlich verschiedener Merkmale beschreiben. In diesem Kapitel werden zunächst verschiedene schulisch bedeutsame Verteilungen charakterisiert. Es werden Parameter (Kennwerte) eingeführt, die bestimmte Verteilungen gut charakterisieren. Hierbei geht es vor allem um Maße der zentralen Tendenz (Mittelwert) und Maße der Streuung von Daten. Dabei wird unter anderem gezeigt, wann der in der Schule viel verwendete Mittelwert ein sinnvolles Maß ist und wann nicht. Es wird erläutert, dass Mittelwerte hinsichtlich ihrer Interpretation der zusätzlichen Angabe von Streuungen bedürfen. Diese Streuungsmaße sind im Alltag so gut wie unbekannt, aber von zentraler Bedeutung zur Interpretation von Daten. Für die häufig vorkommende Normalverteilung (Kp 4.3) ist die Standardabweichung ein elegantes Maß zur Bestimmung von relativen Positionen von Individuen. Mithilfe von Standardabweichung und Normalverteilung können unterschiedliche Messungen mit unterschiedlichen Mittelwerten und Streuungen direkt miteinander verglichen werden. Wie das möglich ist, wird bei der Transformation von Normalverteilungen in Standardnormalverteilungen gezeigt. Das vorliegende Kapitel bildet die Grundlage für die spätere Behandlung der schließenden Statistik, in welcher, ausgehend von Stichproben, Schätzungen für Grundgesamtheiten (Populationen) gemacht werden, die generelle Aussagen erlauben.

4.2.1 Qualitative Charakterisierung von Verteilungen

Bei Verteilungen lassen sich „auf den ersten Blick“ mehrere Dinge unterscheiden (nach Nagl, 2003):

- eingipflige vs. mehrgipflige (multimodale) Verteilungen
- Lage der Verteilung – wo liegen die Werte auf dem Zahlenstrahl?
- Streuung der Werte – wie eng oder weit auseinander liegen die Werte?
- Schiefe der Verteilung versus Symmetrie
- spitzer Gipfel versus glatter Gipfel
- ...

Bei den dargestellten Verteilungen handelt es sich von oben nach unten um:

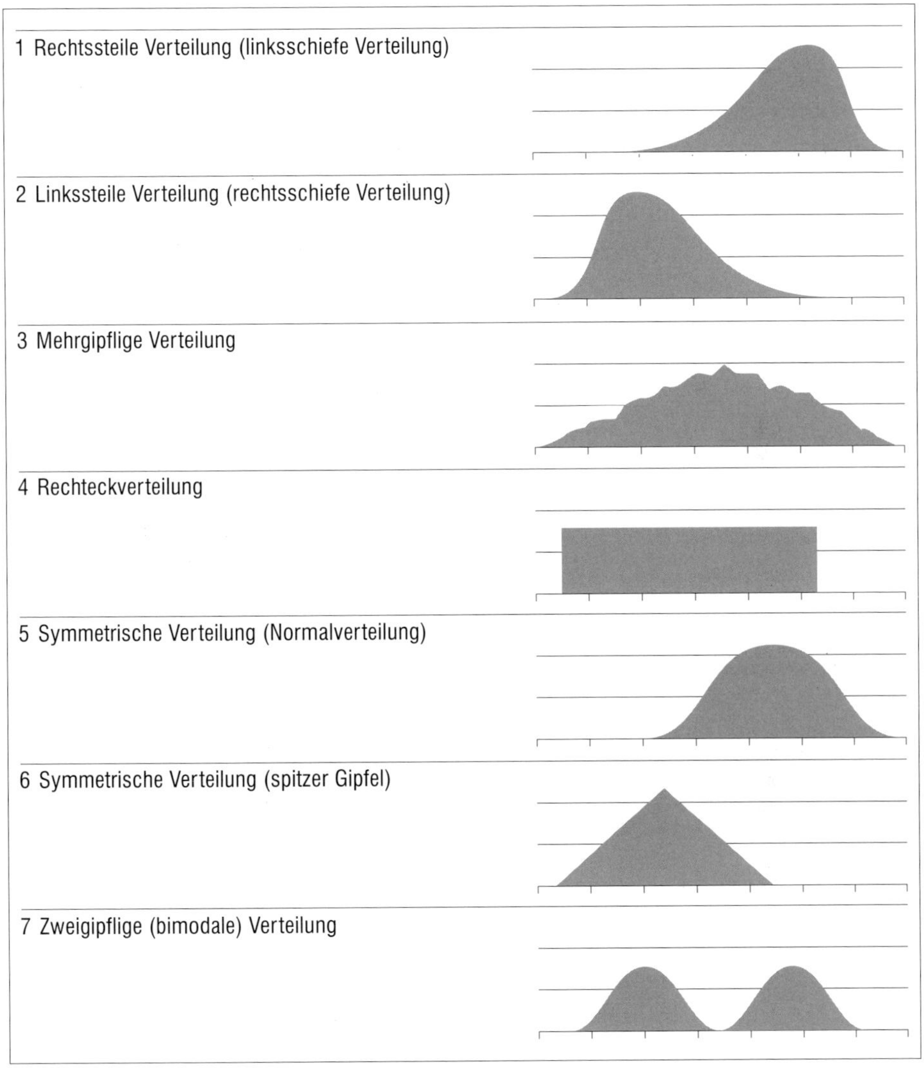

Abb. 11: Verteilung nach Nagl, 2003

Bei den Verteilungen sind die Messwerte auf der x-Achse und die Häufigkeiten auf der y-Achse aufgetragen. Es handelt sich um künstlich erzeugte Verteilungen. Mögliche Ergebnisse dieser Verteilung sind auf S. 74 dargestellt.

Verteilung 1: Sehr viele Schülerinnen und Schüler erreichen verhältnismäßig gute Leistungen (als Werte auf der x-Achse erkennbar). Dies kann bedeuten, dass der Stoff gut beherrscht wird oder auch dass der Test sehr leicht war.

Verteilung 2: Die meisten Schülerinnen und Schüler erreichen schlechte Ergebnisse. Bei einer rechtsschiefen Verteilung wird entweder der Stoff nicht beherrscht oder der Test ist deutlich zu schwierig.

Verteilung 3: Die meisten Schülerinnen und Schüler liegen im Mittelbereich. Es gibt wenig gute und wenig schlechte Ergebnisse.

Verteilung 4: Die Schülerinnen und Schüler sind über alle Leistungsbereiche gleich verteilt. Dies dürfte in der Realität so gut wie nie vorkommen.

Verteilung 5: Die Glockenkurve ist typisch für Intelligenztests oder auch normierte Schultests, da diese häufig auf eine Normalverteilung hin konstruiert werden. Hier ist der Anteil guter und schlechter Ergebnisse genau gleich, wobei die häufigsten Werte im Mittelbereich liegen und in Richtung der Extreme die Zahl der Werte sukzessive abnimmt.

Verteilung 6: Ähnelt stark der Verteilung 5. Hier nehmen die Leistungen jedoch linear zu bzw. ab.

Verteilung 7: Erfordert besondere Aufmerksamkeit: Hier gibt es offenbar einen Teil von Personen, welche den Test recht gut lösen und einen etwa gleich großen Teil, der im Test nicht gut abschneidet. Dies kann durch heterogene Aufgaben entstehen, von denen ein Teil für etwa die Hälfte nicht lösbar ist, oder durch unterschiedliches Verständnis der Aufgaben. Bei etwa der Hälfte der Schülerinnen und Schüler scheinen bestimmte Fehler häufiger vorzukommen. Hier ist eine genaue Analyse der Fehler nötig.

Bei manchen Fragestellungen in Forschung und Anwendung werden nur bestimmte Aspekte von Verteilungen der Daten betrachtet und nicht die Verteilungen als Ganzes. Im folgenden Kapitel geht es nun um Maßzahlen von Häufigkeitsverteilungen, welche diese charakterisieren. Dabei konzentrieren wir uns auf zentrale Tendenzen (Lage) und Streuungsmaße.

4.2.2 Maße der zentralen Tendenz

Das bekannteste Maß der zentralen Tendenz ist das *arithmetische Mittel*, das auch als Mittelwert oder Durchschnitt bezeichnet wird. Das arithmetische Mittel ist jedoch nur unter bestimmten Bedingungen ein sinnvolles Maß der zentralen Tendenz, nämlich dann, wenn die Daten eingipflig und möglichst symmetrisch verteilt sind und möglichst keine Extremwerte (als Ausreißer) vorhanden sind. Für die weiteren Fälle gibt es andere, geeignetere Maße der Mittelwertsbildung.

Der Mittelwert im Alltag

Die Berechnung des Durchschnitts ist das am häufigsten verwendete Verfahren, um typische Maßzahlen für Verteilungen anzugeben. Die Berechnung des Durchschnitts als arithmetisches Mittel ist bereits für Erstklässler/-innen ermittelbar. Bereits auf Kindergeburtstagen von Kindergartenkindern wird aus Gerechtigkeitsgründen ein Durchschnitt berechnet, wenn kleine Geschenke, Süßigkeiten oder Ähnliches verteilt werden. Im Folgenden wird ein Beispiel einer solchen Durchschnittsberechnung vorgeführt[3]:

Beispiel: Wie Erstklässlerinnen und Erstklässler den Durchschnitt berechnen:

Mit dem Ausgleichen verschiedener Mengen nehmen Lehrpersonen im Mathematikunterricht die singuläre Denk- und Handlungsweise von jüngeren Kindern auf.
Wenn es darum geht, unterschiedliche Mengen auf eine bestimmte Anzahl Kinder gleichmäßig zu verteilen, werden unterschiedliche Strategien sichtbar, die auch im Alltagsleben der Kinder Gültigkeit haben.

Problemstellung: Drei Kinder erhalten unterschiedliche Mengen bunter Knöpfe.

Aufgabe: Verteilt die Knöpfe so, dass am Schluss der Aktion alle Kinder gleich viele Knöpfe besitzen.

Sarah besitzt 5 Knöpfe

Nadine besitzt 9 Knöpfe

Nektar besitzt 7 Knöpfe

Gesprächsprotokoll

Kind	**Kommentar**
Sarah:	*Also das mach ich mit David (Bruder) auch immer.*
Nadine:	*Warum müssen alle gleich viel haben?*
Nektar:	*Also, wir teilen das jetzt auf?*
Lehrerin:	*Wie macht man das?*
Nektar:	*Ich zähle und dann denke ich im Kopf!*
Nadine:	*Wie kann man das im Kopf denken?*
Nektar:	*Eh ... (grinst), so irgendwie ...*
Sarah:	*Wir legen alles zusammen auf einen Haufen und dann teilen wir auf.*

[3] Für das Beispiel danken wir Lieselotte Kobel

Nadine: *Aber dann hat niemand mehr etwas. Das ist eine blöde Idee.*
Sarah: *Die Idee ist gut, weil wir dann wieder neu verteilen.*
Nadine: *So (sie macht sich sofort an die Arbeit).*

Nach einer kurzen Zeitspanne, in der Sarah und Nektar mit Argusaugen den Verteilvorgang überwachen und Nadine zielstrebig verteilt, haben schließlich alle die gleiche Knopfmenge.

Zwischendurch müssen die Kinder aber immer wieder nachzählen. Dabei vergleichen sie die erhaltene Anzahl fortlaufend und melden Nadine, wer noch wie viel braucht.

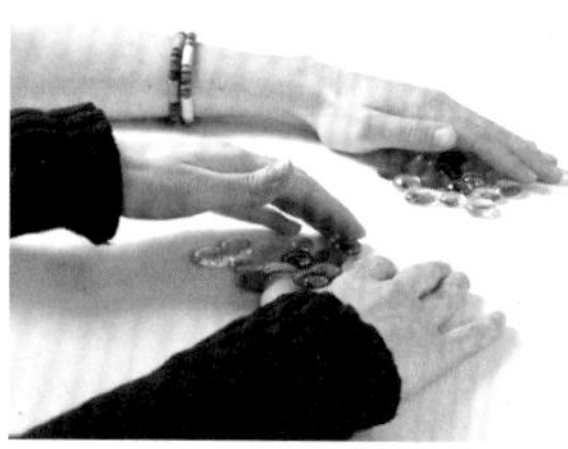

Am Schluss sagt Nektar: *„Jetzt weiß ich es wieder. Man muss die Knöpfe zählen und dann denken, wie viel jeder bekommt.“*

Erstaunlich ist, dass im Beispiel die Kinder der ersten Klasse bereits die mathematische Operation „intuitiv" richtig durchgeführt haben. Wenn Sarah sagt: *„Wir legen alles zusammen auf einen Haufen"*, so bedeutet dies mathematisch die Summierung der einzelnen Elemente, und mit „aufteilen" wird im Prinzip die Division durch die Anzahl der Merkmalsträger (hier drei Personen) durchgeführt, die in der ersten Klasse ja noch nicht erlernt wurde. Die „gerechte Verteilung" durch die Bildung des arithmetischen Mittels erzeugt somit eine Rechteckverteilung (s. Kp. 4.1).

Das arithmetische Mittel ist nun aber bei Weitem nicht der einzige und auch häufig nicht immer der angemessene Wert, um Verteilungen zu charakterisieren. Weitere Möglichkeiten Mittelwerte zu beschreiben, finden sich nachfolgend. Ein besonderes Augenmerk wird auf einen zweiten Kennwert, nämlich den der Streuung der Daten gerichtet (vgl. Kp. 4.3). Je nachdem, ob Daten weit oder wenig streuen (flache versus steile Verteilungen) sind Verteilungen unterschiedlich zu interpretieren.

Modus, Median, Mittelwert

Der Durchschnitt spielt in der Statistik eine sehr wesentliche Rolle. Nicht selten wird die Aussage und Bedeutung so mancher „Durchschnitte" falsch eingeschätzt. Vor allem Laien neigen dazu, dem Durchschnitt eine zu hohe Wichtigkeit zuzuschreiben.

Viele erhoffen sich vom Durchschnitt jene konzentrierte informationsgeladene Zahl, die mit einem Schlag all das auszudrücken vermag, was sonst in endlosen, verwirrenden Tabellen verborgen ist. Und so wird der Durchschnitt nur allzu leicht zu einer wahrhaft magischen Zahl. Natürlich ist der Durchschnitt für die Statistik wichtig, weil er ein Ergebnis der Auswertung unübersichtlicher Zahlenmaße darstellt und weil er Ordnung und Übersicht in eine große Zahl von Einzelinformationen bringt. Aber der Durchschnitt ist eben nur ein Mittel der vereinfachenden Darstellung und selbst dieses eine Mittel lässt sich noch in mehrere Mittel unterteilen (nach Svoboda, 1971). Zur genaueren Beschreibung von Häufigkeitsverteilungen sind verschiedene Durchschnittsmaße möglich.

Wenden wir uns zunächst verschiedenen Maßen der zentralen Tendenz zu. Wir wollen uns im Folgenden nur mit drei Maßen beschäftigen:

1. Der Modus (Modalwert)

Der Modus ist der Wert einer Häufigkeitsverteilung, der *am häufigsten* vorkommt. Der Begriff Modus bezeichnet also in einer Werteverteilung die häufigste Werteausprägung.

Beispiel zur Ermittlung des Modalwertes

Erreichte Höhen eines Kindes einer 6. Klasse im Hochsprung während der ersten Hälfte eines Schuljahres:
100 cm … 90 cm … 100cm … 70 cm … 110 cm
Die Höhe 100 cm ist hier der Modalwert, da dieser Wert am häufigsten (zweimal) vorkommt.

Erreichte Höhen eines Kindes einer 6. Klasse im Hochsprung während der zweiten Hälfte eines Schuljahres:
110 cm … 100 cm … 110 cm … 120 cm … 110 cm
Die Höhe 110 cm ist hier der Modalwert, da dieser dreimal vorkommt.
Während im ersten Halbjahr der Modalwert über dem arithmetischen Mittel liegt, ist er im zweiten Halbjahr identisch mit diesem.

Modalwerte können mehrmals vorkommen. Um sicher zu stellen, dass in ihrer Verteilung nur ein Modalwert vorliegt, müssen Sie bei der Berechnung von Modalwerten mit Excel entweder ein Häufigkeitsdiagramm oder eine Häufigkeitstabelle erstellen. Als Zahlform wird bei Excel nur der erste Modalwert dargestellt.

2. Der Median

Der Median ist der mittlere Wert einer Verteilung; in der prozentualen Häufigkeit liegen 50 % der Merkmalsträger über und 50 % der Merkmalsträger unterhalb des Medians. Der Median lässt sich am einfachsten durch die Bildung einer Rangreihe der Merkmalsträger bestimmen. Für die Bestimmung des Medians bei der Körpergröße stehen sich die Kinder der Körpergröße nach auf und dann wird der Median ermittelt. Der Median wird durch Abzählen bestimmt. Bei einer Gruppe von 17 Kindern wird der Median zwischen dem 8. und 10. Kind (also beim 9. Kind) ermittelt.
Der Median entspricht also dem *mittleren Rangplatz.*

Beispiel zur Ermittlung des Medians

Neun Kinder sollen schätzen, wie häufig sie im letzten Jahr im Schwimmbad waren. Es ergeben sich folgende Werte für die Häufigkeiten:

Häufigkeit:	2	5	12	19	19	20	20	20	25
Rangposition:	1	2	3	4	5	6	7	8	9

(sortierte Urliste)

Der mittlere Rangplatz entspricht der 5. Rangposition. Der Median hat den Wert 19.
Streng genommen ist bei mehrfach gleichen Häufigkeiten für jeden gleichen Wert ein gleicher Rangplatz zu wählen. Dies geschieht durch Bildung von Zwischenwerten (Bildung mittlerer Rangplätze). Bei Excel werden mehrfach gleiche Häufigkeiten, die gebundene Ränge ergeben, automatisch gemittelt.
Bei einer geraden Anzahl von Werten muss entsprechend vorgegangen werden, da es keine mittlere Rangposition gibt. Es werden Zwischenwerte gebildet (oder es wird interpoliert).

Für die acht Kinder aus obigem Beispiel ergeben sich folgende Häufigkeiten:

Häufigkeit:	2	5	12	18	19	20	22	25
Rangposition:	1	2	3	4	5	6	7	8

Der Median ergibt sich also als Zwischenwert, der mittlere Wert zwischen Rang 4 und 5, also 18,5 ((18 + 19) / 2).

Generell gilt für die Berechnung der Rangposition des Medians: (n+1) : 2
Im Beispiel: n = 8
Rangposition 4: Wert = 18 / Rangposition 5: Wert = 19. Der Median liegt zwischen dem vierten und fünften Rang, also zwischen den Werten 18 und 19.

Perzentile
Manchmal soll die Verteilung nicht nur in zwei Hälften geteilt werden, sondern in drei oder mehr Teile. Bei einer Aufteilung in hundert Teile werden die Teile Perzentile (Prozente) genannt. Der Median ist nur ein Spezialfall dieser Perzentile, er ist der Wert des fünfzigsten Perzentils (Prozentrang 50).

Wenn eine Verteilung in vier gleiche Anteile erfolgen soll, werden also drei x-Werte benötigt: 1. Quartil, 2. Quartil, 3. Quartil. Das 4. Quartil entspricht dem hundertsten Perzentil. Der Wert des 2. Quartils ist gleich dem Median. Die Berechnung der Perzentile erfolgt über die Bestimmung der kumulierten Häufigkeiten.

3. Das arithmetische Mittel (MW)
Das arithmetische Mittel wird bestimmt, indem die Summe aller Werte in einer Verteilung wird durch die Anzahl aller Werte (n) der Verteilung dividiert.

Formel:

$$\text{MW} = \frac{\text{Summe aller x}}{\text{n}}$$

Eine Mittelwertsberechnung ist dann sinnvoll, wenn eine eindimensionale Verteilung vorliegt und die Daten mindestens auf Intervallskalenniveau gemessen werden. Dabei sollte die Verteilung möglichst symmetrisch sein und es sollten möglichst wenige extreme Ausreißer vorkommen.

Die individuelle Bedeutung des Durchschnitts zeigt sich in der „Streuung" der Daten. Ist die Streuung relativ groß, so sagt der Mittelwert weniger über das Individuum aus, als wenn die Streuung relativ klein ist. Je geringer die Streuung, umso aussagekräftiger ist der Durchschnitt für den Einzelfall. Die errechneten Durchschnitte haben häufig keine Entsprechung in der Wirklichkeit, wenn nicht mit ganzen Zahlen gerechnet wird. Hier hat die Statistik schon viel unberechtigten Spott über sich ergehen lassen müssen. In der humoristischen englischen Satirezeitschrift Punch wurde einmal folgender Vorschlag gemacht:

Da die Zahl von 2,2 Kindern pro Frau in mancher Hinsicht recht eigenartig schien, regte eine königliche Kommission an, dem Mittelstand finanzielle Unterstützung zu gewähren, um zu einer runderen und bequemeren Durchschnittsziffer zu gelangen (nach Swoboda, 1971, S. 35).

Entscheidungshilfe für die Wahl des Mittelwertes:

- Das arithmetische Mittel ist sensibel (nicht robust) für extreme Messwerte (Ausreißer), nicht aber der Median.
- Das arithmetische Mittel erfordert mindestens Intervallskalenniveau, der Median erfordert nur mindestens Ordinalskalenniveau.
- Bei Daten auf Nominalniveau darf nur der Modus bestimmt werden.

Die Unterschiede der Maße werden in Abbildung 12 verdeutlicht.

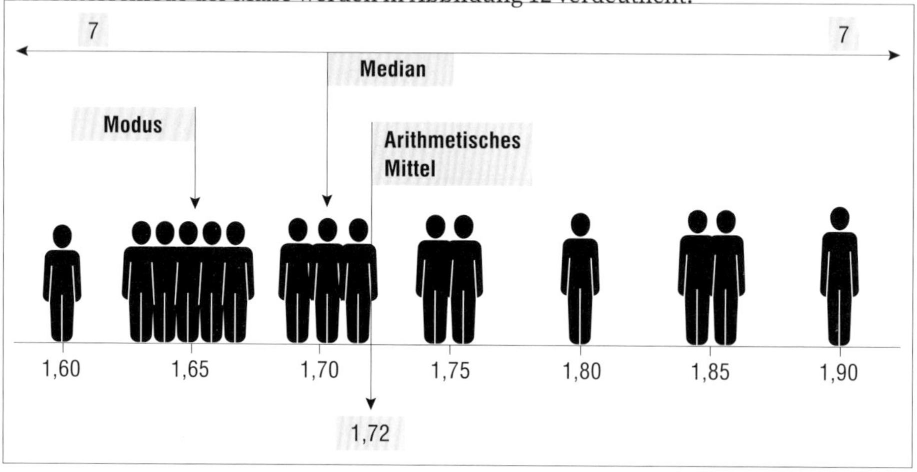

Abb. 12: Die drei Maße der zentralen Tendenz an einem Beispiel verdeutlicht (aus Swoboda, 1971)

Abbildung 12 zeigt drei Maße der zentralen Tendenz, welche drei verschiedene Werte darstellen. Der häufigste Wert (Modus) ist 1,65 m: Fünf Personen sind 1,65 m groß. Der mittelste Wert (Median) ist durch jenen Menschen repräsentiert, der auf der einen Seite sieben größere, auf der anderen sieben kleinere Menschen neben sich stehen hat. Das arithmetische Mittel ist nur eine rechnerische Größe, entstanden aus der Addition aller Körpergrößen dividiert durch die Anzahl aller Personen. Es beträgt 1,723 m.

4.2.3 Maße der Streuung

Bei Verteilungen interessiert in der Regel besonders, wie stark die verschiedenen Daten „streuen", d. h. wie sie sich über die Messwertreihe verteilen. Wenn zehn Personen zwischen 50.000 und 150.000 Euro im Jahr verdienen und jede Person 10.000 Euro mehr als die anderen verdient, so sind 100.000 Euro als Durchschnittsverdienst eine gut überschaubare Größe. Der Durchschnittsverdienst von 100.000 Euro kann aber auch zustande kommen, wenn fünf Personen 50.000 Euro und fünf Personen 150.000 Euro verdienen. Der durchschnittliche Verdienst von 100.000 Euro macht hier keinen Sinn. Wir müssen also auch die Streuungsmaße mitberücksichtigen.

Maße der Dispersion veranschaulichen die Unterschiedlichkeit in einer Verteilung. Sie beschreiben das Ausmaß der Abweichungen.

Einige Beispiele für Aussagen, die sich auf die Breite einer Verteilung beziehen:

- Im Alter von sieben Jahren unterscheiden sich Kinder hinsichtlich der Körpergröße sehr stark.
- Kinder einer ersten Klasse können alle ungefähr gleich schnell laufen.
- Die Höhe des Taschengeldes von achtjährigen Kindern variiert stark.
- Die Heterogenität in meiner Klasse ist enorm.

Bei diesen Beispielen wird im Wesentlichen darauf Bezug genommen, dass die einzelnen Werte mehr oder weniger weit auseinander liegen. Sie liefern jedoch keine Information darüber, wo die Werte liegen. Es ist zu beachten, dass bei Maßen, welche die Streuung als Breite definieren, mindestens dem Intervallniveau zugeordnet sind.

Bei der Konstruktion der Maßzahlen für die Breite der Verteilung können im Wesentlichen drei Typen unterschieden werden. Der erste bildet die Differenz von zwei Werten, einem charakteristischen Wert auf der rechten und einem charakteristischen Wert auf der linken Seite. Hier betrachten wir die Spannweite und Quartilsabstände. Der zweite Typ berücksichtigt die Unterschiede aller Werte zu einem Zentralmaß. Ein besonders wichtiges Maß von diesem Typ ist die Varianz.

Spannweite

Mit der Spannweite wird der gesamte Datenbereich überschaubar. Die Spannweite ist der Abstand zwischen Minimum und Maximum.

Berechnung: Maximum – Minimum = Spannweite

Beispiel zur Häufigkeit der Schwimmbadbesuche von neun Grundschulkindern

Kind	A	B	C	D	E	F	G	H	I
Anzahl Besuche	2	5	12	19	19	20	20	20	25

Das Minimum der Besuche beträgt 2, das Maximum 25 Besuche. Der Abstand (Spannweite) beträgt also 25 – 2 = 23. Das Kind mit den wenigsten und das Kind mit den meisten Besuchen unterscheiden sich also um genau 23 Schwimmbadbesuche.

Die Spannweite ist sehr anfällig für Ausreißer. Wenn im obigen Beispiel ein weiteres Kind 100 Schwimmbadbesuche aufweisen würde, dann würde die Spannweite 98 Besuche betragen. So hätte der Ausreißer (die im Vergleich zu den restlichen Besuchshäufigkeiten deutlich höhere Zahl des einen Kindes) einen riesigen Einfluss auf die Spannweite und würde den Eindruck erwecken, es gebe in dieser Verteilung mehrere Kinder, die zwischen 25 und 100 Schwimmbadbesuche aufweisen würden.

Varianz und Standardabweichung

Die Varianz ist die durchschnittliche quadrierte Abweichung vom Mittelwert. Um zu verstehen, was die Varianz bedeutet, betrachten wir zuerst die Summe der Quadrate der Abweichungen vom Mittelwert („sum of squares"). Es wird von jedem Wert der Verteilung das arithmetische Mittel abgezogen, anschließend wird das Ergebnis quadriert und abschließend werden die Ergebnisse für alle Werte aufsummiert.

Die Formel für die Berechnung der Varianz lautet:

$$\text{Varianz} = \frac{\text{Summe der Abweichungsquadrate}}{\text{Anzahl Fälle}}$$

Beispiel zur Berechnung der Varianz

Die Schulkinder Sarah, Christina, Ramona und Nektar sind 127 cm, 128 cm, 130 cm und 131 cm groß. Daraus ergibt sich ein Mittelwert von 129 cm. Sarah und Nektar weichen jeweils 2 cm vom Mittelwert ab, Christina und Ramona jeweils 1 cm. Die Varianz berechnet sich nun wie folgt:

$$\text{Varianz} = \frac{(127-129)^2 + (128-129)^2 + (130-129)^2 + (131-129)^2}{4} = \frac{4+1+1+4}{4} = 2{,}5$$

Die Quadrierung der Abweichungswerte ergibt summiert 4 + 1 + 4 + 1 = 10. 10 : 4 = 2,5. Die Varianz nimmt also hier den Wert von 2,5 an. Bei der Varianz fallen Ausreißer aufgrund der Quadrierung der Differenzwerte stark ins Gewicht. Die Maßeinheit der Varianz entspricht aufgrund der Quadrierung nicht mehr der Maßeinheit der Messwerte.

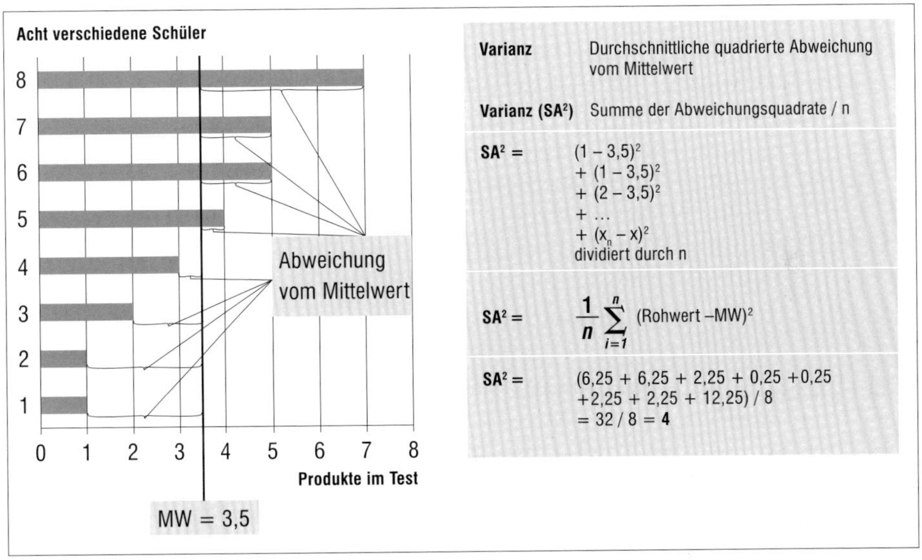

Abb. 13: Grafische Darstellung der Berechnung der Varianz

Ohne Quadrierung der Abweichungen ergäbe die Summe aller Abweichungen null und das Streuungsmaß wäre immer Null. Deshalb wird gelegentlich als ein weiteres Streuungsmaß auch mit dem Durchschnitt der absoluten Abweichung aller Werte vom Mittelwert gearbeitet. Dieses Maß wird *mittlere Abweichung* genannt. Die mittlere Abweichung hat aber den Nachteil, dass sie das Ausmaß der Streuung zu wenig berücksichtigt. Durch die Berechnung der Standardabweichung wird dieser Nachteil minimiert: Zuerst werden die Abweichungen quadriert, dann wird die Summe aller quadrierten Abweichungen durch die Anzahl Fälle geteilt und zuletzt wird aus dem Ergebnis die Wurzel gezogen (und so die Quadrierung rückgängig macht). Daraus resultiert wiederum eine Art durchschnittliche Abweichung, aber dieses Mal eine, die gleichzeitig die stärkeren Abweichungen mehr gewichtet. So erhalten wir ein besseres Maß für die Streuung.

Dies sei am Beispiel S. 82 verdeutlicht:

Die Varianz für die Körpergrößen der 4 Kinder beträgt Var = 2,5

Die Standardabweichung beträgt Wurzel aus (Var) = $\sqrt{2{,}5} = 1{,}58$

Die mittlere Abweichung beträgt $\frac{(2+1+1+2)}{4} = \frac{6}{4} = 1{,}5$

Daraus folgt: Je mehr große Abweichungen in einer Verteilung vorkommen, desto größer ist die Standardabweichung im Vergleich zur mittleren Abweichung, weil die Berechnung der Standardabweichung die größeren Abweichungen (durch die Quadrierung) mehr gewichtet als die kleinen.

Die Standarabweichungsberechnung ist für die Statistik von besonderer Bedeutung, da sie bei deren bedeutendster Verteilung (der Normalverteilung) eine zentrale Rolle spielt.

Die Standardabweichung (SA) ist also die Wurzel aus der Varianz. Dieses Maß ist von besonderer Bedeutung für die Prüfung von Hypothesen gegen den Zufall. In schulischen Belangen spielt die Standardabweichung eine besondere Rolle bei der Intelligenz, bei Evaluationsinstrumenten u. Ä.

$$\text{Standardabweichung} = \sqrt{\frac{\text{Summe der Abweichungsquadrate}}{\text{Anzahl Fälle}}}$$

Beispiel für die Varianzberechnung

Punkte	1	4	5	6	6	9	11	MW = 6
Abweichungswert	–5	–2	–1	0	0	+3	+5	
Abweichungsquadrat	25	4	1	0	0	9	25	Summe = 64

Tab. 12: Punktverteilung von sieben Kindern in einem Test

Wenn wir die Summe der Abweichungsquadrate (64) durch die Zahl der Fälle (7) dividieren erhalten wir die Varianz.

Für das Beispiel in Tabelle 11: Varianz = 64 : 7 = 9,14

Berechnung der Standardabweichung: $\sqrt{9{,}14} = 3{,}02$

Daraus kann gefolgert werden, dass die Punktzahlen der sieben Kinder +/– 3,02 Punkte um den Mittelwert von 6 streuen; d. h. die meisten Kinder (rund zwei Drittel) haben zwischen 3 und 9 Punkte erreicht.

Bei einigermaßen normal verteilten Daten entspricht die Maßeinheit der Standardabweichung somit der Punktzahl im verwendeten Test. Die Berechungen des arithmetischen Mittelwerts (MW) und der Standardabweichung eignen sich nicht für schiefe oder mehrgipflige Verteilungen.

Die Standardabweichung ermöglicht uns schnell zu bestimmen, wie viel Prozent unserer Schüler einen bestimmten Punktwert haben. Das ist sehr nützlich für Vergleiche von Arbeiten mit unterschiedlichen Punktzahlen (wenn wir nicht nur sechs Kinder haben). Mehr darüber im nächsten Kapitel zur Normalverteilung.

4.3 Normalverteilung

Die Normalverteilung stellt so etwas wie die Grundlage für das statistische Rechnen mit intervallskalierten Daten dar. Die daraus entwickelte Standardnormalverteilung hat für die Statistik etwa dieselbe Bedeutung wie die normierten Kleidergrößen für die gesamte Bekleidungsindustrie.

In diesem Kapitel wird die Normalverteilung charakterisiert und es wird gezeigt, was anschließend mithilfe der Standardnormalverteilung berechnet werden kann. Dabei werden die z-Wert-Berechnung und die Berechnung von Prozenträngen mithilfe der z-Wert-Tabelle eingeführt. So können normalverteilte Werte (z. B. IQ-Werte) interpretiert werden.

4.3.1 Von der beschreibenden zur schließenden Statistik

Die Auseinandersetzung mit der Normalverteilung ist ein wichtiger Zwischenschritt auf dem Weg von der beschreibenden zur schließenden Statistik. In der beschreibenden Statistik werden Daten so aufbereitet, dass sie anschaulich werden. Mithilfe von geordneten Tabellen (z. B. sortiert nach Testergebnissen), Diagrammen und Kennwerten (z. B. Maße der zentralen Tendenz und Maße der Streuung) werden die Daten einer Untersuchungseinheit besser lesbar, überschaubar und interpretierbar.

Das Hauptziel einer deskriptiven statistischen Analyse besteht darin, die gesamte gesammelte Datenmenge auf einfache und leichter erfassbare Kennwerte und Begriffe zu reduzieren, ohne die ursprünglich erhobenen Informationen allzu sehr zu verzerren oder zu verlieren. Verfahren der schließenden Statistik (Inferenzstatistik) werden verwendet, wenn nur Daten einer Stichprobe und nicht der gesamten Population (Grundgesamtheit) vorliegen, aber auch, wenn die Frage nach Unterschieden oder Zusammenhängen zwischen Untergruppen einer Population (oder einer Stichprobe) beantwortet werden sollen.

Die Inferenzstatistik hilft bei der Beantwortung folgender Fragen:

1. **Gültigkeit für die Population:** Gilt ein Ergebnis einer Stichprobe für die gesamte

Beispiele zur Gültigkeit

a) Kann angenommen werden, dass die durchschnittliche Leistung aller Kinder der 5. Klassen im Bundesland Hessen im 80-Meter-Lauf 15 Sekunden beträgt, wenn eine Messung dieser Fähigkeit in fünf Dörfern und zwei Städten zu diesem Ergebnis gekommen ist?
In diesem Beispiel wird von der Stichprobe (fünf Dörfer und zwei Städte) auf die Grundgesamtheit (Bundesland Hessen) geschlossen.

b) Wenn eine Befragung von 1.000 Stimmbürgerinnen und -bürgern der Schweiz ergibt, dass 30 % die SVP, 22 % die FDP, 18 % die CVP, 25 % die SP und 5 % andere Parteien[4] wählen würden, mit welcher Sicherheit kann dann gesagt werden, dass eine Wahl zwei Wochen nach der Befragung zu einem ähnlichen Ergebnis kommen würde?
Die inferenzstatistische Analyse böte z.B. als mögliche Antwort an: Die FDP wird mit einer Irrtumswahrscheinlichkeit von 5% einen Stimmenanteil von 16 – 20 % erzielen (= 18 % $^{+}/_{-}$ 2 %)

c) Innerhalb welcher Bandbreite liegt der durchschnittliche IQ aller Kinder aus vierten Klassen des Kantons St. Gallen mit hoher Wahrscheinlichkeit, wenn unsere Klasse aus dem Schulhaus Dorf einen durchschnittlichen IQ von 109 aufweist?

Population?

2. Zufälligkeit von Unterschieden: Sind die Unterschiede zwischen verschiedenen Stichproben und zwischen einer Stichprobe und einer Population zufällig oder sind es

Beispiele zur Zufälligkeit von Unterschieden

a) Wenn Mädchen in der 2. Klasse in Sprachprüfungen durchschnittlich 24 Punkte erreichen, Jungen aber nur 21, kann daraus geschlossen werden, dass Mädchen besser in den geprüften Fähigkeiten sind oder sind diese Unterschiede zufällig?

b) Wenn Kinder mit nichtdeutscher Muttersprache durchschnittlich häufiger die Oberstufe in der Realschule[5] als in der Sekundarschule absolvieren, können wir dann sagen, dass das schweizerische Schulsystem fremdsprachige Kinder benachteiligt?

c) Wenn die Kinder unseres Schulhauses Dorf im letzten Modul des Klassencockpits um durchschnittlich fünf Punkte schlechter abgeschnitten haben als die (gleich große) Parallelklasse, ist dies noch ein Zufallsunterschied oder ist es schon ein „wahrer" Unterschied?

[4] Die großen Parteien der Schweiz: SVP: Schweizerische Volkspartei; FDP: Freisinnig demokratische Partei, CVP: Christdemokratische Volkspartei; SP: Sozialdemokratische Partei.

[5] Die Realschule in der Schweiz ermöglicht deutlich weniger weiterführende Schul- und Ausbildungsmöglichkeiten als die Sekundarschule.

echte Unterschiede?
3. Zufälligkeit von Zusammenhängen: Sind Zusammenhänge zwischen zwei (oder mehreren) Variablen echte oder nur zufällige Zusammenhänge?

Beispiele zur Zufälligkeit von Zusammenhängen

a) In der SCHOLASTIK-Studie (Weinert & Helmke, 1997) in Bayern waren die Leistungsfortschritte in Mathematik und Sprache in größeren Schulklassen etwas größer als in kleineren. Ist dieser Zusammenhang nun zufällig oder nicht?
b) In verschiedenen Untersuchungen aus der ganzen Welt finden sich immer wieder Ergebnisse, die besagen: Je weniger Geschwister ein Kind hat, desto besser sind seine Schulleistungen. Ist dieser Zusammenhang nun zufällig oder nicht?
c) Wenn in unserem Schulhaus Dorf ein sichtbarer Zusammenhang besteht zwischen der Intelligenz (dem IQ) und der Turnnote und wenn dieser Zusammenhang die Richtung hat: Je schlechter im Turnen, desto höher die Intelligenz; ist dieser Zusammenhang nun zufällig oder nicht?

Für die Frage nach den Rückschlüssen von einer Stichprobe auf die Grundgesamtheit hinsichtlich einer bestimmten Fragestellung wird nachfolgend eine der wichtigsten Verteilungsformen beschrieben, welche die Statistik kennt: Die Normalverteilung. Es werden ihre Eigenschaften und ihre Bedeutung für die schließende Statistik dargestellt.

Beispiel IQ der Schule Dorf

Die Grundschulklasse aus der Schule Dorf (n = 20) hat einen IQ-Test absolviert. Es konnte ein durchschnittlicher IQ-Wert von 109 festgestellt werden. In der Gesamtheit (Population) liegt der Mittelwert der IQ-Werte bekanntlich bei 100. Kann daraus geschlossen werden, dass die Grundschüler/-innen im Durchschnitt intelligenter sind als der Durchschnitt in der Population (Grundgesamtheit)?

4.3.2 Eigenschaften der Normalverteilung

IQ-Werte sind normiert und normalverteilt. Worin aber besteht eine solche Normalverteilung?

Ausgangspunkt von Normalverteilungen ist in der Regel eine „Gesamtheit“: Für das Beispiel Intelligenzquotient beim Menschen sind das unendlich viele Menschen mit ihren IQ-Werten: Alle, die bereits gelebt haben, die jetzt leben und die noch geboren werden, bilden die Grundgesamtheit. Für unser Verständnis reicht es auch von sehr vielen Menschen auszugehen.

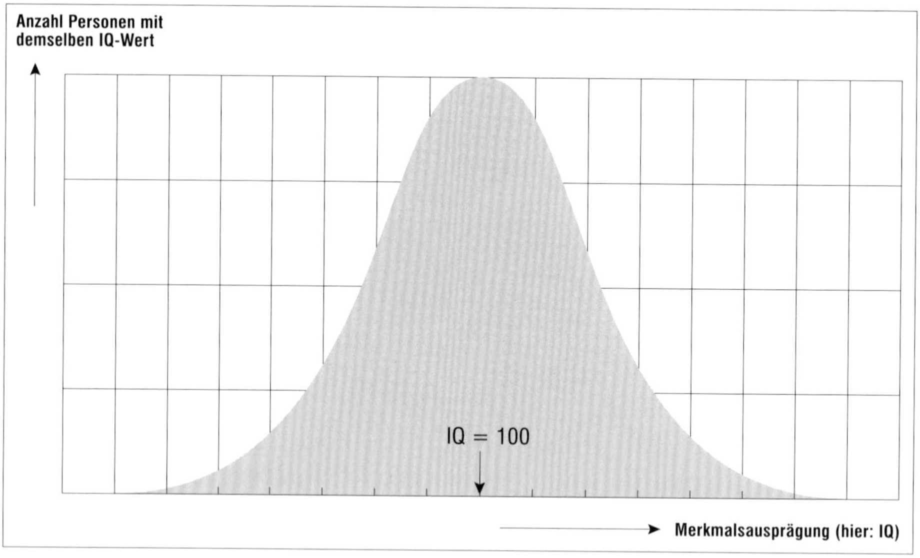

Abb. 14: Form der Normalverteilung am Beispiel IQ

Die Normalverteilung hat einige sehr wichtige Eigenschaften:

- Sie ist symmetrisch.
- Der Mittelwert ist gleich dem Median und gleich dem Modalwert. Für den IQ heißt das: Im Durchschnitt werden in der Population 100 IQ-Punkte erreicht. Der IQ-Wert von 100 teilt die Verteilung in zwei genau gleich große Hälften. Dabei bewegen sich die meisten IQ-Werte um 100 herum.
- Zwischen Mittelwert plus einer Standardabweichung und Mittelwert minus einer Standardabweichung liegen immer rund 68 % aller Werte.
- Die Standardabweichung entspricht der Strecke zwischen Mittelpunkt und dem jeweiligen seitlichen Wendepunkt der Verteilung.

In der Natur kommt diese Verteilung von Merkmalen recht häufig vor. Deren Eigenschaften wurden im 18. Jahrhundert von dem Mathematiker C. Gauß mathematisch beschrieben. Sie ist als Gauß'sche Glockenkurve oder auch als Normalverteilung bekannt. Viele biologische Merkmale zeigen diese Verteilung, so z. B. die Körpergröße oder die Länge von Blättern eines Baumes. Eine Normalverteilung entsteht, wenn ein Merkmal bei sehr vielen Merkmalsträgern gemessen wird. Für die Entstehung des Merkmals müssen viele Faktoren, die unabhängig voneinander sind, einwirken. Der Einfluss dieser Faktoren muss dabei unsystematisch und zufällig sein. Ein Beispiel hierfür ist die Intelligenz.

Zum Begriff der Intelligenz

Was ist eigentlich Intelligenz? Viele kluge Menschen haben sich an einer Definition versucht. So definiert etwa Wechsler (1964) Intelligenz als „*zusammengesetzte oder globale Fähigkeit eines Individuums, zweckvoll zu handeln, vernünftig zu denken und sich mit seiner Umgebung wirkungsvoll auseinanderzusetzen*". Diese und ähnliche Definitionen reichten nicht aus, um das, was wir unter Intelligenz verstehen, zu erfassen. Deshalb ist eine resignierte Definition sehr bekannt geworden: „*Intelligenz ist das, was der Intelligenztest misst.*" Sie enthält eine wichtige Wahrheit: Wenn wir Intelligenz quantifizieren wollen, müssen wir sie irgendwie erfassen, also in Einheiten oder Elemente aufgliedern, die als Fähigkeiten bzw. Verhaltensweisen beobachtet und gemessen werden können.
Zur Geschichte des Intelligenzbegriffes siehe z.B. Amelang und Bartussek (1997, Kp. 12). Ursprünglich wurde von dem Franzosen Binet ein Maß für die Intelligenz definiert: Als Intelligenzalter minus Lebensalter. Praktischer berechnete Terman die Intelligenz: Als Quotient von Intelligenzalter geteilt durch Lebensalter mal 100. Je mehr Aufgaben ein Kind lösen konnte, umso höher wurde sein Intelligenzalter eingeschätzt. Die Anzahl gelöster Aufgaben steigt allerdings nur in der Kindheit und Jugend mit dem Lebensalter an. Irgendwann (bei Binet mit 20 bis 25 Jahren) bleibt die Anzahl an Aufgaben, die gelöst werden können, annähernd gleich. Das führt zu sehr niedrigen IQ-Werten für ältere Probanden. Dieses Problem wurde später dadurch gelöst, dass Altersbezugsgruppen mit den Intelligenzwerten in Beziehung gesetzt wurden. Es wurde also die individuelle Leistung mit der jeweiligen Leistungsverteilung der gleichen Altersstufe verglichen. Deshalb kann auch die Frage nicht beantwortet werden, ob Intelligenz im Alter zu- oder abnimmt.
In den meisten moderneren Intelligenztests (z.B. HAWIE, HAWIK) wird der Durchschnittswert der Altersbezugsgruppe mit 100 gleichgesetzt. Die individuelle Leistung wird als Differenz zu diesem Durchschnittswert ausgedrückt (x-100). Um die Werte über alle Altersgruppen vergleichbar zu machen, wird die Streuung standardisiert: Die Standardabweichungen werden auf 15 (gelegentlich auf 10) IQ-Punkte normiert. Die IQ-Werte werden also so behandelt, dass sie durch eine Normalverteilung mit Mittelwert 100 und Standardabweichung 15 beschrieben werden können.

Für die Daten von großen Untersuchungen wird oft davon ausgegangen, dass sie annähernd normalverteilt sind (z. B. bei PISA, Klassencockpit, aber auch bei den IQ-Daten selbst), was für die Berechnung von Zusammenhängen und Unterschieden Vorteile hat.

Die Normalverteilung ermöglicht (mit einem noch einzuführenden Verfahren) für einzelne Werte oder für Mittelwerte von (Teil-)Stichproben sehr rasch zu bestimmen, wie viel Prozent der Werte über bzw. unter diesem Wert liegen. So wissen wir z. B. für einen IQ-Wert von 115, dass 84,13 % der Werte gleich oder tiefer und 15,87 % der Werte höher sind. Auf diese Weise lässt sich beispielsweise auch ermitteln, wie gut eine Klasse (bzw. einzelne Kinder) bei einem Test im Klassencockpit abgeschnitten hat.

Fläche und Parameter der Normalverteilung

Die gesamte Fläche unter der Normalverteilungskurve beträgt 100 %. Die Fläche bis zu einem bestimmten Wert der Verteilung lässt sich also auch als prozentualer Anteil der Gesamtfläche ausdrücken. Bei einem IQ-Wert von 100 machen die Werte bis 100 50 % von allen Werten aus.

Die Normalverteilung wird bestimmt durch zwei Parameter (Maßzahlen): Den Mittelwert und die Standardabweichung (Wurzel aus der Varianz). Auf beiden Seiten der Normalverteilung verändert sich die Kurve: Sie flacht sowohl nach oben als auch nach unten ab. Der Wendepunkt ist stets die steilste Stelle im Verlauf der Kurve. Der Abstand zwischen dem Mittelwert und den Wendepunkten der Kurve beträgt jeweils eine Standardabweichung. Die Standardabweichung stellt also eine sehr anschauliche Größe dar: Denn der Abstand vom Mittelwert bis zu den steilsten Stellen der Kurven links und rechts beträgt stets eine Standardabweichung. Je größer eine Standardabweichung (SA) ist, desto breiter ist die Verteilung.

Normalverteilungen können unterschiedlich große Mittelwerte und Standardabweichungen haben. Deshalb können die Formen der Normalverteilungen höchst unterschiedlich sein. Für alle Normalverteilungen gilt jedoch: Die Hälfte links des Mittelwerts ist symmetrisch zu derjenigen rechts des Mittelwerts.

Die Normalverteilung kann in verschiedenen Situationen angewendet werden. Sie spielt beim Vergleich einzelner Personen ebenso eine Rolle wie bei der Überprüfung von Unterschieden zwischen Gruppen oder Stichproben.

Beispiel zur Normalverteilung

Rita und Mirjam absolvieren eine Ausbildung an verschiedenen Pädagogischen Hochschulen. Bei einer Prüfung im gleichen Fach erreicht Rita 21 und Mirjam 85 Punkte. Da die beiden Prüfungen unterschiedliche Punktskalen aufweisen, ist ein direkter Vergleich nicht möglich. Wie können wir feststellen, welche der beiden Personen ein besseres Prüfungsergebnis erzielt hat?

Rita hat 21 von 25 möglichen Punkten und damit 84 % der Gesamtpunktzahl erzielt. Mirjam hingegen hat 85 von 100 und damit 85 % der möglichen Punkte erreicht. Kann daraus geschlossen werden, dass Mirjam in der Prüfung besser abgeschnitten hat? Nicht unbedingt, denn möglicherweise hat Mirjam mit 85 % das schlechteste Ergebnis und Rita mit 84 % das beste Ergebnis der jeweiligen Klasse erzielt.

Ein direkter Vergleich der beiden Prüfungsergebnisse ist erst mit genaueren Angaben zu den Ergebnissen in den beiden Schulklassen möglich. Welche Mittelwerte und Standardabweichungen weisen die Prüfungsergebnisse in den beiden Klassen auf? Entspricht die Verteilung der Prüfungsergebnisse einer Normalverteilung?

In den folgenden Abschnitten wird gezeigt, wie für normalverteilte, intervall- oder ratioskalierte Merkmale mithilfe von z-Werten und Perzentilen ein Vergleich von Prüfungsergebnissen möglich wird. Dabei werden die Begriffe z-Werte und Perzentile eingeführt und deren Verwendung für den Vergleich von Daten einzelner Personen in einem normalverteilten Merkmal gezeigt.

Bereiche unterhalb der Normalverteilung

Wie aus Abbildung 15 ersichtlich wird, lassen sich für beliebige Normalverteilungen verschiedene Flächensegmente und deren Flächenanteile angeben. Zwischen dem arithmetischen Mittel und einer Standardabweichung links bzw. rechts des Mittelwerts liegen jeweils 34,13 % der Werte. Im Bereich von zwei Standardabweichungen unterhalb bzw. oberhalb des Mittelwerts liegen jeweils 47,72 % aller Fälle. Innerhalb des Bereichs von plus/minus einer Standardabweichung um den Mittelwert liegen 68,26 %, im Bereich von plus/minus zwei Standardabweichungen 95,44 %. Schließlich wird ebenfalls ersichtlich, dass innerhalb von plus/minus drei Standardabweichungen nahezu alle Fälle (99,74 %) einer Normalverteilung liegen.

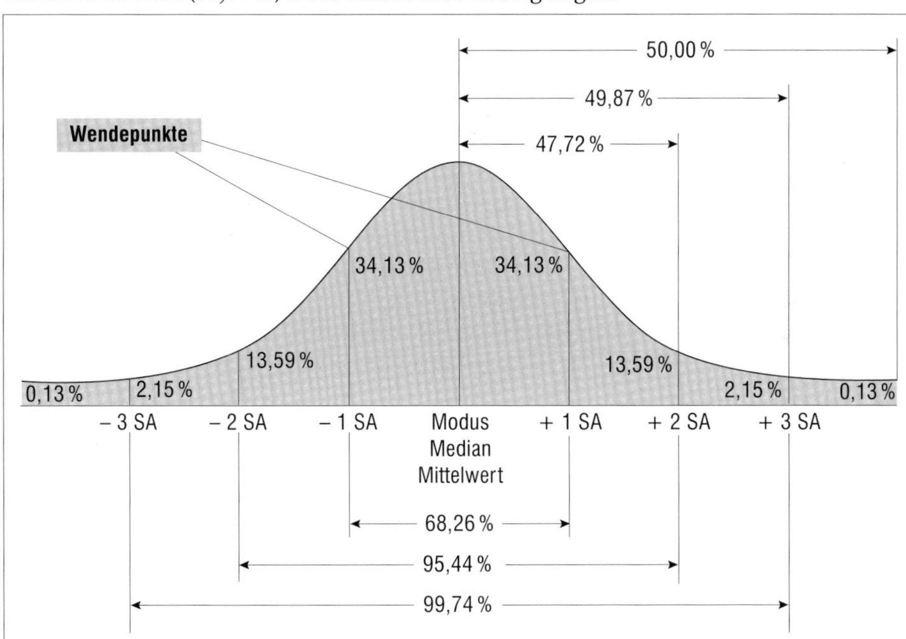

Abb. 15: Prozentuale Anteile innerhalb der durch ganze Standardabweichungen unterteilten Flächen der Normalverteilung

Würde es sich beispielsweise bei der Verteilung in Abb. 15 um die normalverteilte Variable mit den Körpergrößen von zehnjährigen Schulkindern handeln, können wir daraus schließen, dass bei 47,72 % aller Schulkinder (34,13 % + 13,59 % = 47,72 %) eine Körpergröße zu erwarten ist, die oberhalb des Mittelwerts jedoch unterhalb des Punktes + 2 SA liegt. Sind Mittelwert und Standardabweichung einer Normalverteilung bekannt, können wir die Aussage konkretisieren. Hat die Verteilung beispielsweise einen Mittelwert von 140 cm und eine Standardabweichung von 5 cm, dann lässt sich mithilfe der Normalverteilung feststellen: 47,72 % aller Fünftklässerinnen und Fünftklässler haben eine Körpergröße zwischen 140 cm und 150 cm (140 cm + (2 · 5 cm) = 150 cm).

Eine andere praktische Anwendung betrifft eine Definitionsmöglichkeit von Hochbegabung. Kinder, deren Intelligenzquotient mehr als zwei Standardabweichungen über dem Mittelwert liegt, werden in der Regel als hochbegabt bezeichnet. Dies entspricht etwas über 2 Prozent der Bevölkerung. Das Einteilungskriterium von 130 IQ-Punkten ist natürlich eine willkürliche Definition, die sich aber eingebürgert hat. Gemäß dieser Definition könnte davon ausgegangen werden, dass in einer Schule von fünfhundert Kindern mit etwa zehn hochbegabten Kindern zu rechnen ist.

Historisches Beispiel zur „Gauß'schen Normalverteilung"

Ein lustiges Beispiel für die Gauß'sche Normalverteilung wurde im 19. Jahrhundert von dem Statistiker Quetelet bei den schottischen Soldaten gefunden. Er maß die Brustumfänge der schottischen Soldaten und stellte fest, dass die Verteilung der Gauß'schen Glockenkurve sehr nahe kam. Die meisten Soldaten (mehr als 1.000) hatten einen Brustumfang von rund 40 Zoll, sehr wenige hatten noch Brustumfänge von 34 oder 46 Zoll (jeweils weniger als 50). Beispiel für eine praktische Nutzanwendung ist die Produktion der Weite der Soldatenmäntel gemäß der Normalverteilung. Gemäß der Normalverteilung dürfen nicht alle Kleidergrößen gleich häufig vorkommen: Größen um den Mittelwert herum müssen um ein Vielfaches häufiger sein als Größen mit zwei Standardabweichungen Abstand zum Mittelwert. Nur dann ist die Kleiderkammer rentabel bestückt. Ähnliches wäre annähernd wahrscheinlich in Bezug auf Schuh- und Helmgrößen festzustellen, wenngleich hier die Spannweite für den Messbereich kleiner ist und somit die Approximation nicht ganz so gut gelingen kann.

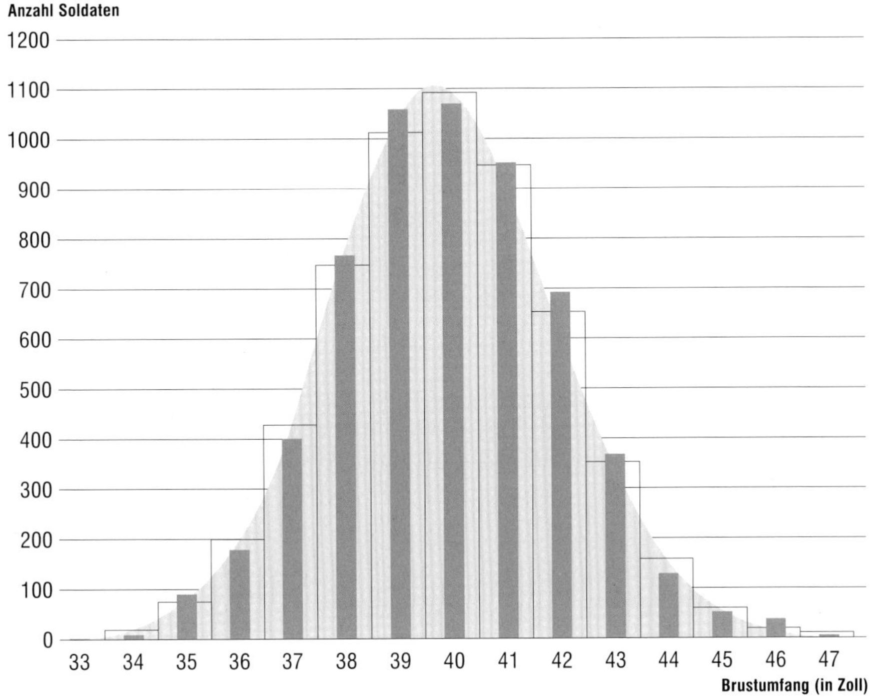

Abb. 16: Gauß'sche Verteilung am Beispiel von Kleidergrößen (aus Swoboda, 1971)

Beispiel Verteilung der Intelligenz in der Bevölkerung
Der nachfolgenden Grafik (s. Abb. 17) kann die prozentuale Verteilung der Intelligenz in der Bevölkerung entnommen werden. Dabei wird sichtbar, dass sich der Intelligenzquotient bei 68,26 % der Bevölkerung zwischen 85 und 115 befindet. Genau die Hälfte der Population ist also „nicht ganz hundert". Dieser Zustand (nicht ganz hundert zu sein) ist offenbar normal – und damit deutlich normaler, als gemeinhin vermutet wird. Weiter wird ersichtlich, dass in den Extrembereichen der Anteil immer kleiner wird: Einen IQ von über 130 oder unter 70 haben nur noch je 2,27 % (total 4,54 %) der Bevölkerung.

Zu beachten ist: Der IQ ist zu großen Teilen durch Lernen zu steigern. So hat in den letzten 30 Jahren der IQ der Bevölkerung um etwa 20 Punkte (= 20 %) zugenommen (der sogenannte Flynn-Effekt oder IQ-Gain; vgl. Flynn, 2007). Deshalb wurden die Tests nachgeeicht, damit der Durchschnitt wieder bei 100 zu liegen kommt. Ein Ende dieser Entwicklung ist nicht abzusehen.

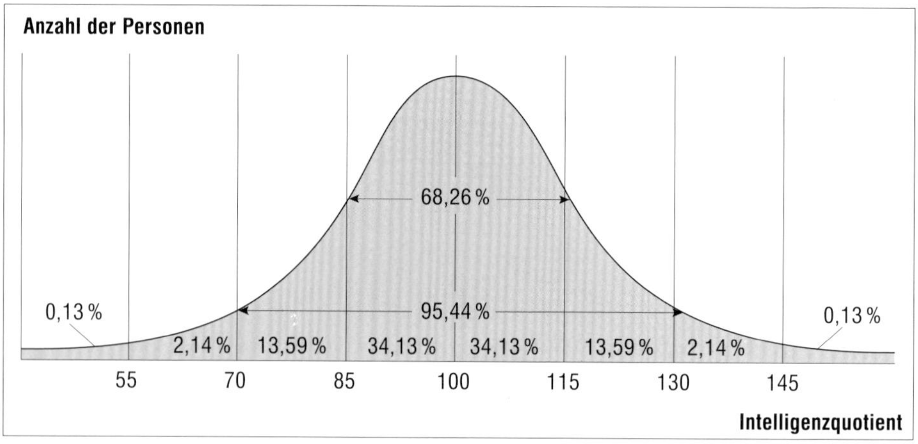

Abb. 17: Verteilung der Intelligenzquotienten in der Bevölkerung
(bei Mittelwert = 100 und Standardabweichung = 15)

Die Standardabweichung dieser Intelligenzverteilung entspricht 15 IQ-Punkten. Geht man von den Punkten 85 und 115 senkrecht nach oben, so erreicht man die Wendepunkte der Verteilung. Zwischen beiden Wendepunkten liegen also 30 IQ-Punkte oder 2 Standardabweichungen.

4.3.3 Die Standardnormalverteilung

Weil Mittelwerte und Standardabweichungen bei der Normalverteilung ganz verschiedene Werte annehmen können, lassen sie sich nicht gut vergleichen. Deshalb ist es nützlich, eine Transformation (Standardisierung) der Werte vorzunehmen. Mithilfe der Normalverteilung lassen sich verschiedene Messwerte von Normalverteilungen mit unterschiedlichen Mittelwerten und unterschiedlichen Standardabweichungen direkt miteinander vergleichen. Dies ist sehr nützlich, wenn z. B. Kinder in unterschiedlichen Tests miteinander verglichen werden sollen.

Berechnung von z-Werten

Die z-Werte ermöglichen die Bestimmung der relativen Position eines beliebigen Rohwertes im Verhältnis zu den anderen Werten. Dies gilt für normalverteilte, mindestens intervallskalierte Variablen. Ein z-Wert gibt an, wie viele Standardabweichungen ein einzelner Rohwert vom arithmetischen Mittel abweicht. Ein z-Wert von 1 entspricht also einer Standardabweichung[6]. Wenn wir beispielsweise wissen, dass eine Person in einer Prüfung 24 Punkte erzielt und der Mittelwert bei 20 Punkten liegt, dann beträgt

[6] Oder einem Standardfehler (vgl. Kp. 5)

die Differenz 4 Punkte. Würde die Standardabweichung der Prüfungsergebnisse ebenfalls genau 4 Punkte betragen, dann würden wir einen z-Wert von 1 erhalten. Ein z-Wert von 1 heißt hier, dass der Rohwert genau eine Standardabweichung oberhalb des arithmetischen Mittels liegt. Diese Überlegungen führen zur **Standardnormalverteilung**.

Die Standardnormalverteilung ist eine Normalverteilung mit Mittelwert 0 und Standardabweichung 1 (MW = 0; SA = 1). Eine Standardabweichung entspricht also hier immer einem Wert von z = 1.

Alle (anderen) Normalverteilungen können standardisiert werden: Durch Mittelwertzentrierung (Mittelwert gleich Null setzen, indem von jedem Rohwert der Mittelwert substrahiert wird) und Division durch die Standardabweichung.

Mithilfe der folgenden Formel kann für jeden beliebigen Rohwert der entsprechende z-Wert berechnet werden:

$$z = \frac{\text{Rohwert} - \text{Mittelwert}_{\text{Pop}}}{\text{Standardabweichung}} = \frac{X - MW_{\text{Pop}}}{SA_{\text{Pop}}}$$

Beispiel zur z-Wert-Berechnung

Ein Schulkind hat einen IQ von 115 (Rohwert).
Der Mittelwert (MW) für den IQ beträgt 100 IQ-Punkte, die Standardabweichung (SA) 15 IQ-Punkte. Wir setzen diese Werte in die obige Formel ein:
z = (115 – 100) : 15 = 1
Das Schulkind hat einen z-Wert von +1. Bei einem IQ von 85 hätte es einen z-Wert von –1.

Z-Werte sind die Werte der Standardnormalverteilung. Durch die Standardisierung mithilfe der Formel lässt sich jeder Wert aus einer beliebigen Normalverteilung mit Mittelwert und Standardabweichung in einen z-Wert umwandeln. Mithilfe der Standardnormalverteilung lassen sich auch die Ergebnisse von unterschiedlichen Tests (unterschiedliche Mittelwerte und Standardabweichungen) vergleichen, wie z. B. die oben erwähnten Ergebnisse von Rita und Mirjam (vgl. Beispiel oben).

Berechnung von Prozenträngen mit der Normalverteilungstabelle

In verschiedenen Situationen genügt die Angabe eines z-Wertes nicht. Oft interessieren genauere Angaben über den Prozentanteil aller Fälle unter- bzw. oberhalb eines bestimmten Rohwertes. Diese Prozentangaben können bei normalverteilten Daten mithilfe von Prozenträngen bestimmt werden.

Ein Prozentrang ist eine Angabe darüber, wie groß der Wert in einer Verteilung ist, bei welchem gerade x Prozent aller Fälle kleiner sind. Der 20. Prozentrang ist beispielsweise der Wert, den 20 % aller Fälle nicht überschreiten. Der 50. Prozentrang ist entsprechend der Wert, bei dem gerade 50 % aller Fälle kleiner sind. Der 50. Prozentrang entspricht somit genau dem Median einer Verteilung. Jedem Rohwert einer Verteilung kann ein entsprechender Prozentrang zugewiesen werden.

Die Prozentränge einer Normalverteilung werden mit der Normalverteilungstabelle (vgl. Anhang Tab. 1) bestimmt. Diese Tabelle gibt an, wie groß die Fläche zwischen dem arithmetischen Mittel der Verteilung und einem z-Wert ist. Die Gesamtfläche unterhalb der Verteilung entspricht dabei 100%.

In der ersten Spalte sind z-Werte zwischen 0,0 und 5,0 angegeben (0,0; 0,1; 0,2 usw.). Betrachten wir beispielsweise einen z-Wert von 1,0. Der Wert 34,13 % direkt rechts davon gibt an, welchen prozentualen Flächenanteil der Bereich zwischen dem arithmetischen Mittel und diesem z-Wert von 1,0 einnimmt. Für einen z-Wert von 2,0 ergibt sich entsprechend ein Prozentwert von 47,72 %.

Um den prozentualen Flächenanteil zwischen dem arithmetischen Mittel und einem exakteren z-Wert (d. h. mit zwei Dezimalstellen nach dem Komma) zu bestimmen, sind die Angaben in der obersten Reihe zusätzlich zu berücksichtigen (0,00; 0,01; 0,02 usw.). In dieser Reihe wird die zweite Stelle nach dem Dezimalpunkt der z-Werte aufgelistet. Zur Bestimmung des Flächenanteils für einen z-Wert von 1,65 gehen wir vorerst in die Zeile mit dem entsprechenden z-Wert mit einer Dezimalstelle (z = 1,6). Innerhalb dieser Zeile suchen wir die Spalte, die der zweiten Dezimalstelle des gesuchten z-Wertes (0,05) entspricht.

Um anzugeben, wie viel Prozent aller Fälle einer Verteilung unterhalb eines bestimmten z-Wertes liegen, müssen bei positiven z-Werten jeweils 50% hinzugezählt werden. Dies ist der Anteil der Verteilung, der unterhalb des arithmetischen Mittels liegt. Für einen z-Wert von 1,65 ergibt dies 95,05 % (45,05 + 50,00). Der Rohwert, dessen z-Wert 1,65 beträgt, entspricht ungefähr dem 95. Prozentrang, was bedeutet, dass 95 % aller Fälle einen kleineren Wert aufweisen.

Bei negativen z-Werten ziehen wir den in der Tabelle gefundenen Wert von 50 % ab. Ist der z-Wert –1,65, ziehen wir 45,05 % von 50 % ab und erhalten den Wert 4,95 %. Der Rohwert, dessen z-Wert –1,65 beträgt, würde so ungefähr auf den 5. Prozentrang fallen, was bedeutet, dass 5 % aller Fälle einen kleineren Wert aufweisen.

Beispiel zur Berechnung des Prozentranges

Die Schülerin Cecile hat einen IQ-Wert von 108 erreicht. Für IQ-Werte ist bekannt, dass sie normalverteilt sind mit einem Mittelwert von 100 und einer Standardabweichung von 15. Welcher z-Wert ergibt sich für Cecile?

$z = \frac{108-100}{15} = 0{,}53$ (gerundet).

Dieser z-Wert kann der Standardnormalverteilungs-Tabelle entnommen werden.
Der IQ von 108 hat einen z-Wert 0,53. Dies entspricht einem Prozentrang von 70,19 %. Das heißt, dass 70 Prozent aller Leute einen gleichen oder niedrigeren IQ-Wert haben als sie. Das heißt aber auch, dass rund 30 Prozent aller Leute aus der Population einen höheren IQ-Wert haben als sie.

Die praktische Relevanz für die Standardisierung lässt sich an folgendem Beispiel veranschaulichen.

Beispiel zum Vergleich von Werten aus unterschiedlichen Intelligenztests

Katrin lässt ihren IQ-Wert mithilfe des HAWIE-Intelligenztests feststellen. In diesem Intelligenztest sind die IQ-Werte so normiert, dass sie in der Population normalverteilt sind mit Mittelwert 100 und Standardabweichung von 15. Sie erreicht einen IQ-Wert von 110.

Robert lässt seinen IQ-Wert mithilfe des IST-70 feststellen. In diesem Intelligenztest sind die IQ-Werte so normiert, dass sie in der Population normalverteilt sind mit dem Mittelwert 100 und der Standardabweichung 10. Er erreicht ebenfalls 110 IQ-Punkte. Sind die beiden nun „gleich intelligent"?
Um diese Frage zu beantworten werden die erzielten IQ-Punkte in z-Werte umgerechnet.

Für Katrin:	$z = (110-100)/15 = 0{,}66$	Prozentrang = 74,54 %
Für Robert:	$z = (110-100)/10 = 1$	Prozentrang = 84,13 %

Interpretation:
Das Ergebnis von Robert ist höher, was die Aussage zulässt: Robert ist vermutlich intelligenter als Katrin.

Die Umwandlung von Rohwerten in z-Werte oder Prozentränge ist nur für mindestens intervallskalierte Variablen zulässig, die normalverteilt (oder zumindest annähernd normalverteilt) sind. Bei einer schiefen Verteilung sind die Bereiche unterhalb und oberhalb des Mittelwerts nicht identisch. Die Berechnung von z-Werten und die Bestimmung von Prozenträngen sind bei schiefen Verteilungen deshalb nicht zulässig.

A

Übungen im Download:

4.1a

4.2a – 4.2c

4.3a – 4.3c

Demonstrationen im Download:

Zu 4.2: Demonstration 1

Zu 4.3: Demonstration 2, 3

5. Schließende Statistik

Nachdem nun sowohl der Ursprung des IQ als auch die Verteilung der IQ-Werte und allgemein die Standardnormalverteilung bekannt sind, wird die Prüfung von Unterschieden zwischen Stichprobe und Population betrachtet.

Die Population ist die Gesamtheit, auch Grundgesamtheit genannt, über die eine Aussage getroffen werden soll. Die Gesamtheit muss stets zuerst definiert werden. Sie besteht aus allen Elementen, über welche eine Aussage gemacht wird. So meint die Hypothese „Schweizer Lehrpersonen sprechen eine holprige Standardsprache" in der Regel alle Lehrpersonen der Schweiz, also die Population. In unserem IQ-Beispiel hatten wir gesagt, dass die Gesamtheit aus den IQ-Werten aller Menschen besteht. Wenn nicht diese Gesamtheit gemeint ist, muss die Population spezifiziert werden, z. B. „die Menschen im ersten Jahrzehnt des 20. Jahrhunderts". Denn der IQ als Maß für die Intelligenz des Menschen sollte ja für alle Menschen gelten. Deshalb sind alle Menschen auch die Population. Die Population ist also so etwas wie der (gesamte) Gültigkeitsbereich für eine Aussage. Deshalb wird die Population auch als Gesamtheit bezeichnet.

Nun ist es aus zeitlichen und finanziellen Gründen meistens nicht leistbar, die gesamte Population zu untersuchen. Also wird eine Stichprobe (nur ein Teil der Population) ausgewählt, an welcher dann die Untersuchung durchgeführt wird. Der Begriff der Stichprobe stellt eine Analogie (oder Metapher) dar. Die Stichprobe in ihrem wörtlichen Sinne ist beispielsweise aus der Käseproduktion bekannt: Dabei wird mit einem Instrument ähnlich einer dicken Nadel in den Käse hinein gestochen und aus dem Inneren eine Probe entnommen. Anschließend wird diese herausgestochene Probe getestet. Im übertragenen Sinne ist die Ziehung einer Stichprobe in den Sozialwissenschaften der Ziehung einer Stichprobe in der Käseproduktion durchaus verwandt. Mithilfe eines (oft ziemlich kleinen) Teils des Ganzen wird der Anteil in der Population (in unserem sozialen Beispiel: der IQ aller Menschen) mithilfe statistischer Verfahren geschätzt.

Abb. 18: Grafische Darstellung der Stichprobenziehung[1]

[1] Quelle der Abbildung: Nagl, 2003

Wenn die gesuchten Werte (Parameter) einer Population bekannt sind (z. B. die durchschnittliche Ausprägung der Angst vor Dunkelheit bei den Kindern der vierten Klassen), dann lässt sich mithilfe von statistischen Verfahren auch bestimmen, ob ein Mittelwert der Kinder einer einzelnen Klasse bedeutsam oder nur zufällig größer oder kleiner ist als der Mittelwert der Population.

Warum ist es wichtig zu wissen, ob sich ein Mittelwert einer ausgewählten Gruppe (Stichprobe) zufällig oder nicht zufällig vom Mittelwert einer Population unterscheidet? Weil solche Unterschiede oft auf unterschiedliche soziale Ursachen, aber auch auf unterschiedliche soziale Maßnahmen (z. B. Lern-, Trainings-, Medikations- und Therapieverfahren, soziale Unterstützungsmaßnahmen, Anreize für Investitionen und Initiative, ...) zurückgeführt werden können. Die so erhaltenen Zahlen können für die Steuerungsverantwortlichen (z. B. Sozialbehörde, Schulleitungen, ...) Hinweise für notwendige Veränderungen enthalten.

Beispiel zur Angst im Dunkeln

Stellen Sie sich vor, Sie wollen eine Untersuchung darüber machen, wie groß der Anteil der Schweizer Grundschulkinder ist, die Angst im Dunkeln haben. Die Population, auf welche sich diese Fragestellung bezieht, besteht aus allen Schweizer Grundschulkindern. Es wird schwierig sein, alle Grundschulkinder in der Schweiz zu befragen. Also wählen Sie eine Stichprobe aus, z. B. alle Kinder der Grundschulen aus den Kantonen Bern, St. Gallen, Zürich (Hauptstädte und einige Landgemeinden) und befragen die ausgewählten Kinder, ob sie Angst im Dunkeln haben. Dabei interessiert auch die Frage, welche Kantone sich im schweizerischen Durchschnitt bewegen, welche diesen über- oder unterschreiten.
Warum ist es wichtig zu wissen, ob sich der Anteil ängstlicher Grundschulkinder in St. Gallen von demjenigen in der ganzen Schweiz unterscheidet? Wenn z. B. St. Galler Kinder mehr Angst haben als die Gesamtheit der Schweizer Kinder, dann erfordert das Maßnahmen in den Schulen von St. Gallen. Wenn die St. Galler Kinder gleich ängstlich sind wie die Gesamtheit der Schweizer Kinder, dann erfordert das allenfalls gesamtschweizerische Maßnahmen, dies aber nur, wenn die festgestellte Ängstlichkeit aufgrund von anderen Vergleichsmaßen (z. B. Vergleich mit den Werten anderer Länder oder Urteil von Expertinnen und Experten) als beunruhigend zu bewerten ist. Haben die St. Galler Kinder aber besonders wenig Angst, dann ist das Vorgehen des Kantons St. Gallen in Bezug auf die Ängstlichkeit der Kinder für andere Gemeinden/Regionen interessant, weil sie davon lernen können (best practice).

5.1 Generalisierbarkeit von Stichprobenergebnissen

Wenn zwei Variablen innerhalb einer Stichprobe miteinander zusammenzuhängen scheinen, folgt daraus nicht zwingend, dass dieser Zusammenhang auch außerhalb der Stichprobe Gültigkeit hat. Ergebnisse aus einer Stichprobe können aus verschiedenen Gründen mit Fehlern behaftet sein. In welcher Weise wir aufgrund von Stichprobenergebnissen Aussagen über den Zusammenhang zwischen zwei Variablen in der Population machen[2] können, hängt wesentlich von drei Faktoren ab (vgl. Weinbach/Grinek, 2000):

- Konkurrierenden Hypothesen
- Anlagefehler
- Zufalls- oder Stichprobenfehler

5.1.1 Konkurrierende Hypothesen

Ein Ergebnis kann auch nur scheinbar eine Hypothese bestätigen. Dies ist vor allem dann der Fall, wenn der in der Hypothese formulierte Unterschied oder Zusammenhang zwischen zwei oder mehreren Variablen nicht genügend gut darauf hin untersucht wurde, ob die Variablen nicht selber von anderen Variablen bestimmt oder beeinflusst werden.

Wenn jemand bei der Untersuchung der Hypothese „Klavierunterricht im Vorschulalter verbessert die mathematischen Fähigkeiten in der ersten Klasse" mit 50 Kindern (25 mit und 25 ohne vorschulischen Klavierunterricht) zu einem ziemlich deutlichen Unterschied in den mathematischen Fähigkeiten zugunsten der Kinder mit Klavierunterricht kommt, dann muss sich dieser überlegen, ob das Ergebnis auch anders erklärt werden könnte. Folgende konkurrierende Hypothesen sind dabei u. a. heranzuziehen:

- Die Kinder mit vorschulischem Klavierunterricht sind in einer lernförderlicheren Atmosphäre aufgewachsen (weil z. B. Eltern, welche die musikalischen Fähigkeiten ihrer Kinder aktiv unterstützen, generell das Lernen von Kindern besser fördern).
- Vielleicht sind alle Kinder, die in einem Bereich mit logischen oder geordneten Abfolgen gefördert werden, anschließend besser in Mathematik. Dazu müsste mit Tanz, Ballett, Kunstturnen, Theater spielen (mit auswendig gelernten Text- und Bewegungsfolgen), Zeichnen von Bildergeschichten, Spielen anspruchsvoller Spiele (z. B. Schach, Mühle, Quarto) usw. verglichen werden.
- Vielleicht kommen die 25 klavierspielenden Kinder ganz einfach aus einem bildungsnäheren Milieu.

Konkurrierende Hypothesen machen stets auf Variablen aufmerksam, die bei der Planung und Durchführung einer Forschung nicht berücksichtigt wurden. In der Regel braucht es weitere Untersuchungen, um diese ausschließen zu können. Ein wichtiges Mittel zum Ausschluss von konkurrierenden Hypothesen ist eine sorgfältige Literaturanalyse: Was wurde bisher zum Thema erforscht und welche Ergebnisse sind schon bekannt?

2 Diese Art von Aussagen kann auch als Ziehen von Schlüssen (schließende Statistik, auch Inferenzstatistik) bezeichnet werden.

Beispiel zur Kinesiologie und zum Placebo-Effekt

Ein interessantes Beispiel für das Nichtbeachten von (einfachen) konkurrierenden Hypothesen sind die von der Kinesiologie empfohlenen Überkreuzbewegungen, welchen lernförderliche Wirkungen zugesprochen werden. Untersuchungen zeigen, dass nach einigen Minuten bilateraler Bewegungen (Überkreuzbewegungen, z. B. mit Armen und Beinen) die Konzentration von Lernenden tatsächlich ansteigt. Diese Konzentration steigt jedoch in gleichem Maße bei homolateralen Bewegungen an (z. B. einfache gymnastische Übungen ohne Überkreuz-Bewegungen). Offenbar liegt die lernförderliche Wirkung in den kurzen Phasen mit körperlicher Bewegung oder aber schlicht im Abwechslungsreichtum des Unterrichts (ein häufiger Befund der Unterrichtsforschung).
Eine gelegentlich in Vergessenheit geratende konkurrierende Hypothese ist der Placebo-Effekt. Es ist möglich, dass ein medizinisches Präparat oder eine Therapieform zu einer Besserung beiträgt, diese Besserung aber alleine darauf beruht, dass der Patient oder die Patientin an die Wirksamkeit des Medikaments oder der Therapie glaubt. Mit anderen Worten: Dieselbe Besserung würde sich ebenfalls zeigen, wenn ein Scheinpräparat (eine Scheinbehandlung) eingesetzt würde, welches hinsichtlich Aussehen, Geschmack und Geruch identisch ist, jedoch keine chemischen Wirkstoffe enthält (Leerpräparat). Den Placebo-Effekt können wir hier als eine konkurrierende Hypothese bezeichnen: Das Verfahren wirkt nicht wegen seiner spezifischen Merkmale (chemische Zusammensetzung, therapeutische Kennzeichen), sondern alleine deshalb, weil der Patient an seine Wirkung glaubt. Der Zusammenhang zwischen dem medizinischen Präparat (unabhängige Variable) und der Linderung des Leidens (abhängige Variable) ist nur scheinbar. Entscheidender als das Medikament „an sich" ist die Erwartung des Patienten oder der Patientin, dass das Medikament Wirkung zeigt (Breitenbach & Kessler, 1997; Windeler, 1998).

5.1.2 Anlagefehler: Mess- und Stichprobenverzerrung

Messverzerrungen sind Verzerrungen, welche durch die Wahl des Erhebungszeitpunktes und durch das Verfahren selber entstehen. So kann die Evaluation eines Ausbildungsmoduls einer Hochschule je nach Erhebungszeitpunkt unterschiedlich ausfallen. Je nachdem, ob ein Modul während der Stofferarbeitung, kurz vor der Prüfung, gerade nach der Prüfung, nach Erhalt der Prüfungsergebnisse oder erst nach den ersten Erfahrungen im Berufsalltag (z. B. drei Jahre später) evaluiert wird, kommt es zu unterschiedlichen Ergebnissen. Messverzerrungen entstehen oft aus kurzfristigem Stimmungs- und Meinungswandel. Wenn ein Lernmodul evaluiert wird, sollte möglichst versucht werden, den Grundtenor des ganzen Moduls zu erfassen. Dasselbe gilt für die politische Grundstimmung eines Landes, welche auch nicht dann erhoben werden sollte, wenn eine inländische Tagesaktualität (z. B. Korruptionsvorwürfe gegenüber einem einflussreichen Regierungsmitglied) stark im Vordergrund steht.

Wenn *Messverzerrungen* vorliegen, können zwei Variablen als zusammenhängend erscheinen, obwohl sie es tatsächlich nicht sind (vgl. Beispiel). Deshalb müssen wir versuchen, Verzerrungen so weit wie möglich auszuschließen. Dafür ist ein Forschungsplan erforderlich, der objektive und valide Messungen garantiert und die Kontrolle möglicher Störvariablen erlaubt.

Beispiel zur Messverzerrung durch Sensibilisierungseffekte

Der Inhalt selber kann zu Messverzerrungen führen. Ein Beispiel dafür ist die Sensibilisierung: Jede Befragung hat auch einen informierenden oder aufklärenden und damit manchmal auch einen sensibilisierenden Effekt. Das kann dazu führen, dass viele der Befragten sich zum ersten Mal eingehend mit einem Thema befassen und ein darin angesprochenes Problem durch die Befragung selber als größer oder kleiner wahrnehmen. So nimmt beispielsweise die Forschung zu Gewalt und Mobbing an, dass Menschen durch die Befragung zu diesem Thema auch mehr Mobbing wahrnehmen. Deshalb lässt sich die Frage, ob Mobbing in den letzten 20 bis 40 Jahren zugenommen hat, nicht eindeutig beantworten. Das anvisierte Messvorhaben, das Ausmaß von Mobbing zu erheben, wird durch die in der Befragung gelieferte Information zum Inhalt Mobbing möglicherweise verzerrt.
Eine Möglichkeit, diese Sensibilisierung zu kontrollieren, besteht in einer zusätzlichen Befragung einer Kontrollgruppe. Bei dieser Befragung soll Mobbing nur ein Thema von vielen sein. So könnte diese Gruppe das Ausmaß vieler Erscheinungen des aktuellen Lebens (z. B. das Vorkommen von mehr Freude am Leben, Politikverdrossenheit, angemessenere Freizeitangebote usw.) auf einer Skala von 1–5 einschätzen. Mobbing wäre hier ein Thema unter vielen. Dieselbe Skala in Bezug auf das Vorkommen von Mobbing müssten aber auch die Teilnehmer/-innen bearbeiten, die nur an der Befragung zu Mobbing teilnehmen. Anschließend könnte dann der Unterschied bezüglich Mobbing als Sensibilisierungseffekt (oder Desensibilisierungseffekt) bestimmt werden.
Eine andere Form von Sensibilisierung führt durch eine intensivere Information zu einem besseren Bewusstsein und Wissen über ein Phänomen, was u.a. zu einem stärkeren Problembewusstsein führt. So berichtet z. B. die Neue Zürcher Zeitung am 27. 10. 2006 (S. 53) zur Frage einer Zunahme von sexueller Ausbeutung von Kindern im Kanton Zürich: *„Allerdings haben auch die Fälle von sogenannt gesicherter sexueller Ausbeutung, die am Kinderspital Zürich erfasst werden, in den letzten Jahren deutlich zugenommen. Sie verdoppelten sich fast – von 58 registrierten Fällen im Jahr 2000 auf 105 Fälle im Jahr 2004. Im vergangenen Jahr war erstmals wieder ein Rückgang auf 92 Fälle feststellbar. Die Kinderschutzgruppe glaubt nicht an eine allgemeine Zunahme von Kindsmisshandlungen, wie es im Jahresbericht heißt. Es werden vielmehr eine vermehrte Sensibilisierung der Öffentlichkeit und eine bessere Ausbildung der Fachleute geltend gemacht.“*

Stichprobenverzerrungen entstehen, wenn im Vergleich zur Population einzelne Gruppen über- oder untervertreten sind. Wenn Stichprobenverzerrungen vorliegen und damit eine Stichprobe kein repräsentatives Abbild der Population darstellt, ist es möglich, dass ein Zusammenhang zwischen zwei Variablen zu bestehen scheint, dieser jedoch nicht für die Population gilt. Auch das Umgekehrte ist denkbar: Dass ein Zusammenhang in der Population besteht, dieser sich in einer einzelnen Stichprobe aber nicht findet.

Für die Überprüfung von Forschungshypothesen ist es deshalb wichtig, Stichproben zu verwenden, die in Bezug auf die Population (Grundgesamtheit), über die wir etwas aussagen wollen, *repräsentativ* sind. Es gibt verschiedene Auswahlverfahren, mit denen eine optimale Repräsentativität der Stichproben erreicht werden kann. Dazu gehören das Ziehen von *Zufallsstichproben* sowie die Verwendung von *geschichteten Stichproben*. Eine Zufallsstichprobe liegt vor, wenn für jedes Element (Person, Objekt) der Grundgesamtheit (Population) dieselbe Chance besteht, in die Stichprobe einzugehen. Bei der Verwendung von geschichteten Stichproben wird die Population in relativ homogene Teilpopulationen (Schichten) unterteilt, und zwar jeweils nach den Gesichtspunkten, die für das Studium der zu untersuchenden Variablen von Bedeutung sind. Die Auswahl der Personen innerhalb der verschiedenen Teilstichproben erfolgt wiederum zufällig. Geschichtete Stichproben finden beispielsweise bei der Vorhersage von Wahlergebnissen Anwendung, wobei häufig eine Altersschichtung, das Verhältnis von Männern und Frauen und Einkommensgliederungen berücksichtigt werden.

Beispiel zur Stichprobenverzerrung:

Beispiel: Mobbing bei Hochbegabten
Mitarbeitende von Beratungsstellen für Hochbegabte nehmen schon seit längerer Zeit an, dass leistungsstarke bzw. hochbegabte Lernende häufiger gemobbt werden als andere Kinder. Dieser Zusammenhang zeigte sich bis dahin in Mobbingstudien jedoch nicht (keine Zusammenhänge zwischen Mobbing-Häufigkeit und Schulleistung oder Intelligenz). Dies könnte u. a. daran liegen, dass (a) die Gruppe der Hochbegabten eher klein ist, und (b) der Nachweis von deren häufigerer Opfer-Rolle eine sehr große Stichprobe erfordern würde. Anzunehmen ist dieser Zusammenhang vor allem für die Überspringer/-innen, einfach schon deshalb, weil diese jünger sind und es zum typischen Mobbingverhalten gehört, jüngere Kinder zu mobben (z. B. Olweus, 1995). Die bisher vorliegenden „Überspringer-Studien" (z. B. Ammann & Bähr, 2000, 2001) lassen diesen Schluss jedoch nicht zu. Ihre Untersuchungen erfolgten bereits kurz nach dem Überspringen, zudem wurde mit sehr kleinen Stichproben gearbeitet.
Hierbei könnte es sich also um das Phänomen handeln, dass in der Population ein Zusammenhang besteht, der sich in den bislang vorliegenden Studien (und damit den gezogenen Stichproben) nicht zeigt. Das Problem ist vor allem dann groß, wenn die interessierende Gruppe nur einen kleinen Teil der Gesamtbevölkerung ausmacht, der gesuchte Zusammenhang jedoch nur im Vergleich zu den anderen – viel größeren – Gruppen der Population aufgedeckt werden kann.

Nun scheint eine aktuelle Studie den Zusammenhang zwischen Hochbegabung und Mobbing tatsächlich nachzuweisen (Peterson & Ray, 2006). Dieser Zusammenhang besteht jedoch nur für eine ausgewählte Stichprobe: Es handelt sich um 432 Kinder aus elf verschiedenen US-amerikanischen Mitgliedstaaten. Die Stichprobe besteht aus Kindern, die von Schulbehörden für Hochbegabtenförderungsprojekte ausgewählt wurden, *„who had been identified by their school district as gifted (...) regardless of the form of a particular program"*. Das tönt nach wenig Repräsentativität, jedoch eher nach einer selektiven Stichprobe der Kinder aus hochbegabungsbewussterem Milieu. Mit diesem sehr unklaren Kritierium für die Aufnahme in die Stichprobe (Identifkation nach lokalen Förderkriterien) fallen viele Kinder, die zur Population der Hochbegabten gehören könnten, aus der Stichprobe heraus. Vorher ausgewählte (vorselegierte) Stichproben führen sehr oft zu Stichprobenverzerrungen. Dies soll hier mit einer fundierteren Studie mit eher gegenteiligen Befunden verdeutlicht werden: Die bislang forschungsmethodisch sorgfältigste Hochbegabtenstudie (Rost, 1994) weist nämlich auch in ihren Ergebnissen deutlich in eine ganz andere Richtung. Hier wurde schon die Stichprobe sehr sorgfältig erhoben: Aus mehr als 7.000 repräsentativ ausgewählten Kindern aus Deutschland wurden die 2 % der Kinder ausgewählt, welche in einer Testserie in zwei von vier Tests zu den besten 2 % gehörten. Die Kontrollgruppe bestand aus gleich vielen Kindern, welche nach Geschlecht und sozialer Herkunft parallelisiert wurden. In dieser Studie zeigten die hochbegabten Kinder im Vergleich mit der Kontrollgruppe deutlich weniger Merkmale der typischen Mobbingopfer, jedoch vielmehr Hinweise für eine starke Robustheit gegenüber Mobbing. Damit sind die Ergebnisse der Mobbing-Studie für Hochbegabte (Peterson & Ray, 2006) mit sehr großer Wahrscheinlichkeit auf eine Stichprobenverzerrung zurückzuführen und sind demzufolge nicht nur nicht repräsentativ, sondern auch irreführend.

5.1.3 Zufalls- oder Stichprobenfehler

Selbst wenn wir eine Studie ganz seriös geplant haben, ist es möglich, dass ein Zusammenhang zwischen Variablen innerhalb einer Stichprobe nichts anderes als ein Glückstreffer ist. Der Zusammenhang besteht nur gerade für die Fälle dieser Stichprobe und nicht für die Population, aus welcher die Stichprobe gezogen wurde. Dieser Zusammenhang besteht weder aufgrund konkurrierender Hypothesen noch aufgrund von Anlagefehlern, sondern ganz einfach deshalb, weil die Stichprobe (zufällig) sehr atypisch und wenig repräsentativ ist.

Jede Stichprobe, die wir einer Population entnehmen, hat die Tendenz, von der Population abzuweichen. Diese Abweichungen sind zufällig und nicht systematisch. In der einen Stichprobe ist ein Zusammenhang zwischen zwei Variablen vielleicht ein wenig ausgeprägter als in der Population. In einer anderen Stichprobe ist dieser Zusammenhang hingegen leicht schwächer als in der Population. Diese zufälligen Abweichungen zwischen einer Stichprobe und der Population sind umso geringer, je größer die Stichproben sind, die wir verwenden. In welcher Weise der Zufallsfehler (auch Stichprobenfehler genannt) mit der Stichprobengröße zusammenhängt und wie der Zufallsfehler geschätzt werden kann, wird im nachfolgenden Kapitel unter dem Begriff *Standardfehler* genauer erläutert.

Zufalls- oder Stichprobenfehler stellen bei der Überprüfung von Forschungshypothesen einen Unsicherheitsfaktor dar, der sich nie vollständig ausschließen lässt. Eine wichtige Möglichkeit, diese Fehler zu reduzieren, besteht in der Wiederholung der ganzen Untersuchung an einer zweiten Stichprobe. Solche Zweituntersuchungen werden Replikationen genannt. Die einzige Möglichkeit Zufalls- oder Stichprobenfehler vollständig auszuschalten, besteht in der Untersuchung einer ganzen Population (Vollerhebung). Aber das ist fast immer zu aufwändig und zu teuer. Untersuchungen wie die PISA-Studien oder Wahlprognosen könnten so gar nicht bezahlt werden. Deshalb wurden mathematische Verfahren entwickelt, welche das Schließen von Stichproben auf die Population erlauben und es damit ermöglichen, aufgrund von Stichprobenergebnissen für die Population Schlüsse zu ziehen (Schlussfolgerungen = Inferenzen ⇏ Inferenzstatistik).

Zur Schätzung von Zufalls- oder Stichprobenfehlern arbeitet die Statistik mit dem Mittel des Standardfehlers, welcher auf den Regeln der Wahrscheinlichkeitstheorie beruht.

Die Kennwerte oder Hilfsgrößen einer Population werden als Parameter bezeichnet. Sie werden geschätzt durch entsprechende Kennwerte der Stichprobe. Wenn ein Mittelwert einer Population mithilfe eines Mittelwerts einer Stichprobe geschätzt werden soll, dann bewegt sich der Mittelwert der Population innerhalb eines Plus-Minus-Bereichs um den Stichprobenmittelwert herum, weil ja die Stichprobe kaum je vollkommen richtig die Verhältnisse der ganzen Population abbildet. Um einen Populationsparameter (z. B. einen Mittelwert) aufgrund eines Stichprobenkennwerts schätzen zu können, müssen wir uns mit den Eigenschaften der Stichprobenverteilung vertraut machen. Bisher haben wir nur Populationsverteilungen betrachtet.

Beispiel für Parameterschätzung: Anteil der Kinder, die Angst im Dunkeln haben

In diesem Beispiel ist der Anteil der Kinder, die Angst im Dunkeln haben, der Parameter der Population, der uns interessiert. Diese Schätzung (des Anteils der Kinder, die Angst im Dunkeln haben) aufgrund der Stichprobe ist ziemlich sicher nicht exakt gleich dem Anteil (der Kinder, die Angst im Dunkeln haben) in der Population, da es durch das Ziehen der (Zufalls-)Stichprobe zu Ungenauigkeiten kommen kann, den Stichproben- oder Zufallsfehlern. Deshalb bewegt sich der Anteil der im Dunkeln Angst habenden Kinder der Population auf einer Bandbreite um den gemessenen Anteil der im Dunkeln Angst habenden Kinder aus der Stichprobe.

5.2 Das Konzept des Standardfehlers

Das Konzept des Standardfehlers stellt einen eigentlichen Kern der Statistik dar. Wer den Standardfehler verstanden hat, kann die Bedeutung des Begriffs *„signifikant“* ermessen. Fast immer dann, wenn in Zeitungen und anderen Schriften davon gesprochen wird, dass zwei oder mehr Mittelwerte sich unterscheiden oder dass zwischen zwei oder mehr Variablen ein Zusammenhang bestehe, dann steht dahinter der Begriff der Signifikanz. Deshalb wird diesem Aspekt besondere Aufmerksamkeit gewidmet.

5.2.1 Vertrauen auf den ersten Wurf

Ein wesentliches Ziel einer Untersuchung ist die „Echtheit“ oder eben Signifikanz (Bedeutsamkeit) eines Unterschiedes oder Zusammenhangs. Daraus lässt sich ableiten, ob Hypothesen falsifiziert (widerlegt) oder verifiziert (aufrechterhalten) werden können. Wir können natürlich in unserer Untersuchung Fehler gemacht haben (z. B. Stichproben- oder Messverzerrungen). Diese gilt es möglichst zu vermeiden. Ein nicht vermeidbarer Fehler ist der Standardfehler. Das liegt an der Statistik: Wir können trotz Vermeidung von Stichproben- und Messverzerrung eine abnormal (untypisch) verteilte Stichprobe erwischt haben. Wir haben gewissermaßen aus reinem Zufall Pech oder Glück gehabt. Dieser mathematische Zufall ist vergleichbar mit einem Spiel mit fünf Würfeln, bei welchem jemand gleich beim ersten Mal fünf Sechser geworfen hat. Auch das kommt vor, ist aber nicht typisch. Wegen dieser Art von Fehler können wir jeweils auch nur mit einer gewissen Wahrscheinlichkeit davon ausgehen, dass ein Ergebnis „wahr“ ist (mit 95 %iger Sicherheit, mit 99 %iger Sicherheit etc.). In der Regel wird nur eine Stichprobe gezogen, weil sonst der zeitliche und finanzielle Aufwand zu groß wäre. Somit kann das Arbeiten mit einer (einzigen) Stichprobe als eine Art Vertrauen auf den „ersten Wurf“ angesehen werden.

Das Ziehen einer einzigen Stichprobe ist deshalb dasselbe, wie wenn Sie nur einmal würfeln (beim Beispiel mit den fünf Würfeln) und die Zusammensetzung des ersten Wurfs als typisch für das Würfeln mit fünf Würfeln im Allgemeinen bezeichnen. Damit misst der Standardfehler, wie weit das Ergebnis einer Stichprobe als eine Art „erster Wurf“ verallgemeinert werden kann.

5.2.2 Begründung des Standardfehlers

Zur Berechnung des Stichprobenfehlers muss vorher der Standardfehler berechnet werden. Der Standardfehler bezeichnet für Stichprobenkennwerte eine durchschnittliche Abweichung von den Populationsparametern. Der Standardfehler wird mit einer Formel berechnet (vergleiche die nachfolgenden Kapitel). Um verstehen zu können, was der Standardfehler eigentlich ist, wird zunächst eine anschauliche Einführung gegeben.

Beispiel zum Standardfehler

Nehmen wir an, wir hätten bei den Kindern des Schulhauses Dorf die Intelligenz untersucht (vgl. Tab. 3) und herausgefunden, dass diese Klasse im Durchschnitt einen IQ von 109 Punkten aufweist. Nehmen wir weiter an, der Mittelwert der Population (alle Schulkinder der dritten Klasse der Schweiz) betrage 100 IQ-Punkte. Nun interessiert uns, ob sich das Ergebnis unserer 20 Kinder signifikant von jenem der Population unterscheidet, ob wir also wirklich eine außergewöhnlich intelligente Klasse vor uns haben.
Alle sonstigen Fehler werden vermieden: Die Berufe der Eltern der Kinder, die Geburtstage und das Geschlecht der Kinder sind etwa so verteilt wie bei allen Schulkindern der 3. Klasse der Schweiz (Vermeidung von Stichprobenverzerrungen). Der Test wurde zu einem Zeitpunkt durchgeführt, in welchem die Kinder zu einer durchschnittlichen Konzentration fähig waren (Vermeidung von Messverzerrungen). Um den statistisch bedingten Standardfehler herauszufinden, tun wir so, als ob wir unsere Untersuchung mit 100 Stichproben (zu 20 Kindern) durchführen würden, z. B. in 100 verschiedenen 3. Klassen über die ganze Schweiz verteilt. Wir wollen also gewissermaßen sehen, was herauskommt, wenn wir nicht nur einmal „würfeln“, denn der erste Wurf könnte ja ein Glückstreffer gewesen sein, der rein zufällig nicht typisch ist für die Population.
Wir erhalten also 100 Mittelwerte. Zur Erinnerung: Die Verteilung von Mittelwerten nähert sich mit zunehmender Anzahl von Werten der Normalverteilung an. Deshalb sind unsere (fiktiven) 100 Mittelwerte normalverteilt.
Nun lassen sich einzelne Mittelwerte einer Stichprobe mit dem Mittelwert der Population vergleichen. Dann kann bestimmt werden, ob unser Ergebnis (wonach die 3. Klasse von Schulhaus Dorf intelligenter ist als der Durchschnitt aller 3. Klassen der Schweiz) signifikant ist oder nicht (d. h., dass es sich um einen zufälligen Unterschied handelt), und auf welchem Signifikanz-Niveau sich unsere Behauptung bewegt.

Signifikant ist ein Ergebnis dann, wenn die Irrtumswahrscheinlichkeit klein genug ist. Diese beträgt in den Sozialwissenschaften meist 5 %. Mit Hilfe der Standardnormalverteilung können wir nun feststellen, welche Mittelwerte (unserer 100 Stichproben) zu den extremsten 5 % gehören. Denn erst dann, wenn ein Mittelwert zu diesen extremsten 5 % gehört, sprechen wir von einem echten Unterschied, weil die Wahrscheinlichkeit, dass durch reinen Zufall eine eigentlich normale Stichprobe so sehr vom Mittelwert abweicht, nur 5 % beträgt. Diese Wahrscheinlichkeit beträgt 5 %, weil ja nur 5 von 100 Stichproben so stark abweichen.

Mithilfe des Standardfehlers kann nun der kritische Wert bestimmt werden, bei welchem diese 5 % beginnen. Das heisst: Bei welchem Wert wird ein Unterschied zu einem „wahren“ Unterschied. Der Standardfehler ist das Äquivalent zur Standardabweichung. Er ist somit das Streumaß für Mittelwertsverteilungen. Damit hat er für die Verteilung der Mittelwerte der Stichproben genau die gleiche Bedeutung wie die Standardabweichung für die Populationsverteilung: Innerhalb von +/- einem Standardfehler liegen 68,26 % aller Stichprobenmittelwerte (vgl. Kp. 4.3.4 zur Standardnormalverteilung). Die 5 % der extremsten Werte (also die „wahren" Unterschiede bzw. die Unterschiede, die mit einer Irrtumswahrscheinlichkeit von 5 % wahr sind) liegen innerhalb der Normalverteilung bei den 2,5 % tiefsten und den 2,5 % höchsten Werten. Wie schon bei der Normalverteilung von Einzelwerten, so wird auch bei der Verteilung von Mittelwerten mithilfe der z-Wert-Tabelle (s. Tab. 1 im Anhang) bestimmt, um wie viele Standardfehler ein Wert vom Mittelwert entfernt sein muss, um zu diesen 5 % extremsten Werten zu gehören. Dabei entspricht der z-Wert von 1 einem Standardfehler (z = 1SF). Wenn Sie nun in der z-Wert-Tabelle nachschauen (bei 47,5 %), dann sind das die Werte, die nach oben und nach unten mehr als 1,96 Standardfehler von der Mitte abweichen. Weil der Standardfehler (für die Stichprobengröße von n = 20) für den IQ bei einer Stichprobe von 20 Kindern 3,36 IQ-Punkte beträgt, können sie 1,96 · 3,36 IQ-Punkte rechnen[3] (= 6,59 IQ-Punkte) und wissen nun, dass Werte über 106,59 und Werte unter 93,41 IQ-Punkten bei Stichproben von 20 Kindern signifikant, also statistisch bedeutsam, vom Durchschnitt abweichen und damit einen Unterschied zur Population aufweisen, der nicht mehr zufällig ist. Wir können nun also folgern, dass mit einer Irrtumswahrscheinlichkeit von 5 % die Kinder der von uns untersuchten Klasse eine andere Intelligenz aufweisen als der Durchschnitt der Population.

In Abb. 19 auf S. 110 wird dieser Zusammenhang veranschaulicht. Unterhalb der großen Kurve sind Beispiele für die Verteilungen von einzelnen Stichproben (hier die Verteilung des IQs innerhalb von Klassen mit 20 Kindern). Die große Normalverteilungskurve zeigt die Verteilung der Mittelwerte aller dieser Schulklassen. Auf der x-Achse sind die IQ-Werte und auf der y-Achse die Anzahl Klassen mit dem entsprechenden Mittelwert abgebildet. Die 5 % der extremsten Werte teilen sich auf in die 2,5 % tiefsten und die 2,5 % höchsten Werte. Sie sind im oberen Bereich (die 2,5 % höchsten Werte) gekennzeichnet. Der Pfeil liegt etwas unter der Grenze von +2 SF (plus zwei Standardfehlern), weil die 2,5 % höchsten aller Werte der Standardnormalverteilung oberhalb von 1,96 Standardfehlern liegen (vgl. Anhang, Tabelle 1).

In den nachfolgenden Kapiteln werden diese Zusammenhänge mit den zugehörigen mathematischen Grundlagen nochmals Schritt für Schritt erläutert.

[3] Das Berechnen wird erst später eingeführt. Hier geht es zunächst nur um das anschauliche Verständnis.

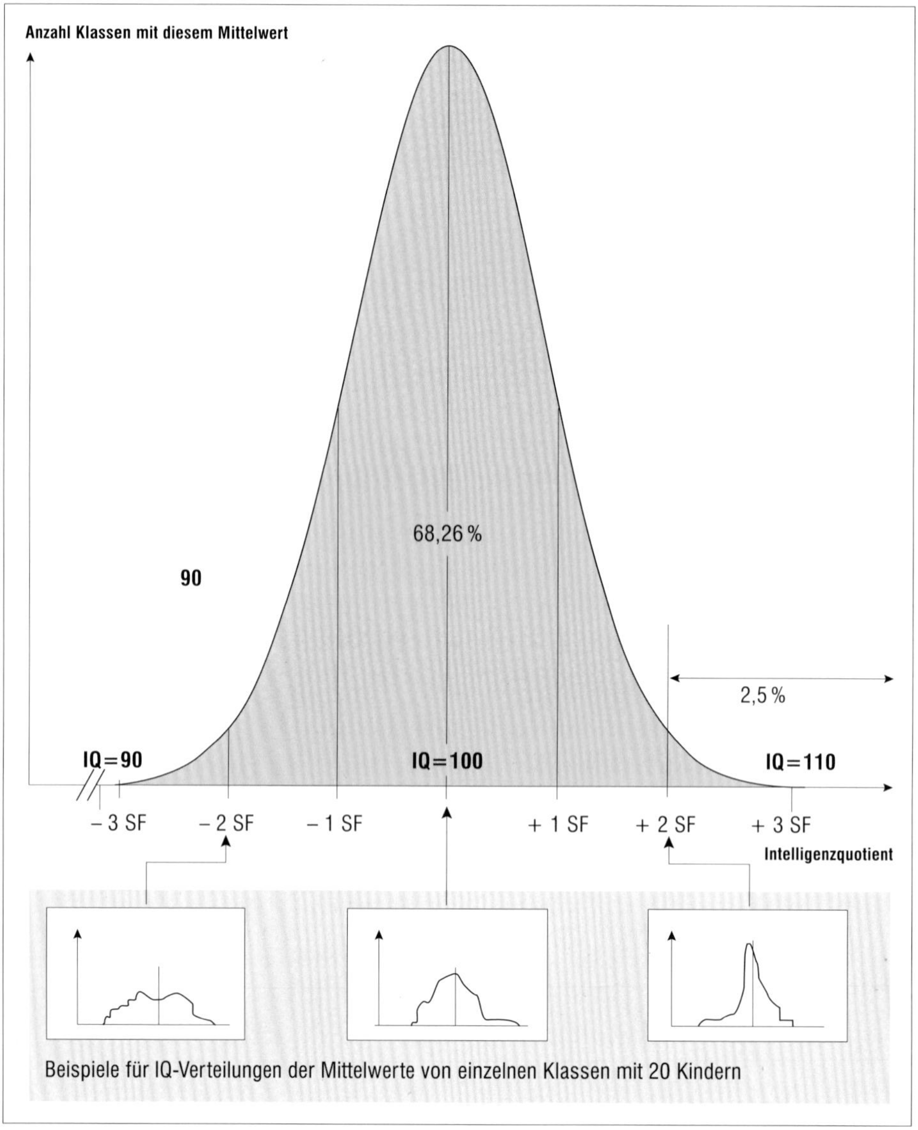

Abb. 19: Verteilung der Mittelwerte bei Stichproben von n = 20 (MW = 100; SF = 3,36)

5.2.3 Stichprobenverteilung der Mittelwerte

In diesem und dem nachfolgenden Unterkapitel wird das Thema des vorigen Unterkapitels mit den mathematischen Berechnungen erläutert. Es lohnt sich, diese Kapitel untereinander zu vergleichen, um das Prinzip möglichst gut zu durchdringen.

Stellen Sie sich vor, Sie ziehen unendlich viele Stichproben (eine nach der anderen) aus einer Population von n = 100. Die Größe der Stichprobe sei n = 20 (die Kinder unseres Schulhauses Dorf). Nehmen wir weiter an, unser Dorf gehöre zu einer Region aus drei Dörfern. Die Kinder dieser Region seien die Population. Um den IQ der 100 Drittklässlerinnen und Drittklässler aus X-Dorf, Y-Dorf und Z-Dorf zu erheben, werden unendlich oft Stichproben von genau 20 Personen aus der Gesamtheit gezogen. Stellen Sie sich dabei die Population als einen großen Topf vor, in dem alle Menschen (hier: alle Drittklässlerinnen und Drittklässler der drei Dörfer) mit ihrem IQ liegen. Sie nehmen unendlich oft genau 20 Personen heraus, ermitteln und notieren den durchschnittlichen IQ-Wert der jeweiligen 20er-Gruppe und legen sie dann zurück in den Topf. Nach diesen unendlich vielen Stichprobenziehungen kann dargestellt werden, wie oft ein bestimmter IQ-Mittelwert gezogen wurde. So entsteht die so genannte Stichprobenverteilung der Mittelwerte. Wenn diese Verteilung der Mittelwerte bekannt ist, können Rückschlüsse hinsichtlich der Frage gezogen werden, wie stark der Mittelwert einer bestimmten Stichprobe vom Populationsmittelwert abweicht. Das vermittelt ein Bild darüber, welche zufälligen Abweichungen (Stichprobenfehler) möglich sind. Dieses Vorgehen hilft, mit dieser Unsicherheit umzugehen.

Beispiel für eine Stichprobenverteilung für n = 4

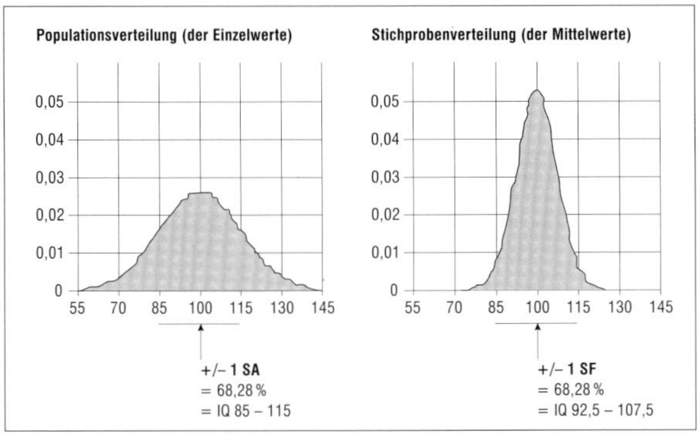

Die Verteilung links ist die Populationsverteilung.

Die Verteilung rechts zeigt die Stichprobenverteilung der Mittelwerte bei Ziehen von Stichproben der Größe n = 4.

Abb. 20: Populationsverteilung (links), Stichprobenverteilung (rechts)

Die Abbildung zeigt, dass die Stichprobenverteilung der Mittelwerte den gleichen Mittelwert aufweist wie die Populationsverteilung der Einzelwerte, allerdings eine andere (stets geringere) Streuung. Dabei gilt die Regel: Je größer eine Stichprobe, desto geringer fällt die Streuung (der Standardfehler SF) in der Stichprobenverteilung der Mittelwerte aus.
Dies zeigt sich in den Beispielen oben sehr schön: Bei n = 20 ist der SF = 3,36, bei n = 4 beträgt er SF = 7,5.

5.2.4 Standardfehler der Mittelwerte

Die Verteilung der Stichprobenmittelwerte ist immer noch eine Normalverteilung. Allerdings ist sie nicht mehr gleich der Populationsverteilung und auch nicht mehr gleich der Stichprobenverteilung der Einzelwerte (siehe Abb. 14).

Anmerkung: Mittelwerte sind bei genügend großem n immer normalverteilt; Mittelwerte, deren Werte aus einer Normalverteilung stammen, wie dies beim IQ der Fall ist, sind ohnedies immer normalverteilt.

Das Maß für die Streuung der Population wird also durch die Standardabweichung (SA) ausgedrückt. Das Maß für die Streuung der Stichprobenverteilung ist der Standardfehler der Mittelwerte (SF). Die Formel dafür lautet:

$$SF_{MW} = \sqrt{\frac{VAR_{Pop}}{n}} = \sqrt{\frac{SA^2_{Pop}}{n}} = \frac{SA_{Pop}}{\sqrt{n}} \qquad \text{Oder einfacher:} \quad SF_{MW} = \frac{SA_{Pop}}{\sqrt{n}}$$

Diese Formel bedeutet: Der Standardfehler der Mittelwerte (SF_{MW}) ist gleich der Quadratwurzel aus der quadrierten Standardabweichung (= Varianz) der Population, geteilt durch die Stichprobengröße (n).

Die Streuung der Stichprobenverteilung der Mittelwerte wird also kleiner, je größer die Stichproben werden, aus denen der Mittelwert berechnet wird.

Beispiel für den Zusammenhang von Standardfehler und Population – Teil I

Angenommen, eine 4. Klasse hat in einem standardisierten Lesetest im Durchschnitt 43 Punkte erzielt. Für die Population (alle Kinder der 4. Klassen im deutschen Sprachraum) wurde ein Mittelwert von 39 Punkten bei einer Standardabweichung von 9 Punkten ermittelt. Die Klasse ist in Bezug auf Geschlecht und sozialer Herkunft ziemlich normalverteilt und geschichtet.

Die Frage lautet nun, ob die Klasse im Lesen signifikant oder nur zufällig besser ist als die Population. Dazu wird als erstes der Standardfehler errechnet. Zur Veranschaulichung der Folgen der Formel zur Berechung des Standardfehlers gehen wir von drei Varianten aus:

Variante A: Die Klasse hat 10 Kinder.
Variante B: Die Klasse hat 25 Kinder.
Variante C: Die Klasse hat 50 Kinder.

Standardfehler für Variante A: $\frac{9}{\sqrt{10}} = 2{,}85$

Standardfehler für Variante B: $\frac{9}{\sqrt{25}} = 1{,}8$

Standardfehler für Variante C: $\frac{9}{\sqrt{50}} = 1{,}27$

An diesem Beispiel wird sehr schön sichtbar: Je größer die Stichprobe, desto kleiner der Standardfehler. Diese beiden Variablen verhalten sich zueinander umgekehrt proportional.

Ganz allgemein hängt die **Form der Stichprobenverteilung** von mehreren Dingen ab:

- Von der *Verteilung des Merkmals* in der Population: Wenn das Merkmal in der Population normalverteilt ist, verteilen sich die Mittelwerte einer unendlichen Anzahl von Stichproben ebenfalls normal. Wie verhält es sich aber mit den Mittelwerten eines Merkmals, das in der Population nicht normalverteilt ist? Darauf gibt der zentrale Grenzwertsatz eine Antwort: Mittelwerte von Stichproben, die aus einer beliebigen Verteilung gezogen wurden, nähern sich mit wachsender Stichprobengröße der Normalverteilung an. Dies ist eine sehr wichtige Eigenschaft von Mittelwerten. Wie groß die Stichprobengröße sein muss, um eine gute Annäherung an die Normalverteilung zu erzielen, hängt davon ab, wie sehr sich die Populationsverteilung von der Normalverteilung unterscheidet. Je mehr ein Merkmal in einer Population rechts- oder linksschief verteilt ist, desto größer muss die Stichprobengröße sein, damit deren Mittelwerte sich einer Normalverteilung nähern.
- Von der *Größe der gewählten Stichproben*: Je größer die Stichprobe, umso geringer der Zufallsfehler. Diese Aussage ist die Zusammenfassung des sogenannten „Gesetzes der großen Zahl".

5.2.5 Merksätze zum Standardfehler

- Der Stichprobenfehler des Mittelwertes ist die Standardabweichung aller Mittelwerte von gleich großen Zufallsstichproben einer Population.
- Der Standardfehler des Mittelwertes verringert sich mit zunehmendem Stichprobenumfang.

- Jede Stichprobe (die wir einer Population entnehmen) hat die Tendenz, zufällig und nicht systematisch von der Population abzuweichen.
- Diese zufälligen Abweichungen zwischen einer Stichprobe und der Population sind umso geringer, je größer die Stichproben sind, die wir verwenden.
- Standardfehler gibt es nur, wenn mit Stichproben statistisch gearbeitet wird.
- Wenn wir die Grundgesamtheit (Population) untersuchen, gibt es keinen Standardfehler.
- Der Standardfehler ist das Streumaß für die Mittelwertsverteilung.
- Innerhalb von +/– einem Standardfehler liegen 68,26 % aller Stichprobenmittelwerte.
- Die Stichprobenverteilung aller Mittelwerte hat den gleichen Mittelwert wie die Populationsverteilung der Einzelwerte.
- Die Stichprobenverteilung aller Mittelwerte hat stets eine kleinere Streuung als die Populationsverteilung der Einzelwerte.
- Mittelwerte sind bei genügend großem n immer normalverteilt.
- Je mehr ein Merkmal in einer Population rechts- oder linksschief verteilt ist, desto größer muss die Stichprobengröße sein, damit deren Mittelwerte sich einer Normalverteilung nähern (zentraler Grenzwertsatz).
- Je größer die Stichprobe ist, umso geringer fällt der Zufallsfehler (Standardfehler) aus (Gesetz der großen Zahl).

5.3 Vergleich: Stichprobe – Population

Nun stellt sich die Frage: Wozu brauchen wir die Stichprobenverteilung eigentlich? Die Stichprobenverteilung dient als Grundlage, auf der beurteilt werden kann, ob der Unterschied zwischen einer Maßzahl der Stichprobe (wir betrachten nur den Mittelwert) und der entsprechenden Maßzahl der Population (wahrer Mittelwert in der Population) zufällig zustande gekommen ist, oder ob tatsächlich ein Unterschied vorliegt. Wenn ein Lehrer in einem landesweiten Test mit seiner vierten Klasse schlechter abgeschnitten hat als der Durchschnitt, dann könnte es für ihn wichtig sein zu erfahren, ob der Unterschied zwischen seiner Klasse und dem Durchschnitt zufällig ist oder nicht. Diese Vermutung (Hypothese) ist nun zu testen.

5.3.1 Nullhypothese und Forschungshypothese

Damit solche Vermutungen geprüft werden können, formulieren wir zunächst eine **Nullhypothese**, die besagt, dass der Unterschied zwischen Stichprobenkennwerten und Populationsparametern zufällig zustande gekommen ist, die beiden also eigentlich gleich sind. Und wir brauchen eine **Forschungs- oder Alternativhypothese** mit der Aussage, die uns interessiert: Der Mittelwert der Stichprobe unterscheidet sich von dem der Population.

In unserem Beispiel sagt die Forschungshypothese: Der Unterschied zwischen unserer Stichprobe und der Population ist nicht zufällig zustande gekommen, *unsere Klasse ist im Durchschnitt intelligenter als die Altersbezugsgruppe.*

Das ist eine *einseitige Fragestellung,* die darauf abzielt zu testen, dass die Klasse intelligenter ist. Die Fragestellung wird deshalb als einseitig bezeichnet, weil sie nur nach Unterschieden auf der einen Seite (hier der positiven) des Mittelwertes fragt. Wir hätten auch nur die Aussage testen können, dass der Durchschnitt in Wirklichkeit nicht 100 IQ-Punkten entspricht, sondern der Durchschnitt irgendeinen anderen Wert annimmt, der potenziell auch geringer sein könnte. Das wäre dann eine *zweiseitige Fragestellung,* weil hier danach gefragt wird, ob es überhaupt Unterschiede gibt (im negativen oder im positiven Bereich).

Beispiel für den Zusammenhang von Standardfehler und Population – Teil II

Für das Lesetest-Ergebnis der 4. Klasse (vgl. Beispiel S. 112 f.) gilt immer noch: $MW_{Sp} = 43$ Punkte;
Für die Varianten A–C gelten die Stichprobengrößen von $n_{SpA} = 10$; $n_{SpB} = 25$; $n_{SpC} = 50$
$MW_{Pop} = 39$ Punkte; $SA_{Pop} = 9$ Punkte

Damit beträgt der Unterschied zwischen dem Mittelwert der Klasse (MW_{Sp}) und dem der Population (MW_{Pop}) 4 Punkte. Ist dieser Unterschied nun eher zufällig oder handelt es sich dabei um eine besonders leistungsfähige Grundschulklasse?
Die Nullhypothese besagt: Der Unterschied zwischen dieser vierten Grundschulklasse (der Stichprobe) und den restlichen vierten Grundschulklassen im deutschen Sprachraum (der Population) ist rein zufällig zustande gekommen.

Für die Entscheidung, ob die Null- oder Forschungshypothese richtig ist, muss ein Grenzwert oder kritischer Wert festgelegt werden. Dieser kritische Wert besagt, wie groß der Unterschied zwischen dem Stichprobenmittelwert und dem Populationsmittelwert sein muss, um mit hinreichender Sicherheit sagen zu können, dass der Unterschied nicht nur durch Zufall zustande gekommen ist. Der gesuchte kritische Wert wird mit Hilfe der Eigenschaften der Standardnormalverteilung ermittelt.

5.3.2 Das Signifikanzniveau

Was nun meint die Umschreibung „mit hinreichender Sicherheit"? Eine Konvention in den Sozialwissenschaften sieht die 95 %ige Wahrscheinlichkeit als ausreichend große Sicherheit an. Diese 95 % „Sicherheit" wird meist als Irrtumswahrscheinlichkeit von 5 % ($p = 0{,}05$)[4] angegeben.

[4] p steht für probability (engl. für Wahrscheinlichkeit)

Dabei haben sich folgende Signifikanzbezeichnungen eingebürgert:

signifikant:	p = 0,05 (Irrtumswahrscheinlichkeit von ≤ 5 %; Kennzeichnung des Ergebnisses mit *)
sehr signifikant:	p = 0,01 (Irrtumswahrscheinlichkeit von ≤ 1 %; Kennzeichnung des Ergebnisses mit **)
hochsignifikant:	p = 0,001 (Irrtumswahrscheinlichkeit von ≤ 0,1 %; Kennzeichnung des Ergebnisses mit ***)

Es werden also in nur 5 % aller Fälle Unterschiede als überzufällig anerkannt. Dahinter steht einerseits die Erkenntnis, dass eine hundertprozentige Sicherheit eigentlich nicht zu haben ist, andererseits aber auch die Tatsache, dass mit zunehmender Sicherheit auch die Wahrscheinlichkeit wächst, tatsächliche Unterschiede nur aufgrund der zu großen Sicherheitsnormen nicht als solche zu erkennen. Deshalb haben sich Statistik-Expertinnen und -Experten darauf geeinigt, eine fünfprozentige Irrtumswahrscheinlichkeit als kritischen Wert für die Signifikanz der meisten Unterschiede (oder Zusammenhänge) zu akzeptieren. In der Medizin, wenn es beispielsweise um die Untersuchung der Wirkung eines neuen Medikaments geht, werden oft strengere Maßstäbe angelegt. Es reicht hier in verschiedenen Fällen nicht, mit einer Irrtumswahrscheinlichkeit von 5 % zu arbeiten. So müssen beispielsweise einige Nebenwirkungen manchmal eine geringere Auftretenswahrscheinlichkeit als 5 % aufweisen. Dafür wird dann ein p von 1 % oder von 0,1 % gewählt. Diese Prozentangaben werden auch als Signifikanzniveaus bzw. Irrtumswahrscheinlichkeiten bezeichnet.

Signifikant heisst bedeutsam und meint, dass ein Ergebnis mit einer bestimmten (hohen) Wahrscheinlichkeit nicht zufällig zustande gekommen ist.

5.3.3 Der Ablehnungsbereich

Der Ablehnungsbereich ist der Bereich, bei welchem die Nullhypothese abzulehnen ist, sobald sich ein Stichprobenmittelwert darin befindet. Dazu betrachten wir unsere Forschungshypothese etwas genauer. Es gibt prinzipiell zwei Möglichkeiten zur Formulierung von Forschungshypothesen. Diese sind abhängig davon, wie wir, aufgrund theoretischer Annahmen, vermuten, in welcher Richtung der Unterschied besteht. Entweder, wir lassen die Richtung des Unterschiedes offen: Wir sagen nur, dass es einen Unterschied gibt, sagen aber nichts darüber, ob der Populationsmittelwert größer oder kleiner als der Stichprobenmittelwert ist. Eine Unterschiedsvermutung mit unbekannter Richtung wird als **zweiseitige (ungerichtete) Forschungshypothese** bezeichnet. Oder wir haben eine Idee, in welche Richtung der Unterschied geht: Also ob der Populationsmittelwert kleiner oder größer als der Stichprobenmittelwert ist. Eine Unterschiedsvermutung mit bekannter Richtung wird als **einseitige (gerichtete) Forschungshypothese** bezeichnet.

Der **Ablehnungsbereich** ist zunächst einfach der Bereich, in welchem die Nullhypothese abgelehnt (verworfen) wird. Forschung kann nicht wirklich bestätigen: Forschung prüft nur, ob eine Vermutung (eines Unterschiedes oder Zusammenhangs) nicht zutrifft. Deshalb ist die Nullhypothese diejenige, die wir mit einer möglichst kleinen Irrtumswahrscheinlichkeit ablehnen können. Die dabei stets vorhandene Irrtumswahrscheinlichkeit – eine Art verbleibendes Restrisiko – soll uns daran erinnern, dass es in der Forschung keine absolute Gewissheit oder Sicherheit gibt.

Um den Ablehnungsbereich statistisch zu definieren, bedienen wir uns der Standardnormalverteilung. Wie schon bei der Verteilung von Einzelwerten gilt, dass z-Werte normal verteilt sind, mit Mittelwert 0 und Standardabweichung oder Standardfehler 1. Ebenso gilt, dass zwischen z = 1 und z = –1 ca. 68 % aller Werte liegen. Von welchem Punkt an liegt nun ein Unterschied mit einer Irrtumswahrscheinlichkeit von 5 % vor? Zur Beantwortung dieser Frage sind die beiden z-Werte zu bestimmen, zwischen denen genau 95 % aller Werte liegen. Wenn Sie diese in der z-Wert-Tabelle (vgl. Anhang, Tab. 1) nachschauen, werden Sie feststellen, dass bei z = –1,96 und z = 1,96 diese Forderung erfüllt ist. Dies ist so, weil 47,5 % aller Mittelwerte zwischen 0 und –1,96 Standardfehlern liegen, und die anderen 47,5 % zwischen 0 und +1,96 Standardfehlern. Liegen die Werte außerhalb dieser +/–1,96 Standardfehler, dann gehören sie zu den 5 % der extremen Werte. Die Wahrscheinlichkeit, dass diese zufällig vom Populationsmittelwert abweichen, beträgt nur noch 5 % (= Irrtumswahrscheinlichkeit für signifikante Ergebnisse). Alle Werte, die über diese Grenze hinausgehen, liegen im Ablehnungsbereich: Liegt der zu prüfende Mittelwert in diesem Bereich, dann wird die Nullhypothese, wonach die Unterschiede zwischen dem Mittelwert der Stichprobe und dem Mittelwert der Population zufällig ist, abgelehnt. Deshalb der Begriff Ablehnungsbereich. Werte in diesem Bereich sind **extreme Werte**, die darauf hindeuten, dass die Abweichung vom Mittelwert bedeutsam (signifikant) ist.

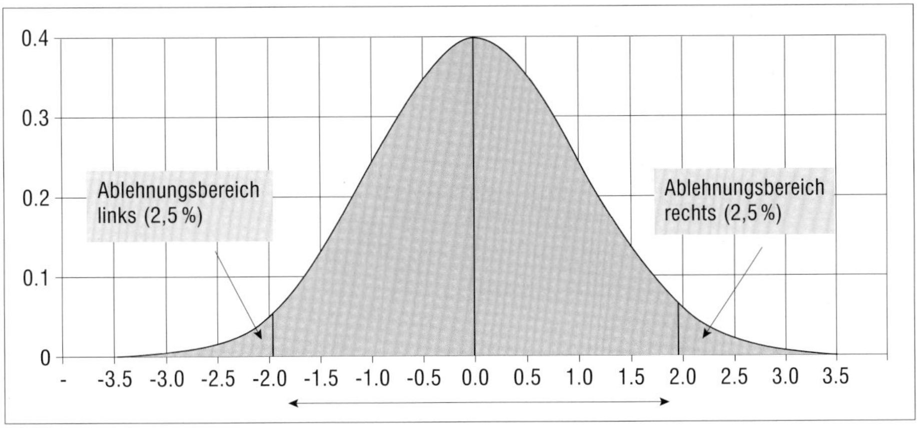

Abb. 21: Ablehnungsbereiche bei beidseitiger Hypothesenprüfung

Bei einseitiger Formulierung der Forschungshypothese (rechts- oder linksseitig) ist der Ablehnungsbereich ebenfalls einseitig. Wenn wir z. B. nur wissen wollen, ob die Kinder unserer Stichprobe einer Schule intelligenter sind als die Population, dann schauen wir nur rechts des Mittelwertes.

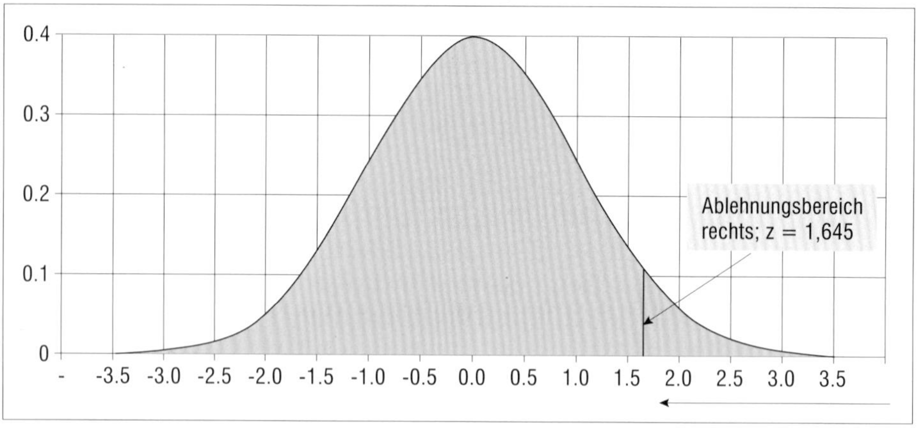

Abb. 22: Ablehnungsbereich bei einseitiger Hypothesenprüfung (hier: rechts)

In diesem Fall liegen auch die 5 % Irrtumswahrscheinlichkeit nur auf dieser Seite. Deshalb suchen wir auf der z-Wert-Tabelle den z-Wert für die Fläche von 45 %, welcher 1,645 beträgt. Bei einer einseitig (rechtsseitig) formulierten Forschungshypothese liegt der Ablehnungsbereich der Nullhypothese (bzw. der „Annahmebereich" der Forschungshypothese) also 1,645 Standardfehler über dem Mittelwert. Prüfen Sie diese Behauptung mithilfe der Normalverteilungstabelle. Wo beginnt der Ablehnungsbereich bei linksseitiger Forschungshypothese? Zu beachten ist, dass das Urteil über Ablehnung bzw. Annahme immer für die Nullhypothese gefällt wird, dass die Richtung allerdings immer durch die Forschungshypothese festgelegt ist.

5.3.4 Testen der Nullhypothese

Um zu prüfen, ob sich ein Mittelwert innerhalb oder außerhalb des Ablehnungsbereichs befindet, müssen wir mit der Verteilung von Mittelwerten arbeiten. Die Streuung dieser Verteilung wird als Standardfehler bezeichnet (vgl. weiter oben). Für das Testen der Nullhypothese wenden wir die z-Werte auf den Standardfehler an:

$$z = \frac{\text{Mittelwert}_{SP} - \text{Mittelwert}_{Pop}}{\text{Standardfehler}_{\text{der Mittelwerte}}} = \frac{MW_{SP} - MW_{Pop}}{SF_{MW}}$$

Das heißt in Worten: Der z-Wert berechnet sich aus dem Mittelwert der Stichprobe minus dem Mittelwert der Population, geteilt durch den Standardfehler der Mittelwerte.

Liegt der z-Wert nicht im Ablehnungsbereich, so wird die Nullhypothese angenommen: Es gibt keinen Unterschied bzw. der Unterschied ist nur zufällig. Liegt er darüber, dann wird sie abgelehnt (deshalb „Ablehnungsbereich"). Für die Annahme der Forschungshypothese muss der z-Wert für den Mittelwert größer als z = 95 % sein.

Beispiel für das Vorgehen zum Testen der Nullhypothese

Wir wollen wissen, ob die Intelligenz einer Stichprobe von 15-Jährigen des Gymnasiums von X-Dorf (der Mittelwert des IQ beträgt $MW_{Sp} = 109$ Punkte) signifikant verschieden ist vom Mittelwert der Population ($MW_{Pop} = 100$ Punkte; $SA_{Pop} = 15$ Punkte). Das Gymnasium von X-Dorf wird von zwanzig 15-Jährigen besucht (n = 20).
Folgende Schritte führen zur Antwort:

1. Formulierung der Hypothesen:
Die Nullhypothese sagt: Der Mittelwert unserer Stichprobe ist gleich dem Mittelwert der Population (nicht signifikant verschieden).
Die Forschungshypothese sagt: Der Mittelwert unserer Stichprobe ist ungleich dem Mittelwert der Population (beidseitige Hypothese). Das heißt: Die 15-Jährigen des Gymnasiums von X-Dorf haben im Durchschnitt eine andere Intelligenz als der Durchschnitt der Bezugspopulation.
Oder: Der Mittelwert unserer Stichprobe ist größer als der Mittelwert der Population (einseitige, rechtsseitige Hypothese). Das heisst: Die 15-Jährigen des Gymnasiums von X-Dorf sind intelligenter als die Gleichaltrigen.

2. Bestimmung des Ablehnungsbereichs:
Der Ablehnungsbereich wird in z-Werten aufgrund der Forschungshypothese ermittelt. Bei beidseitiger Forschungshypothese liegt dieser für p = 0,05 bei
z = –1,96 und kleiner und bei z = +1,96 und größer.
Bei rechtsseitiger Forschungshypothese liegt der Ablehnungsbereich für p = 0,05 bei z = +1,645 und größer.

3. Transformation des Mittelwerts der Stichprobe in einen z-Wert:
Mit dem Stichprobenmittelwert (hier der IQ von 109), dem Populationsmittelwert, dem Standardfehler und der Stichprobengröße wird ein maßspezifischer Ablehnungsbereich ermittelt (das Maß hier ist der IQ). Nun hat die Stichprobenverteilung der Mittelwerte den Standardfehler von:

$$SF_{MW} = \frac{SA_{Pop}}{\sqrt{n}} = \frac{15}{\sqrt{20}} = 3{,}35$$

▼

Das n_{Sp} beträgt 20 (Kinder). Die Standardabweichung der Population für diesen IQ ist bekannt und beträgt 15 Punkte. Das ist bei der Standardisierung zu berücksichtigen. Die Berechnung des z-Werts (vgl. Formel S. 88) für den Stichprobenmittelwert von IQ = 109 kann nun erfolgen:

$$z = \frac{(109-100)}{3{,}35} = 2{,}68$$

4. Vergleich des z-Werts mit dem Ablehnungsbereich:
Der z-Wert von 2,68 liegt im kritischen Bereich (–1,96 und kleiner; +1,96 und größer), weil er größer als 1,96 ist, also größer als der obere Teil (2,5 %) des gesamten Ablehnungsbereichs von 5 %. Daher wird die Nullhypothese abgelehnt und die Forschungshypothese angenommen: Die 15-Jährigen aus dem Gymnasium von X-Dorf haben im Durchschnitt eine andere Intelligenz als der Durchschnitt der Bezugspopulation.
Diese Rechnung geht auch umgekehrt, indem der kritische Bereich in IQ-Werte übersetzt wird:

Untere Grenze = $\text{Mittelwert}_{Pop} - (z_{2,5\%} \cdot \text{Standardfehler}) = 100 - (1{,}96 \cdot 3{,}35) = 93{,}43$
Obere Grenze = $\text{Mittelwert}_{Pop} + (z_{97,5\%} \cdot \text{Standardfehler}) = 100 + (1{,}96 \cdot 3{,}35) = 106{,}57$

$\not\Rightarrow$ Der mittlere IQ von 109 der 15-jährigen des Gymnasiums aus X-Dorf liegt im kritischen Bereich (größer als die obere Grenze), weshalb die Nullhypothese abgelehnt wird: Der Mittelwert der Stichprobe ***unterscheidet sich signifikant*** vom Mittelwert der Population.
Beim einseitigen Test (der Mittelwert der Stichprobe ist größer als derjenige der Population) muss der z-Wert größer als 1,645 sein. Da er mit 2,68 deutlich darüber liegt, lautet die Antwort: Die 15-Jährigen des Gymnasiums aus X-Dorf sind im Durchschnitt intelligenter als der Durchschnitt der Bezugspopulation.
Auch diese Rechnung geht umgekehrt, indem der kritische Bereich in IQ-Werte übersetzt wird:

Obere Grenze = $\text{Mittelwert}_{Pop} + z_{95\%} \cdot \text{Standardfehler} = 100 + (1{,}645 \cdot 3{,}35) = 105{,}52$

$\not\Rightarrow$ Der mittlere IQ von 109 der Klasse der Schule Dorf liegt innerhalb des kritischen Bereichs (größer als die obere Grenze), weshalb die Nullhypothese abgelehnt wird: MW_{Sp} ist ***signifikant höher*** als der Mittelwert der Population.

Übung: Beantworten Sie die Frage für einen IQ-Mittelwert von 110 aus einer Stichprobe von 100 Grundschülern.
Lösung: z = 6,67; ja, die Grundschüler aus unserer – sehr großen – Stichprobe sind im Durchschnitt intelligenter als der Durchschnitt der Gesamtbevölkerung.

Beispiel für den Zusammenhang von Standardfehler und Population – Teil III

Nun kann diese Aufgabe zu Ende geführt werden (vgl. Beispiel Teil I und Teil II):

Für das Lesetest-Ergebnis der 4. Klasse gilt immer noch:
MW_{Sp} = 43 Punkte;
Für die Varianten A–C gelten die Stichprobengrößen von $n_{SpA} = 10$; $n_{SpB} = 25$; $n_{SpC} = 50$
MW_{Pop} = 39 Punkte; SA_{Pop} = 9 Punkte

Die Unterschiedshypothese wird unter der Annahme geprüft, dass die Forschungshypothese gerichtet ist („Die vierte Klasse kann signifikant besser lesen als der Durchschnitt"). Dazu ist jeweils nur die obere Grenze zu ermitteln.

Eine Berechnung der Signifikanz des Ergebnisses für die drei Varianten ergibt:

Variante A (n = 10):
SF = 2,85 (vgl. Kasten S. 113)
Obere Grenze = $\text{Mittelwert}_{Pop} + z_{95\%} \cdot \text{Standardfehler} = 39 + (1{,}645 \cdot 2{,}85) = 43{,}69$
$\not\Rightarrow$ Der Durchschnitt von 43 Punkten der 4. Klasse liegt außerhalb des kritischen Bereichs (kleiner als die obere Grenze von 43,69), weshalb die Nullhypothese angenommen wird:
MW_{Sp} ist ***nicht signifikant*** höher als der Mittelwert der Population.

Variante B (n = 25):
SF = 1,8 (vgl. Kasten S. 113)
Obere Grenze = $\text{Mittelwert}_{Pop} + z_{95\%} \cdot \text{Standardfehler} = 39 + (1{,}645 \cdot 1{,}8) = 41{,}96$
$\not\Rightarrow$ Der Durchschnitt von 43 Punkten der 4. Klasse liegt innerhalb des kritischen Bereichs (größer als die obere Grenze von 41,96), weshalb die Nullhypothese abgelehnt wird:
MW_{Sp} ist ***signifikant*** höher als der Mittelwert der Population.

Variante C (n = 50):
SF = 1.27 (vgl. Kasten S. 113)
Obere Grenze = $\text{Mittelwert}_{Pop} + z_{95\%} \cdot \text{Standardfehler} = 39 + (1{,}645 \cdot 1{,}27) = 41{,}09$
$\not\Rightarrow$ Der Durchschnitt von 43 Punkten der 4. Klasse liegt innerhalb des kritischen Bereichs (größer als die obere Grenze von 41,09), weshalb die Nullhypothese abgelehnt wird:
MW_{Sp} ist ***signifikant*** höher als der Mittelwert der Population.

An diesem Beispiel lässt sich sehr schön zeigen, wie die Größe der Stichprobe den Standardfehler verringert und damit die Chancen erhöht, eine Forschungshypothese zu bestätigen. Dies ist eine Grundregel: Je größer die Stichprobe, desto eher werden auch geringe Unterschiede oder Zusammenhänge signifikant.

5.4 Parameterschätzung und Konfidenzintervalle

Im letzten Kapitel wurde mithilfe der schließenden Statistik gezeigt, wie bestimmt werden kann, ob ein Mittelwert einer Stichprobe sich vom Mittelwert einer Population unterscheidet. Was aber ist zu tun, wenn die Werte der Population nicht bekannt sind? In diesem Kapitel geht es darum, mithilfe von Stichproben die Werte (Parameter) der Population zu schätzen. Dieses Vorgehen wird *Parameterschätzung* genannt. Natürlich ist eine möglichst treffende Schätzung der Populationsparameter anzustreben.

Das so genannte Konfidenzintervall oder Vertrauensintervall gibt an, in welchem Bereich der wahre Populationsparameter sich mit einer bestimmten Wahrscheinlichkeit befindet. Übersetzt auf Mittelwerte heisst das: Innerhalb welcher Bandbreite um den Mittelwert einer repräsentativen Stichprobe herum liegt der wahre Mittelwert der Population?

Zu jedem *Konfidenzintervall* gibt es eine *Konfidenzzahl* (Konfidenzkoeffizient), die angibt, wie groß die Wahrscheinlichkeit ist, dass der geschätzte, wahre Populationsparameter in dem Konfidenzintervall liegt. Bei einem 95 %-Konfidenzintervall heißt dies, dass in 95 % aller Fälle (also in 95 von 100 gezogenen Stichproben) der wahre Populationsparameter, den wir mithilfe der Stichprobe schätzen, in diesem Intervall liegt. Diese Konfidenzzahl ist im Grunde nichts anderes als die Kehrseite der Irrtumswahrscheinlichkeit.

5.4.1 Vorgehen zur Berechnung des Konfidenzintervalls

Zur Berechnung eines Konfidenzintervalls werden folgende Angaben benötigt:

- Maßzahl aus der Stichprobe, mithilfe derer der Populationsparameter geschätzt werden soll. Wir betrachten hier nur den Mittelwert und die Standardabweichung.
- Größe der Stichprobe = n.
- Die Konfidenzzahl k (üblich sind 95 % oder 99 % Konfidenzintervalle; k = 95 bzw. k = 99).
- Die untere und die obere Grenze des Intervalls.
- Die allgemeine Formel für das Konfidenzintervall für den Populationsmittelwert MW_{Pop} ist:

positiver z-Wert · Standardfehler der Mittelwerte + Mittelwert der Stichprobe = obere Grenze des Intervalls

negativer z-Wert · Standardfehler der Mittelwerte + Mittelwert der Stichprobe = untere Grenze des Intervalls

$$\text{KI (Konfidenzintervall)}_{k95} = +/- z \cdot SF_{MW} + MW_{SP}$$

Der Standardfehler wird auf eine leicht andere Weise berechnet, wenn die Standardabweichung der Population nicht bekannt ist. Bei bekannter Standardabweichung der Population wird er wie folgt berechnet (zur Erinnerung):

$$SF_{MW} = \frac{SA_{Pop}}{\sqrt{n}}$$

Wenn die Streuung der Population jedoch nicht bekannt ist, muss der Standardfehler mithilfe der Standardabweichung der Stichprobe geschätzt werden. Nun kann es aber sein, dass die Streuung der Stichprobe zufällig zu klein ist. Dies kann auch passieren, wenn Stichproben repräsentativ ausgewählt und auch sonst keine Messfehler passiert sind. Für diesen Fall wird sicherheitshalber der Standardfehler künstlich vergrößert, indem die Standardabweichung nicht nur durch die Wurzel aus der Anzahl, sondern durch die Wurzel aus Anzahl minus 1 dividiert wird. Die Formel für die Berechnung des Standardfehlers bei unbekannter Populationsstandardabweichung lautet demzufolge:

$$SF_{MW} = \frac{SA_{Sp}}{\sqrt{n-1}}$$

Dies hat folgenden Effekt: Bei kleinen Stichproben wird der Standardfehler stark größer, bei großen Stichproben wird er nur wenig erhöht.

Ein Durchrechnen für ein Beispiel zeigt das.

Beispiel zur Bestimmung des Standardfehlers

Eine repräsentative Stichprobe hätte für die durchschnittlichen Zeiten im 80-m-Lauf von 15-jährigen Mädchen den Mittelwert von 13 Sekunden und eine Standardabweichung von 15 Sekunden ergeben.
Bei einer Stichprobengröße von 37 Kindern beträgt der Standardfehler

$$SF_{MW} = \frac{15}{\sqrt{37-1}} = \frac{15}{6} = 2{,}5.$$

Hätten wir nur durch n (= 37) geteilt, dann hätte der SF = 2,47 betragen. Mit dem Teilen durch die Wurzel (n–1) wird der SF also um 0,03 Sekunden größer.
Beträgt n aber nur 17 statt 37, dann ist

$$SF_{MW} = \frac{15}{\sqrt{17-1}} = \frac{15}{4} = 3{,}75.$$

Hätten wir nur durch n (17) geteilt, dann hätte der SF = 3,64 betragen. Mit dem Teilen durch die Wurzel (n–1) wird der SF hier also um 0,11 Sekunden größer.

Beispiel zur Berechnung des Konfidenzintervalls

In der Schule Dorf hatten die Kinder einer 3. Klasse im Weitsprung unterschiedliche Weiten erzielt. Der Mittelwert betrug 3,22 Meter (bei einer Standardabweichung von 0,48 Metern). Wir gehen dabei davon aus, dass die Schülerinnen und Schüler dieser Klasse einigermaßen repräsentativ für den Kanton St. Gallen sind (ausschließen einer Stichprobenverzerrung).

Schätzung des Mittelwerts der Population mit einem 95 %-Konfidenzintervall.

- Der Mittelwert der Stichprobe ist 3,22 m.
- Die Größe der Stichprobe ist 20.
- Der Standardfehler (SF von MW_{SP}) beträgt: $SF = \frac{SA_{SP}}{\sqrt{n-1}}$

$$= \frac{0{,}48\text{ m}}{\sqrt{20-1}} = 0{,}11\text{ m}$$

- Wir wollen ein 95 %-Konfidenzintervall bilden. Zugehörige z-Werte sind +/– 1,96.
- Durch Einsetzen in die Formel erhalten wir die beiden Grenzen des Konfidenzintervalls: $= +/- z \cdot SF_{MW} + MW_{SP} = +/- 1{,}96 \cdot 0{,}11\text{ m} + 3{,}22\text{ m} = (3{,}00\text{ m}; 3{,}44\text{ m})$
- Obere Grenze des Intervalls ist also 3,44 Meter, untere Grenze ist 3,00 Meter.

Daraus können wir folgende Schlussfolgerung ziehen: Basierend auf der Messung der Strecke für den Weitsprung der Stichprobe (n = 20), können wir mit einer 95 %igen Sicherheit davon ausgehen, dass der Populationsmittelwert für das Merkmal Distanz im Weitsprung innerhalb des Konfidenzintervalls von 3,00 bis 3,44 Metern liegt.

5.4.2 Testung von Mittelwertsunterschieden mithilfe von Konfidenzintervallen

In Kapitel 5.4.1 wird gezeigt, wie überprüft wird, ob Stichprobenmittelwerte zu einer bestimmten Population gehören. Diese Überprüfung erfolgt mithilfe des Standardfehlers (SF) und der Berechnung des Konfidenzintervalls (KI). Grundlage dabei sind die z-Werte für bestimmte Irrtumswahrscheinlichkeiten.

In der Praxis werden jedoch häufiger nicht Stichprobe mit Population, sondern zwei Stichproben miteinander verglichen. Man möchte wissen, ob sich die Mittelwerte zweier Stichproben voneinander signifikant unterscheiden.

Übungsbeispiel

Beispiel: Zwei Gruppen à 12 Schüler nehmen an einem Experiment teil, bei dem geprüft wird, ob das Lernen von 20 Wörtern während 20 Minuten durch das Musikhören beeinflusst wird. Die Gruppe A lernt also die Wörter auswendig, während sie ihre Lieblingsmusik über Kopfhörer hört. Die Gruppe B lernt die 20 Wörter in absoluter Stille auswendig. Folgende Tabelle zeigt die Rohwerte.

Gruppe A	Anzahl gelernter Wörter mit Musik	Anzahl gelernter Wörter ohne Musik	Gruppe B
Nadia	5	15	Seline
Christian	10	9	Anna
Stefan	6	16	Martin
Stephanie	6	15	Urban
Corinne	7	16	Marion
Hans	3	18	Eva
Elmar	6	17	Bernhard
Simone	9	13	Nadine
Kirsten	5	11	Adrian
Rainer	10	12	Stephan
Andreas	11	13	Georgette
Christoph	9	11	Corina
MW Mittelwert =			
V Varianz =			
SA Standardabweichung =			
SF Standardfehler =			
hKI halbes Konfidenzintervall =			
Obere Grenze des hKI =			
Untere Grenze des hKI =			

Die obigen fett markierten Kennwerte (MW, V, SA, SF, KI, …) sind der Reihe nach mithilfe der entsprechenden Formeln zu berechnen. Der Übersichtlichkeit wegen sind im Folgenden die manuellen Berechnungen aufgeführt. Die Berechnungen können aber auch mit Excel erstellt werden.

Lösung

Der **Mittelwert (MW)** berechnet sich aus der Summe der einzelnen Werte geteilt durch die Anzahl der Personen.

Gruppe mit Musik:

$MW_{SP1} = \frac{(5+10+6+6+7+3+6+9+5+10+11+9)}{12} = 7{,}25$

Gruppe ohne Musik:

$MW_{SP2} = \frac{(15+9+16+15+16+18+17+13+11+12+13+11}{12} = 13{,}83$

Die **Varianz (V)** berechnet sich aus der Summe der einzelnen Abweichungsquadrate vom Mittelwert geteilt durch die Anzahl der Personen.

Gruppe mit Musik:

$V= (2{,}25^2 + 2{,}75^2 + 1{,}25^2 + 1{,}25^2 + 0{,}25^2 + 4{,}25^2 + 1{,}25^2 + 1{,}75^2 + 2{,}25^2 + 2{,}75^2 + 3{,}75^2 + 1{,}75^2) / 12 = 5{,}68$

Gruppe ohne Musik:

$V= (1{,}17^2 + 4{,}83^2 + 2{,}17^2 + 1{,}17^2 + 2{,}17^2 + 4{,}17^2 + 3{,}17^2 + 0{,}83^2 + 2{,}83^2 + 1{,}83^2 + 0{,}83^2 + 2{,}83^2) / 12 = 6{,}97$

Die **Standardabweichung (SA)** berechnet sich aus der Wurzel der Varianz.

Gruppe mit Musik:

$SA_{SP1} = \sqrt{5{,}68} = 2{,}38$

Gruppe ohne Musik:

$SA_{SP2} = \sqrt{6{,}97} = 2{,}64$

Der **Standardfehler (SF)** der Stichprobe berechnet sich mithilfe der Standardabweichung der Stichprobe (SA_{Sp}) und der Stichprobengröße (n):

$SF = \frac{SA_{Sp}}{\sqrt{n-1}}$

Gruppe mit Musik:

$SF_{SP1} = \frac{2{,}38}{\sqrt{12-1}} = 0{,}72$

Gruppe ohne Musik:

$SA_{SP2} = \frac{2{,}64}{\sqrt{12-1}} = 0{,}80$

Für die Berechnung des halben Konfidenzintervalles (hKI) muss zunächst das ganze **Konfidenzintervall (KI)** berechnet werden. Es ergibt sich aus dem Standardfehler der Stichprobe (SF_{Sp}), multipliziert mit dem kritischen z-Wert 1,96 für die Irrtumswahrscheinlichkeit von $p < 5\,\%$ bei zweiseitiger Hypothese:

$KI_{k95} = MW_{SP} +/- z_{95} \cdot SF_{MW}$.

Damit beträgt die Spanne des Intervalls $2 \cdot z_{95} \cdot SF$.

Beim Vergleich von zwei Stichprobenmittelwerten (Vergleich von MW_{SP1} und MW_{SP2}) kann die Zufälligkeit eines Unterschieds gemessen werden, indem geschaut wird, ob die beiden ***halben*** Konfidenzintervalle sich überlappen.

Das halbe Konfidenzintervall (hKI) beträgt somit $hKI_{k95} = MW_{SP} +/- (\frac{1}{2} \cdot z_{95} \cdot SF_{MW})$.
Damit beträgt die Spanne des halben Intervalls $z_{95} \cdot SF$.

Excel bietet dafür eine Funktion an, welche unter Verwendung von t-Werten das Konfidenzintervall berechnet und insofern genauer ist. Annäherungsweise kann man aber auch mit z-Werten arbeiten, wie folgende Berechnung zeigt:

Gruppe mit Musik: Spanne des hKI_{SP1}
$= 1{,}96 \cdot SF = 1{,}96 \cdot 0{,}72 = 1{,}41$

Gruppe ohne Musik: Spanne des hKI_{SP2}
$= 1{,}96 \cdot SF = 1{,}96 \cdot 0{,}80 = 1{,}55$

Die **obere und untere Grenze des halben Konfidenzintervalls (hKI)** berechnet sich, indem vom Mittelwert das halbe Konfidenzintervall $(\frac{1}{2} \cdot hKI)$ zu- bzw. abgezählt wird.

Gruppe mit Musik:
Obere Grenze des Konfidenzintervalls:
$MW + \frac{1}{2} \cdot hKI = 7{,}25 + (0{,}5 \cdot 1{,}41)$
$= 7{,}955$
Untere Grenze des Konfidenzintervalls:
$MW - \frac{1}{2} \cdot hKI = 7{,}25 - (0{,}5 \cdot 1{,}41) = 6{,}545$

Gruppe ohne Musik:
Obere Grenze des Konfidenzintervalls:
$MW + \frac{1}{2} \cdot hKI = 13{,}83 + (0{,}5 \cdot 1{,}55)$
$= 14{,}605$
Untere Grenze des Konfidenzintervalls:
$MW - \frac{1}{2} \cdot hKI = 13{,}83 - (0{,}5 \cdot 1{,}55)$
$= 13{,}055$

Ergebnisdarstellung

In der folgenden Abbildung sind die Konfidenzintervalle bzw. die oberen und unteren Grenzen für beide Gruppen eingetragen. Dies kann mithilfe der Excelfunktion oder von Hand geleistet werden. Nach Erstellen des Säulendiagramms für die beiden Mittelwerte erscheint nach Doppelklick in eine der beiden Säulen eine Dialogbox („Dateien formatieren"). Dort das Register „Fehlerindikator Y" und die Option „benutzerdefiniert" anwählen. Anschließend ist jeweils die halbe Spanne des halben Konfidenzintervalls von Hand einzutragen (in die Felder „+" und „–"). Diese Spannen können nicht für die beiden Säulen (Mittelwerte) separat angegeben werden. Deshalb muss für die beiden halben Spannen (hier 0,705 und 0,775) der Mittelwert berechnet werden: (0,705 + 0,775)/2 = 0,74. Anschließend „OK" aktivieren.

Insgesamt wird ersichtlich, dass sich die Konfidenzintervalle *nicht* überschneiden, d. h. die beiden Gruppen *unterscheiden sich signifikant voneinander.*

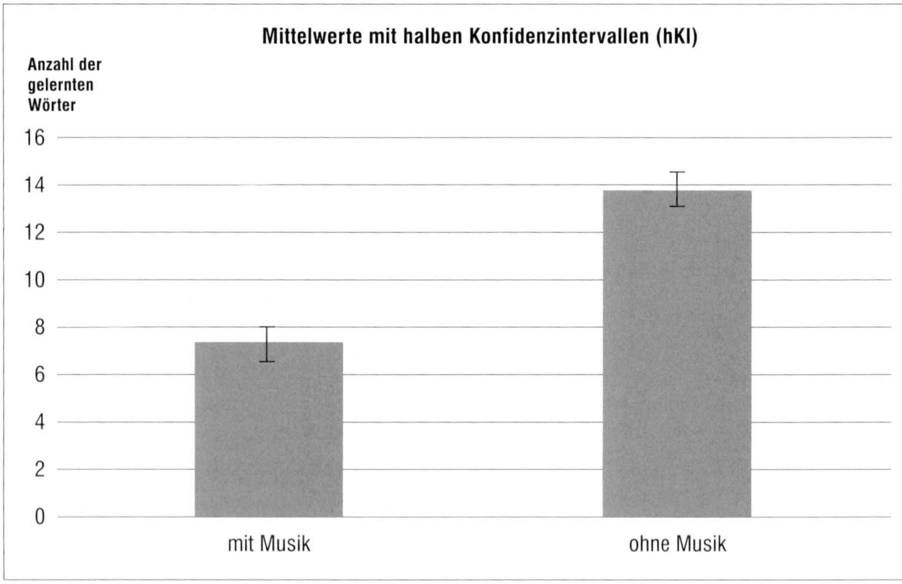

Abb. 23: Vergleich von zwei Konfidenzintervallen

A

Übungen im Download:
5a – 5e

Demonstrationen im Download:
Demonstrationen 4, 5, 6

6. Ausgewählte Verfahren

In diesem Kapitel werden die üblichsten Verfahren zur statistischen Prüfung wissenschaftlicher Hypothesen vorgestellt. Dabei werden die anspruchsvolleren Verfahren (wie Regressions-, Varianz- oder Faktorenanalyse) zwar hinsichtlich ihrer Verwendung erwähnt, jedoch nicht erläutert. Wer sich mit diesen Verfahren befassen möchte, wird auf die entsprechende Literatur verwiesen.

Vorerst werden drei wichtige Voraussetzungen erläutert, welche vor dem Durchführen eines statistischen Tests – in der Regel auch vor der Durchführung einer Untersuchung – zu bedenken sind.

6.1 Effektstärke, Signifikanz und Stichprobengröße

Die erwartete Effektstärke (6.1.1) und das gewählte Signifikanzniveau sind wichtig für die Bestimmung der sinnvollen Stichprobengröße (6.1.2). Die Auswahl der Tests (welche in 6.2 bis 6.4 vorgestellt werden) ist im Wesentlichen abhängig vom Skalierungsniveau der Daten, von der Anzahl unabhängiger und abhängiger Variablen und von der (Normal-)Verteilung der Daten.

6.1.1 Effektstärke

Wenn in einem Bundesland oder einem Kanton wieder einmal aus Spargründen die unteren und die oberen Grenzen der Klassengrößen angehoben werden, dann führt das oft zu Reaktionen von Lehrerverbänden und Gewerkschaften. Diese können auf unterschiedliche Inhalte abzielen: Gefährdung der Gesundheit der Lehrperson, weniger Möglichkeiten zur Individualisierung, weniger Möglichkeiten zur Unterstützung von Kindern mit besonderen Bedürfnissen, schlechterer Unterricht usw. Angenommen, eine Gewerkschaft fokussiert die Unterrichtswirksamkeit mit der Behauptung: Je größer die Klasse desto geringer die Wirksamkeit des Unterrichts. Wenn diese Wirkung in der vermuteten Richtung nachgewiesen werden kann, dann ist die Argumentation zulässig. Auch wenn der Einfluss der Klassengröße eher klein ist: Für die Behauptung reicht es zunächst, diesen nachzuweisen. Das ist eine unbefriedigende Situation: Bei sehr großen Stichproben können sogar sehr kleine Effekte signifikant werden. Dabei können verschiedene Ergebnisse signifikant sein, sich aber in ihrer Bedeutung enorm unterscheiden: Ihre nachgewiesenen Effekte können unterschiedlich stark sein. So können *„praktisch belanglose Effekte, die pädagogisch-psychologisch trivial sind, noch statistisch signifikant werden. Eine berichtete (signifikante) Differenz zwischen Gruppen muss also noch auf die praktische Bedeutsamkeit hin analysiert werden. Dabei sollten wir uns fragen, ob der Effekt wirklich bedeutsam genug ist, um sinnvolle Umsetzungen in der Praxis zu gestatten. (...) Obwohl ... ersichtlich ist, wie bedeutsam Effektstärkeindikatoren für die Interpretation von Befunden und für die Planung von Untersuchungen sind, werden sie leider häufig nicht mitgeteilt.“* (Rost, 2005, S. 173)

Deshalb sind Angaben zur Effektstärke beim kritischen Lesen von Untersuchungsberichten von großer Bedeutung. Auch nicht forschende Pädagoginnen und Pädagogen sollen nicht einfach glauben, was Forschende berichten, sondern immer wieder auch kritisch nachfragen, wie glaubwürdig berichtete Befunde und vor allem daraus abgeleitete Schlussfolgerungen für die Praxis sind. Dazu gehört in besonderem Ausmaß die Frage nach der Effektstärke.

Diese Stärke signifikanter Ergebnisse kann oft mithilfe relativ einfacher Formeln ermittelt werden. Im Beispiel mit den Klassengrößen könnte eine für die betreffende Region repräsentative Auswahl von kleinen Klassen mit einer repräsentativen Auswahl von großen Klassen im Hinblick auf ihre Leistungen verglichen werden. Ergibt dieser Vergleich einen signifikanten Unterschied zugunsten der kleinen Klassen, dann gilt die Behauptung als wissenschaftlich gestützt. Der Unterschied ist statistisch bedeutsam. Nun sagt aber diese Bedeutsamkeit noch nicht sehr viel aus. Es kann ja sein, dass dieser Unterschied sehr klein ist. Dann müsste ehrlicherweise gesagt werden: Die Klassengröße hat einen negativen, bedeutsamen, aber sehr kleinen Einfluss auf die Leistungsentwicklung der Kinder. Ein solches Beispiel (kleiner, aber signifikanter Einfluss) findet sich in Abb. 24 links abgebildet: Die Mittelwerte liegen dabei sehr nahe beieinander.

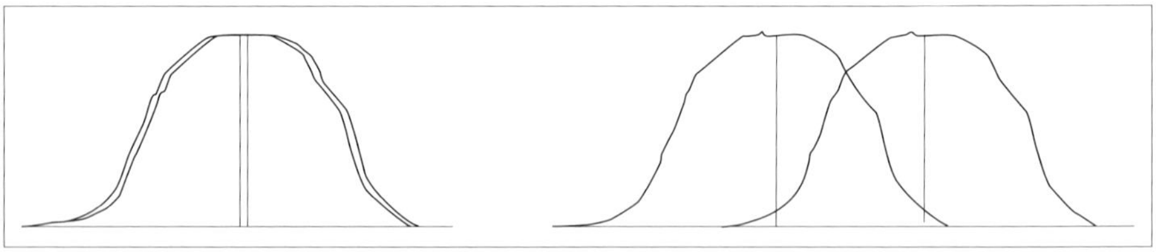

Abb. 24: Unterschiedliche Effektstärken (links geringer, rechts großer Effekt)

Signifikanz sagt also überhaupt nichts über die Stärke des Einflusses oder des Effekts aus. Unterschiede bzw. Zusammenhänge werden mit zunehmender Stichprobengröße bei immer geringeren Effekten signifikant. Dies liegt daran, dass, wie in Kp. 5 dargestellt, mit steigender Stichprobengröße der Standardfehler kleiner wird. Um zufällige Effekte (Stichprobenfehler) auszuschließen, wird die Nullhypothese bei kleinen Stichproben nur bei sehr starken Effekten verworfen. Diese Grundregel gilt für alle statistischen Tests. Auf diese Norm hat sich die statistische Gemeinschaft geeinigt, um zufällige signifikante Ergebnisse zu vermeiden, was mit einem mathematischen Regelwerk gesteuert wird.

Weil nun ein signifikantes Ergebnis nichts über die Stärke des Effekts aussagt, brauchen wir ein eigenes Maß für die Effektstärke. Diese Effektstärke (ES) orientiert sich an der Standardabweichung. Die Effektstärke wird ermittelt, indem der Unterschied zwischen den beiden Mittelwerten ($MW_1 - MW_2$) durch die Standardabweichung (SA[1])

[1] Bei unterschiedlichen Standardabweichungen wird die gemittelte Standardabweichung genommen.

geteilt wird. Als Faustregel gilt: Wenn der Mittelwert der einen Verteilung fast eine Standardabweichung über dem Mittelwert der anderen liegt, dann handelt es sich um einen großen Effekt. Am besten lässt sich das beim t-Test für unabhängige Stichproben demonstrieren (vgl. Tab. 13 und Abb. 25). Der t-Test prüft, ob die Mittelwerte von zwei Stichproben sich signifikant voneinander unterscheiden bzw. ob sie derselben Population angehören.

t-Test für unabhängige Stichproben mit gleichen Standardabweichungen[2]	**t-Test für unabhängige Stichproben mit ungleichen Standardabweichungen**
Die Effektgröße für den Sonderfall „gleiche Standardabweichungen zwei unabhängige Stichproben" wird berechnet (Bortz & Döring, 1995, S. 568) mit: $ES = \frac{MW_1 - MW_2}{SA}$	Weil meistens der Sonderfall in der linken Spalte nicht zutrifft, sondern die Standardabweichungen sich unterscheiden, wird eine Formel angewendet (Bortz & Döring, 1995, S. 568), welche aus den beiden Standardabweichungen eine gemeinsame erzeugt: $ES = \frac{MW_1 - MW_2}{\sqrt{\frac{SA_1^2 + SA_2^2}{2}}}$

Tab. 13: Vergleich der Berechnung von Effektstärken bei unabhängigen Stichproben mit gleichen oder ungleichen Standardabweichungen

Für den Vergleich von zwei Mittelwerten (bei unabhängigen Stichproben) werden die mathematisch ermittelten Effektstärken wie folgt charakterisiert:
ES = 0,2: kleiner Effekt (= eine Fünftel-Standardabweichung)
ES = 0,5: mittlerer Effekt (= eine halbe Standardabweichung)
ES ≥ 0,8: starker Effekt (= vier Fünftel- oder fast eine ganze Standardabweichung)

Für eine detaillierte Darstellung und Herleitung dieser Formeln siehe Bortz (1993, S. 130 ff.) und Bortz & Döring (1995, S. 567–574). Abb. 25 veranschaulicht die besprochenen Effektstärken.

2 Mit dem F-Test (vgl. Kp. 6.2.3) kann ermittelt werden, ob zwei Standardabweichungen als gleich oder als ungleich zu werten sind.

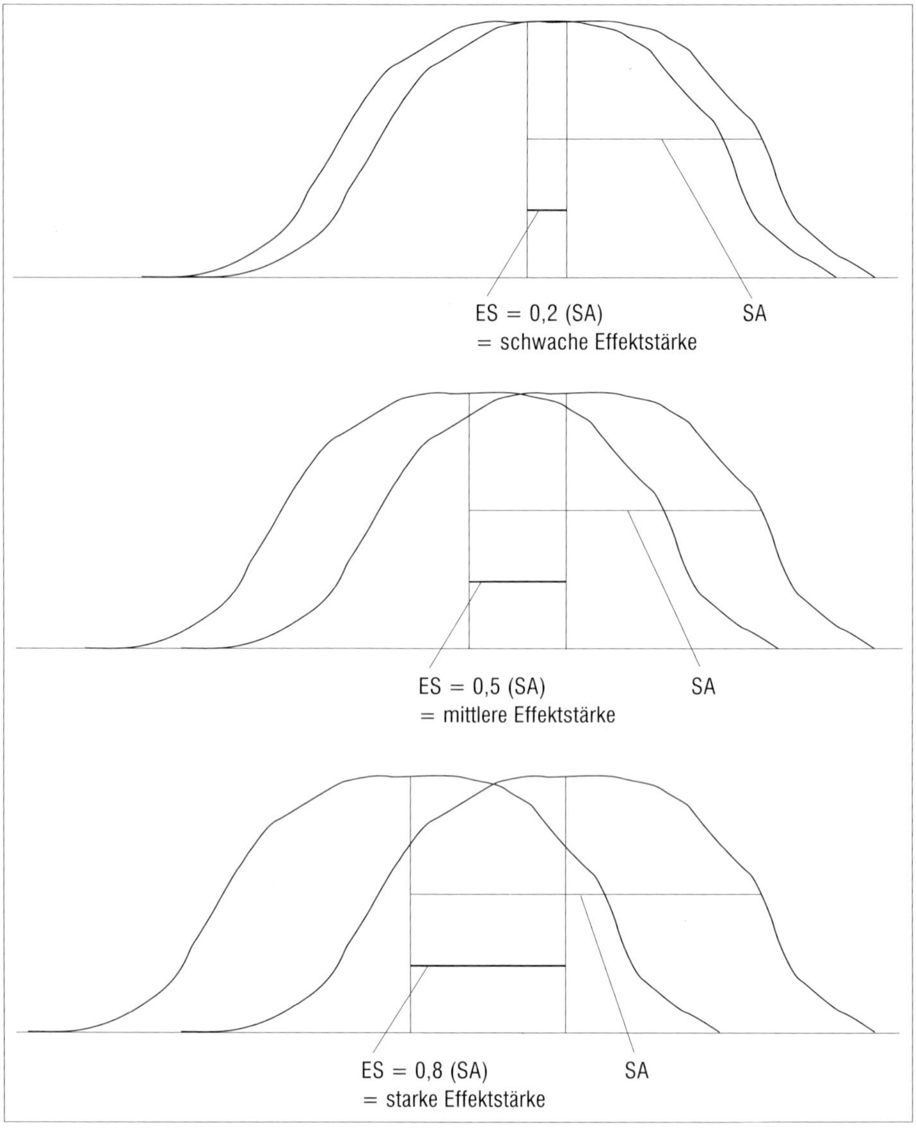

Abb. 25: Effektstärken für den Sonderfall des Mittelwertsunterschieds aus zwei unabhängigen Stichproben mit gleichen Standardabweichungen und gleicher Stichprobengröße

Bis jetzt wurde die Effektstärke als Anteil der Standardabweichung beschrieben: Je eher der Mittelwertsunterschied eine ganze Standardabweichung beträgt, desto eher handelt es sich um einen großen Effekt. Die Effektstärke lässt sich aber auch als Anteil der überlappenden (gemeinsamen) Fläche bezeichnen: Je größer die Überlappung, desto geringer der Effekt.

Effektstärken dürfen selbstverständlich nur dann berechnet und ausgewiesen werden, wenn das Ergebnis signifikant ist.

In den nachfolgenden Kapiteln zu den unterschiedlichen Verfahren zur Testung von Unterschieds- oder Zusammenhangshypothesen wird für jedes Verfahren separat erklärt, wie die Effektstärke ermittelt werden kann. Grundsätzlich gilt: Zur Ermittlung der Effektstärke wird stets die Standardabweichung als Referenzmaß zu Hilfe genommen.

Beispiel Mittelwertsvergleich von zwei Stichproben

Ausgangspunkt sei hier der Sonderfall eines Mittelwertsvergleichs von zwei Stichproben mit gleichen Standardabweichungen.

Beispiel 1:
$MW_1 = 15; MW_2 = 12; SA_1 = SA_2 = 6$
Die Differenz (d) beträgt $MW_1 - MW_2 = 15 - 12 = 3$

Dazu wird folgende Formel benutzt:

$$ES = \frac{MW_1 - MW_2}{SA}$$

Die Effektstärke (ES) beträgt $\frac{(15-12)}{6} = \frac{3}{6} = 0{,}5$

Bei dem für das obige Beispiel ermittelten Effekt von 0,5 handelt es sich also um einen mittleren Effekt. Eine anschauliche Vorstellung für diesen mittleren Effekt lautet: Der Unterschied zwischen den beiden Mittelwerten beträgt eine halbe Standardabweichung.

Beispiel 2:
In der PISA-Studie 2003 (BFS/EDK, 2004, S. 41) erzielte Deutschland im Bereich Problemlösen einen Mittelwert (MW_1) von 513 Punkten. Korea (MW_2) erzielte in diesem Bereich mit 550 Punkten das beste Ergebnis. Der Unterschied zwischen Deutschland und Korea war signifikant. Die Standardabweichungen betrugen: $SA_1 = 95$ und $SA_2 = 86$.

Der Einfachheit halber tun wir jetzt so, als ob nur diese beiden Länder untersucht worden wären[3]. Zur Ermittlung der Effektstärke des Unterschieds der Mittelwerte von zwei unabhängigen Stichproben wird folgende Formel benutzt:

▼

3 Werden mehrere Mittelwerte miteinander verglichen, wird in der Regel mit varianzanalytischen Verfahren gerechnet. Die Ermittlung der Effektstärken ist hier etwas komplizierter.

$$ES = \frac{MW_1 - MW_2}{\sqrt{\frac{SA_1^2 + SA_2^2}{2}}}$$

In diese Formel werden nun die Zahlen eingesetzt:

$$ES = \frac{(550-513)}{\sqrt{\left(\frac{(952+862)}{2}\right)}} = \frac{37}{90{,}6} = 0{,}41$$

⇏ Im Hinblick auf das Problemlösen ist das koreanische Schulsystem effektiver als das deutsche. Es handelt sich um einen schwachen bis mittleren Effekt.

6.1.2 Stichprobenumfang

Aus den bisherigen Ausführungen geht hervor: Je größer die Stichprobe, desto geringer muss der Effekt sein, um signifikant zu werden. Daraus lässt sich ableiten: Je größer die erwarteten Effekte sind, desto kleiner braucht die Stichprobe zu sein, um zu signifikanten Ergebnissen zu kommen. Für die Planung einer Untersuchung ist das ziemlich wichtig, weil der Umfang der Stichprobe (n) ein wesentliches Element der zeitlichen und finanziellen Beanspruchung darstellt. Deshalb finden sich in Statistiklehrbüchern in der Regel für jedes Testverfahren Angaben darüber, was die angemessene Größe einer Stichprobe für welche erwarteten Effektstärken ist. Wenn die Effektstärke im Voraus abzuschätzen ist, kann die notwendige Stichprobengröße bestimmt werden, damit das Ergebnis (für die erwartete Effektstärke) noch signifikant wird. Dabei muss auch das Signifikanzniveau im Voraus bestimmt werden: Für ein signifikantes Ergebnis bei der Irrtumswahrscheinlichkeit von p = 0,05 braucht es eine kleinere Stichprobe als bei einer Irrtumswahrscheinlichkeit von p = 0,01.

Am Beispiel der angemessenen Stichprobenumfänge (n) für die Testung von Unterschiedshypothesen (t-Test) von Mittelwerten aus zwei unabhängigen Stichproben (vgl. Bortz & Döring, 1995, S. 575) wird dies in Tab. 14 demonstriert:

Testform	**Erwartete Effekte bei p = 0,01**			**Erwartete Effekte bei p = 0,05**		
Effektstärke	klein	mittel	groß	klein	mittel	groß
Stichprobenumfang	503	82	33	310	50	20

Tab. 14: Optimale Stichprobenumfänge für Testung der Signifikanz mit dem t-Test

Wird also bei einer Untersuchung nur ein eher kleiner signifikanter Unterschied (von mindestens einer Fünftel-Standardabweichung) erwartet, dann muss die Stichprobe für die Testung mit einer 5 %igen Irrtumswahrscheinlichkeit mindestens ein n von 310 aufweisen. Um die zu erwartende Effektstärke abschätzen zu können, braucht es in der Regel Vorwissen über ähnliche Untersuchungen. Dabei sind insbesondere die Unterschiedlichkeit der Mittelwerte und die Standardabweichungen von Bedeutung.

Wenn bei derselben Stichprobe mehrere Hypothesen getestet werden sollen, dann erhöht sich die Wahrscheinlichkeit, irrtümlich die Nullhypothese zu verwerfen und zu einem signifikanten Ergebnis zu kommen. Dies soll an einem einfachen Beispiel gezeigt werden:

Beispiel zur Irrtumswahrscheinlichkeit

Angenommen, Sie haben zwei Gruppen von zehnjährigen Kindern untersucht, wovon die eine Gruppe (A) mit einem neuen Lehrmittel zum Frühenglisch gearbeitet hat und die andere Gruppe (B) mit einem alten. Nun haben Sie den Lernerfolg mit einem Test erhoben und gleichzeitig die Bewertung von sieben Items zum Lehrmittel erfragt (zu Layout, Attraktivität der Inhalte, subjektiv empfundenem Lernertrag usw.). Weil das Antwortformat für die Items intervallskaliert ist, wird zur Prüfung von Unterschiedshypothesen mit dem t-Test gerechnet. Sie testen insgesamt 8 Hypothesen (Lernerfolg mit acht Items) an derselben Stichprobe. Damit erhöht sich die Wahrscheinlichkeit von Zufallstreffern (zufällige signifikante Ergebnisse). Diese kann mithilfe der Bonferroni-Korrektur (Bortz, 1993, S. 249) reduziert werden, indem die Irrtumswahrscheinlichkeit (p) gesenkt wird. Dabei wird die Irrtumswahrscheinlichkeit durch die Anzahl Tests (AT, hier: 8) geteilt.

$$p_{korr} = \frac{p_{alt}}{AT}$$

Wenn wir beim vorliegenden Beispiel mit der Irrtumswahrscheinlichkeit von $p = 0{,}05$ arbeiten, dann beträgt die korrigierte Irrtumswahrscheinlichkeit

$$p_{korr} = \frac{0{,}05}{8} = 0{,}00625$$

Die Korrektur der Irrtumswahrscheinlichkeit erhöht dann wiederum die Größe des optimalen Stichprobenumfangs.

6.1.3 Auswahl statistischer Tests

Hypothesen und Skalierungsniveau der erzeugten Resultate bestimmen mit welchem Test die Signifikanz eines Unterschieds oder Zusammenhangs geprüft wird. Mit der Hypothese wird bestimmt, ob ein Zusammenhang oder ein Unterschied geprüft wird. Mit den aufgrund der Hypothese operationalisierten Kategorien wird das Skalenniveau der Variablen bestimmt.

In diesem Unterkapitel werden nur die wichtigsten und die eher einfach zu handhabenden und wenn möglich in Excel ausführbaren Tests in groben Zügen vorgestellt. Für komplexere Testverfahren wie Faktoren- und Varianzanalyse, aber auch für die genaueren Details und Herleitungen der hier vorgestellten Tests wird empfohlen, sich in Bortz (1993) oder Bortz & Döring (1995) kundig zu machen.

Tabelle 15 gibt einen Überblick über die gebräuchlichsten Verfahren zur Testung von Hypothesen. Sie soll gleichzeitig mithilfe der Beispiele in der rechten Spalte die Auswahl des richtigen Tests erleichtern.

Skalentyp (abh. Variable)	**Test**	**Beispiel** UV: unabhängige Variable AV: abhängige Variable
Nominal-skala	**Chiquadrat-Unabhängigkeitstest** 2 Kategorien bei UV 2 u. mehr Kategorien bei AV **Vier-Felder-Koeffizient** 2 Kategorien bei UV 2 Kategorien bei AV	*Hypothese:* Es können mehr fünfjährige Mädchen ohne Stützrädchen Rad fahren als Jungen. *UV:* Geschlecht (Mädchen - Jungen) *AV:* Rad fahren ohne Stützrädchen (ja - nein)
Rangskala	**U-Test von Mann-Whitney** 2 Kategorien bei UV für unabhängige Stichproben	*Hypothese:* Kinder der 6. Klasse schätzen ihre eigenen Lernfähigkeiten skeptischer ein als Kinder der 1. Klasse. *UV:* Klasse (1. Klasse - 6. Klasse) *AV:* Einschätzung der eigenen Lernfähigkeiten (sehr gut - eher gut - mittel - eher schlecht - sehr schlecht)
Rangskala	**Wilcoxon-Test** 2 Kategorien bei UV für abhängige Stichproben (Messwiederholung oder „gepaarte" Messungen)	*Hypothese:* Kinder der 6. Klasse schätzen ihre eigenen Lernfähigkeiten nach einer schlechten Leistungsbewertung skeptischer ein als vorher. *UV:* Klasse (6. Klasse vorher - 6. Klasse nachher) *AV:* Einschätzung der eigenen Lernfähigkeiten (sehr gut - eher gut - mittel - eher schlecht - sehr schlecht)

▼

Rangskala	***Kruskal-Wallis-Test** 3 und mehr Kategorien bei UV	*Hypothese:* Kinder der 6. Klasse schätzen ihre eigenen Lernfähigkeiten skeptischer ein als Kinder der 1. Klasse, jedoch weniger skeptisch als Jugendliche mit 16 Jahren. *UV:* Klasse (1. Klasse – 6. Klasse – Jugendliche mit 16) *AV:* Einschätzung der eigenen Lernfähigkeiten (sehr gut – eher gut – mittel – eher schlecht – sehr schlecht)
Rangskala	**Rangkorrelation** (nach Spearman oder Kendall) Beide Variablen müssen mindestens ordinalskaliert sein.	*Hypothese:* Je besser Kinder der 6. Klasse die eigenen Lernfähigkeiten im Zeichnen einschätzen, desto besser schätzen sie ihre Lernfähigkeiten im Sport ein. *AV1:* Einschätzung der eigenen Lernfähigkeiten im Zeichnen (sehr gut – eher gut – mittel – eher schlecht – schlecht) *AV2:* Einschätzung der eigenen Lernfähigkeiten in Sport (sehr gut – eher gut – mittel – eher schlecht – sehr schlecht)
Interva-ll-skala	**t-Test für unabhängige Stichproben** 2 Kategorien bei UV für unabhängige Stichproben	*Hypothese:* Zehnjährige Kinder mit einem täglichen Fernsehkonsum von mehr als zwei Stunden zeigen in Konzentrationstests bessere Leistungen als Zehn-jährige mit einem täglichen Fernsehkonsum von weniger als einer Stunde. *UV:* Zehnjährige Kinder (TV-Konsum mehr als 2 Stunden – TV-Konsum weniger als 1 Stunde) *AV:* Erzielte Punkte im Konzentrationstest
Intervall-skala	**t-Test für abhängige Stichproben** 2 Kategorien bei UV für abhängige Stichproben	*Hypothese:* Nach einer Woche reduziertem Fernsehkonsum von mindestens einer halben Stunde täglich zeigen zehnjährige Kinder im Konzentrationstest bessere Leistungen als vorher. *UV:* Zehnjährige Kinder (vorher: TV-Konsum individuell – nachher: TV-Konsum individuell reduziert um mindestens eine halbe Stunde) *AV:* Erzielte Punkte im Konzentrationstest

Intervallskala	***Einfaktorielle Varianzanalyse**[4] 3 und mehr Kategorien bei UV für unabhängige und abhängige Stichproben	*Hypothese:* Der mittlere Leistungsfortschritt im kleinen Einmaleins von achtjährigen Kindern ist nach einem zweiwöchigen Training in allgemeinen Lernstrategien (Trainingsgruppe) größer als nach einem gleich langen Training in Überkreuzbewegungen (Scheinbehandlung) oder nach gar keinem Training (Kontrollgruppe). *UV:* Achtjährige Kinder (V1: Training in allgemeinen Lernstrategien, V2: Training in Überkreuzbewegungen; V3: gar kein Training) *AV:* Leistungsfortschritt (gewonnene Punkte) in einem standardisierten Test zum Einmaleins
Intervallskala	**Produkt-Moment-Korrelation** Beide Variablen müssen mindestens intervallskaliert sein	*Hypothese:* Je länger achtjährige Kinder schlafen, desto länger können sie sich in der ersten Schulstunde am Morgen konzentrieren. *AV:* Länge des Schlafes (in Minuten) *UV:* Aufgabenbezogenes Verhalten bis zu ersten Ablenkung (in Sekunden)

Tab. 15: Auswahl statistischer Testverfahren für die Überprüfung von Forschungshypothesen unter Berücksichtigung des Messniveaus (in Anlehnung an Weinbach/Grinell, 2000, S. 130)[5]

6.2 Testung von Unterschiedshypothesen: t-Test

Mit dem t-Test können Unterschiedshypothesen bei intervallskalierten Daten geprüft werden. Er ist ein sehr wichtiges Instrument in der Sozialforschung, weil damit u. a. die Effektivität von Maßnahmen geprüft werden kann. Dies können didaktische Settings, Lern- und Konzentrationsstrategien, Lehrmittel u. a. sein.

Der t-Test liefert Verfahren zur Prüfung des Unterschieds zwischen Stichprobe und Population, wie auch Verfahren zur Prüfung von Mittelwertsunterschieden zwischen zwei Stichproben. Letzteres ist die häufigste Anwendung dieses Verfahrens.

Der t-Test ist zunächst nichts anderes als eine Testung der Nullhypothese zum Unterschied zwischen einem Stichprobenmittelwert und einem Populationsmittelwert (Kp. 5) für Stichproben mit $n \leq 50$. Für Stichproben mit $n \leq 50$ kann der Ablehnungs-

4 Einfaktoriell bezieht sich auf die Anzahl unabhängiger Variablen (UV). Bei mehreren unabhängigen Variablen wird von zwei- oder mehrfaktoriellen Varianzanalysen gesprochen. Im obigen Beispiel haben wir nur den Faktor Trainingsart. Teilen wir die Kinder nach Geschlecht auf, dann haben wir zwei Faktoren: Geschlecht und Trainingsart. Dann wird mit der zweifaktoriellen Varianzanalyse gerechnet.

5 Tests, die mit einem * markiert sind, werden hier nur der Vollständigkeit halber aufgeführt. Sie werden in den obigen Ausführungen jedoch nicht erklärt, weil es sich um eher aufwändige Verfahren handelt.

bereich nicht mehr mithilfe der z-Wert-Tabelle errechnet werden. Hierfür wird die t-Wert-Tabelle zu Hilfe genommen.

Dies sei am Beispiel verdeutlicht, welches in Kp. 5.3.1 bearbeitet wurde (kurze Repetition):

Beispiel

Für das Lesetest-Ergebnis einer 4. Klasse (von der wir annehmen, sie sei repräsentativ zusammengesetzt) wurde die Hypothese formuliert:
Die Kinder der 4. Klasse aus X-Dorf lesen besser als die Kinder der Population (gerichtete Hypothese).
Zu testende Nullhypothese: Der Unterschied zwischen den Viertklässlern aus X-Dorf und den Viertklässlern der Eichstichprobe (Population) ist zufällig.

Es wurden folgende Parameter angenommen:
$MW_{Sp} = 43$ Punkte; $n_{Sp} = 50$;
$MW_{Pop} = 39$ Punkte; $SA_{Pop} = 9$ Punkte

Da die Hypothese gerichtet ist, ist die Nullhypothese einseitig zu testen. Wir wählen das Signifikanzniveau von $p = 0{,}05$. Der Ablehnungsbereich für die Nullhypothese beginnt damit bei $z = 1{,}645$ (vgl. z-Wert-Tabelle im Anhang).

Für die Transformation des Mittelwerts der Stichprobe in einen z-Wert ist zuerst der Standardfehler zu berechnen:

$$SF = \sqrt{\frac{SA^2}{n}} = \frac{SA}{\sqrt{n}}$$

Anwendung der Formel auf das Beispiel von oben:

$$SF = \frac{9}{\sqrt{50}} = \frac{9}{7{,}07} = 1{,}273$$

Die Transformation des Mittelwerts der Stichprobe in einen z-Wert erfolgt durch Einsetzen der Werte in die Formel:

$$z = \frac{MW_{Sp} - MW_{Pop}}{SF_{MW}} = \frac{43-39}{1{,}273} = 3{,}142$$

Damit liegt der z-Wert der Viertklässler mit $z = 3{,}124$ deutlich über der oberen Grenze des Ablehnungsbereichs von $z_{95\,\%} = 1{,}645$

Damit wird die Nullhypothese abgelehnt. Die Kinder der Klasse aus X-Dorf lesen besser als die Kinder der Population.

Für Stichprobengrößen von $n \leq 50$ wird mit dem t-Test gerechnet. Dieser unterscheidet sich vom oben beschriebenen Verfahren vor allem aufgrund der anderen Werte in der Tabelle. Mit steigendem n nähert sich der t-Wert immer mehr dem z-Wert an. Ein Blick in die Tabelle 2 im Anhang (t-Verteilung) zeigt für die Bereiche $p = 0{,}05$, $p = 0{,}01$ und $p = 0{,}001$ für ein- und zweiseitige Testung, dass bei „n = unendlich" dieselben Werte vorliegen wie in der z-Wert-Tabelle. Für Werte über $n = 50$ liegen sie nur wenig darüber.

Die z-Wert-Tabelle führt die Prozentanteile der Flächen unterhalb der Normalverteilung auf. Die im Anhang aufgeführte t-Wert-Tabelle konzentriert sich nur auf die z-Werte für die Ablehnungsbereiche (5 %, 1 %, einseitig und zweiseitig), das sind also die Werte $z = 1{,}64$, $z = 1{,}96$, $z = 2{,}33$, $z = 2{,}58$[6].

Die t-Wert-Tabelle gibt im Gegensatz zur z-Wert-Tabelle an, wie stark ein bestimmter z-Wert (für den jeweiligen Ablehnungsbereich) für welches n (bzw. Freiheitsgrad) angepasst werden muss. So beträgt z. B. der t-Wert für den Vergleich einer Stichprobe mit einer Population bei einer Stichprobengröße von $n = 11$ (Freiheitsgrad von $n-1 = 10$), $p = 0{,}05$ und einseitiger Testung statt $z = 1{,}65$ nun $t = 1{,}81$. Die t-Wert-Tabelle verkleinert also den Ablehnungsbereich der Nullhypothese mit abnehmender Stichprobengröße: Die Unterschiede müssen also größer sein, um signifikant zu werden.

6.2.1 Einstichproben-t-Test

Der Einstichproben-t-Test kommt dann zur Verwendung, wenn die Stichprobengröße ≤ 50 ist.

Beispiel zum Einstichproben-t-Test

Dies sei wiederum am Beispiel verdeutlicht, welches in Kp. 5.3.1 bearbeitet wurde:
Für das Lesetest-Ergebnis einer 4. Klasse (von der wir annehmen, sie sei repräsentativ zusammengesetzt) wurde die Hypothese formuliert:
Die Kinder einer einzelnen 4. Klasse aus X-Dorf lesen besser als die Kinder der Population.
Zu testende Nullhypothese: Der Unterschied zwischen den Viertklässlern aus X-Dorf und den Viertklässlern der Eichstichprobe (Population) ist zufällig.

Es liegen folgende Parameter vor:
$MW_{Sp} = 43$ Punkte; $n_{Sp} = 20$;
$MW_{Pop} = 39$ Punkte; $SA_{Pop} = 9$ Punkte

▼

6 Meist werden in t-Wert-Tabellen auch für weitere Ablehnungsbereiche t-Werte aufgeführt. Diese werden hier nicht aufgeführt, weil sie im Rahmen pädagogisch-psychologischer Forschung wenig Bedeutung haben.

Da die Hypothese gerichtet ist, ist die Nullhypothese einseitig zu testen. Wir wählen das Signifikanzniveau von p = 0,05. Der Ablehnungsbereich für die Nullhypothese beginnt aber nicht mehr bei z = 1,645 (vgl. z-Wert-Tabelle), sondern beim kritischen t-Wert von $t_{krit} = 1{,}73$. Dieser Wert wird ermittelt über die Freiheitsgrade (FG), welche hier n–1 = 19 betragen. Ein Blick in die Tabelle bei FG = 19 und p = 0,05 (einseitig) zeigt den Wert $t_{krit} = 1{,}73$.

Für die Transformation des Mittelwerts der Stichprobe in einen t-Wert ist wiederum zuerst der Standardfehler zu berechnen:

$$SF = \frac{SA}{\sqrt{n}} = \frac{9}{\sqrt{19}} = \frac{9}{4{,}36} = 2{,}064$$

Wir transformieren nun den Stichprobenmittelwert in die als Prüfverteilung dienende t-Verteilung:

$$t = \frac{MW_{Sp} - MW_{Pop}}{SF_{MW}} = \frac{43-39}{2{,}064} = 1{,}938$$

Damit liegt der t-Wert der Viertklässler mit t = 1,938 noch knapp über der oberen Grenze des Ablehnungsbereichs von $t_{krit} = 1{,}73$. Der Unterschied ist noch signifikant.

Das Ergebnis eines t-Tests wird in der Regel wie folgt dargestellt:

	Erzielte Punkte im Lesetest für 4. Klassen		
	Mittelwert	**Standardabweichung**	**Anzahl Lernende**
Stichprobe	43	–	20
Population	39	9	1.500
t = 1,937, FG = 19, p < 0,05			

Tab. 16: Ergebnispräsentation für Signifikanztest von Mittelwertsunterschieden

Streuung der Population nicht bekannt:
Wenn die Streuung der Population nicht bekannt ist, wird diese aus der Streuung (Standardabweichung) der Stichprobe geschätzt (Hirsig, 1998):

$$SA_{Pop} = SA_{Sp} \cdot \sqrt{\frac{n_{Sp}}{n_{Sp}-1}}$$

Die Populationsvarianz wird mit dieser Formel mit der Stichprobenvarianz geschätzt. Dazu wird die Summe der Abweichungsquadrate (der Stichprobe) nicht durch n, sondern durch n-1 dividiert. Diese Korrektur vergrößert die Populationsvarianz um so mehr, je kleiner die Stichprobe ist, weil zu erwarten ist, dass kleinere Stichproben die Populationsvarianz eher unterschätzen als größere Stichproben.

Für die Berechnung des Standardfehlers kann dabei auch einfach folgende Formel zum Einsatz kommen:

$$SF_{MW} = \frac{SA_{Sp}}{\sqrt{n_{Sp} - 1}}$$

6.2.2 Zweistichproben-t-Test: abhängig oder unabhängig?

Werden zwei Stichproben daraufhin geprüft, ob sich ihre Mittelwerte signifikant unterscheiden, dann kommt der Zweistichproben-t-Test zur Anwendung.

Vorher ist zu bestimmen, ob die zu prüfenden Stichproben voneinander abhängig oder unabhängig sind. Stichproben sind dann voneinander unabhängig, wenn sie unabhängig voneinander aus der Population gezogen worden sind. *„Dies bedeutet, dass kein Element (Person oder Objekt) der einen Stichprobe mit einem Element der anderen Stichprobe verknüpft sein darf.“* (Weinbach/Grinell, 2000, S. 224)

Beispiele dafür sind:

- Vergleich der Leistungen von Kindern aus der Stadt und Kindern vom Land in Mathematik in der 3. Klasse Grund-/Primarschule (jeweils repräsentative Stichprobenauswahl),
- Vergleich der Leistungen nach Durchlaufen eines traditionellen Lehrmittels und eines neuen Lehrmittels (jeweils repräsentative Stichprobenauswahl),
- Vergleich der Leistungen im Fach Muttersprache bei sehr großzügig (hoch) bewertenden/benotenden Lehrpersonen und bei sehr kritisch (tief) bewertenden/benotenden Lehrpersonen (Extremgruppenvergleich).

Werden zwei unabhängige Stichproben mit dem t-Test geprüft, muss vorher jeweils geklärt werden, ob die beiden Stichproben sich in ihren Varianzen unterscheiden. Dazu wird der F-Test eingesetzt. Je nach Ergebnis wird anschließend der t-Test für unterschiedliche Varianzen oder der t-Test für gleiche Varianzen angewendet.

Abhängige Stichproben sind miteinander verknüpft.
Beispiele dafür sind:

- Test-Retest-Studien, in welchen z. B. (bei derselben Personengruppe) der Lernfortschritt zwischen den Testzeitpunkten T1 und T2 gemessen wird,
- ein- oder zweieiige Zwillinge, von denen z. B. ein Zwilling ein Training durchläuft,

- Ehepaare (Frauen und Männer), die auf einen bestimmten Unterschied hin (z. B. geometrisches Vorstellungsvermögen) untersucht werden,
- parallelisierte Studien, in welchen für jede Person einer Versuchsgruppe (z. B. Hochbegabte) eine Person einer Kontrollgruppe ausgesucht wurde (die sich in sozialer Herkunft, Urbanität u. Ä. nicht unterscheidet).

Die Testung von Mittelwertsunterschieden bei abhängigen Stichproben erfordert keine Prüfung der Unterschiedlichkeit der Varianzen.

Zweistichproben-t-Test für unabhängige Stichproben

Werden die Mittelwerte von zwei unabhängigen Stichproben miteinander verglichen, muss zuerst geprüft werden, ob die beiden Stichproben aus Populationen mit derselben Varianz stammen. Dazu wird die größere geschätzte Varianz ($SA_{1(Pop)}{}^2$) durch die kleinere geschätzte Varianz ($SA_{2(Pop)}{}^2$) geteilt.

Die Nullhypothese lautet: Der Unterschied zwischen SA_1 und SA_2 ist nicht signifikant.

Nun wird der F-Test durchgeführt, welcher diese Hypothese (wonach die beiden Stichproben aus Populationen mit unterschiedlichen Varianzen stammen) prüft.

$$F = \frac{SA_{1(Pop)}{}^2}{SA_{2(Pop)}{}^2}$$

Dabei muss SA_1 größer sein als SA_2. Es wird also immer diejenige Stichprobe als erste genommen, welche die größere Varianz aufweist. Je größer der ermittelte F-Wert ist, desto größer ist der Unterschied zwischen den Varianzen. Vor dem Vergleich mit den kritischen F-Werten in der Tabelle sind noch die Freiheitsgrade zu ermitteln:

$$FG_1 = n_1-1;\ FG_2 = n_2-1$$

Für diese Freiheitsgrade ist in der Tabelle 3 (Anhang) nachzuschauen, ab welchem Wert zwei Streuungen sich signifikant voneinander unterscheiden. Ist das empirisch ermittelte F größer als das $F_{5\%}$, dann unterscheiden sich die beiden Streuungen signifikant und es ist der t-Test für unabhängige Stichproben und ungleiche Varianzen zu berechnen.

Für die Berechnung mit Excel ist zuerst im Menü „Einfügen“ das Element „Funktion“ zu aktivieren. In der anschließend erscheinenden Auswahlbox ist in „Funktionskategorie“ der Begriff „Statistik“ zu aktivieren, dann in „Funktion“ der Begriff „FVERT“. In der nun erscheinenden Dialogbox sind drei Elemente einzugeben. In „X“ ist der berechnete F-Wert einzugeben, in „Freiheitsgrad 1“ und „Freiheitsgrad 2“ die entsprechenden Freiheitsgrade. Nach der Aktivierung von „OK“ gibt Excel eine Zahl aus, welche das genaue Signifikanzniveau bzw. die Irrtumswahrscheinlichkeit bei der Ablehnung der Nullhypothese angibt.

Beispiel zur Prüfung unterschiedlicher Varianzen[7]

In zwei Jugendgruppen wurde das wöchentliche Taschengeld erhoben. Dabei ergaben sich für die Merkmalsdimensionen Verteilungen, die durch folgende Stichprobenkennwerte charakterisiert werden können:

Gruppe A: $MW_A = 80{,}5$; $SA_A = 11{,}1$; $n_A = 9$
Gruppe B: $MW_B = 90{,}1$; $SA_B = 22{,}2$; $n_B = 11$

Fragestellung: Ist die Varianz der Gruppe B so viel größer als in Gruppe A, dass der Unterschied nicht mehr dem Zufall zugeschrieben werden kann? Anders ausgedrückt: Kann die Hypothese, dass die beiden Stichproben aus Populationen stammen, in denen die Varianzen der Merkmalsausprägungen identisch sind, statistisch abgelehnt werden?

Von der interessierenden Merkmalsausprägung „wöchentliches Taschengeld" darf angenommen werden, dass es in der Population der Jugendlichen näherungsweise normalverteilt ist. Die Stichproben sind unabhängig, da die befragten Jugendlichen immer nur der einen oder der anderen Jugendgruppe angehörten und keine Geschwister hatten, die zur jeweils anderen Jugendgruppe gehörten.

Zuerst sind die geschätzten Populationsstreuungen aus den Stichprobenstreuungen zu ermitteln mit der Formel:

$$SA_{Pop} = SA_{Sp} \cdot \sqrt{\frac{n_{Sp}}{n_{Sp}-1}}$$

$$SA_{A\,(Pop)} = 11{,}1 \cdot \sqrt{\frac{9}{8}} = 11{,}1 \cdot 1{,}061 = 11{,}77$$

$$SA_{B\,(Pop)} = 22{,}2 \cdot \sqrt{\frac{11}{10}} = 22{,}2 \cdot 1{,}049 = 23{,}28$$

$$F = SA^2_{B(Pop)} / SA^2_{A(Pop)} = (23{,}28)^2 / (11{,}77)^2 = 541{,}96 / 138{,}53 = 3{,}912$$

Der Freiheitsgrad für die Varianzschätzung für Stichprobe B beträgt $FG_1 = (11-1) = 10$, derjenige für die Stichprobe A $FG_2 = (9-1) = 8$. Der (als Prüfverteilung dienenden) F-Verteilung entnehmen wir, dass eine mit diesen Freiheitsgraden F-verteilte Zufallsvariable den Ausprägungsgrad 3,34 nur mit einer Wahrscheinlichkeit von 5 % erreicht oder überschreitet. Da unser Prüfwert mit 3,91 über diesem Grenzwert liegt, lehnen wir die Nullhypothese mit einer Irrtumswahrscheinlichkeit von $p < 5\,\%$ ab.

[7] Beispiel aus Hirsig, 1998, S. 535

Die Berechnung mit Excel ergibt den genaueren Wert für die Irrtumswahrscheinlichkeit. Sie beträgt 3,3 % (p = 0,0326).

Demzufolge ist der Unterschied zwischen den beiden Mittelwerten mit dem Zweistichproben-t-Test für unabhängige Stichproben und unterschiedlichen Varianzen zu prüfen.

Die Prüfverfahren zur Untersuchung, ob sich zwei Mittelwerte (aus unabhängigen Stichproben) signifikant unterscheiden, können zunächst reduziert werden auf die Formel

$$t = \frac{MW_{Sp1} - MW_{Sp2}}{\text{Gemittelter Standardfehler aus beiden Stichprobe}} = \frac{MW_{Sp1} - MW_{Sp2}}{SF_{MW1 - MW2}}$$

Anschließend ist stets zu prüfen, ob das durch die Formel resultierende empirische t gleich groß oder größer ist als das t_{Tab} (das t der Tabelle). Ist dem so, so wird die Nullhypothese abgelehnt (= der Mittelwertsunterschied ist als signifikant anzusehen).

Zur Prüfung von Unterschiedshypothesen bei unabhängigen Stichproben muss vorher geklärt werden:

a) ob die Stichprobengrößen sich unterscheiden (oder nicht), und
b) ob die Varianzen sich unterscheiden oder nicht (mithilfe des F-Test).

Der gemittelte Standardfehler aus beiden Stichproben (auch Standardabweichung der Verteilung der Mittelwertsdifferenzen) ist je nach Voraussetzung unterschiedlich zu berechnen (nach Hirsig, 1998). Die Hauptaufgabe der nachfolgend aufgeführten Formeln ist das Berechnen eines angemessenen Durchschnitts aus den vorliegenden Varianzen.

Berechnung des Standardfehlers und der Freiheitsgrade bei (annähernd) gleichen (homogenen) Varianzen:

$$SF_{MW1-MW2} = \sqrt{\frac{SA_1^2 \cdot n_1 + SA_2^2 \cdot n_2}{n_1 + n_2 - 2}} \cdot \sqrt{\frac{1}{n_1} + \frac{1}{n_2}}$$

Hier werden die unterschiedlichen Stichprobengrößen (n) als Gewichtungsfaktoren benutzt: Wenn n_1 zum Beispiel doppelt so groß ist wie n_2, dann wird die Varianz_1 im Vergleich zur Varianz_2 doppelt gerechnet.

$$FG = n_1 + n_2 - 2$$

Berechnung des Standardfehlers und der Freiheitsgrade bei ungleichen (inhomogenen) Varianzen:

$$SF_{MW1-MW2} = SA_{Sp} \cdot \sqrt{\frac{SA_{1Pop}^{\ 2}}{n_1} + \frac{SA_{2Pop}^{\ 2}}{n_2}}$$

wobei:

$$SA_{1Pop} = SA_1 \cdot \sqrt{\frac{n_1}{n_1-1}}$$

$$SA_{2Pop} = SA_2 \cdot \sqrt{\frac{n_2}{n_2-1}}$$

$$FG = (n_1 + n_2 - 2) / 2$$

TIPP | **zu Excel**

Berechnung mit Excel:

1. Werte eintragen:
   In zwei sinnvollerweise nebeneinander liegenden Spalten werden die Werte eingetragen. Die beiden jeweils abhängigen Werte sollten in nebeneinander liegenden Zellen eingefügt werden.
2. Im Menü „Extras" die „Analysefunktionen" aktivieren und dort je nach Ergebnis des t-Tests den „Zweistichproben-t-Test: Gleiche Varianzen" oder den „Zweistichproben-t-Test: Unterschiedliche Varianzen" auswählen.
3. Es erscheint eine Dialogbox. Im Feld „Bereich Variable A" werden die Zellen der Werte der einen Stichprobe angeklickt, im Feld „Bereich Variable B" die Zellen der Werte der anderen Variable.
   Das Element „Beschriftungen" ist nur dann zu aktivieren, wenn die jeweils oberste Zelle der Spalte mit den Werten die Beschriftung der Variable enthält.
   Für das „Alpha" ist das gewünschte Signifikanzniveau anzugeben (meist ist die Voreinstellung 0,05).
   Der „Ausgabebereich" lässt sich nach Wunsch wählen (auf aktuellem oder auf separatem Blatt).
4. Nun drücken Sie „OK". Excel produziert nun eine Ergebnis-Tabelle. Die wichtigen Ergebnisse sind: Die Mittelwerte für die beiden Variablen, der erhaltene t-Wert („t-Statistik") und die Irrtumswahrscheinlichkeiten des Ergebnisses ($P(T \leq t)$).

Anwendungsbeispiel zur Prüfung von zwei Mittelwerten aus unabhängigen Stichproben
(aus Hirsig, 1998, S. 5.2.1; leicht gekürzt)

In zwei Schulen, die in ganz unterschiedlichen Vierteln der Stadt liegen, wurden die Schulleistungen der 11-jährigen Grundschülerinnen und -schüler erhoben. Dabei ergaben sich in den beiden Stichproben Verteilungen der Merkmalsdimension „Schulleistung", die sich durch die folgenden Verteilungskennwerte beschreiben lassen:

Stichprobe 1 (Schule A): $MW_1 = 101$; $SA_1 = 15$; $n_1 = 400$
Stichprobe 2 (Schule B): $MW_2 = 99$; $SA_2 = 14{,}95$; $n_2 = 300$

Die Elternvereinigung der Stadt vermutet, dass dieser Unterschied in den Leistungsmittelwerten darauf zurückzuführen ist, dass in Schule B die Lehrkräfte bedeutend häufiger wechseln als in Schule A. Aus prüfstatistischer Sicht kann nur der Frage nachgegangen werden, ob bei der Interpretation des zwischen den beiden Stichproben beobachtbaren Mittwertunterschiedes von +2 Punkten der Zufall ausgeschlossen werden kann. Die Frage ist also einseitig gestellt: Kann der um 2 Punkte höhere Leistungsmittelwert der Schüler in Schule A auch durch den Zufall erklärt werden oder kann das Argument „Zufall" bei der Interpretation ausgeschlossen werden?

Gegebene Voraussetzungen:
Für die Verteilung der Leistungsmittelwerte aller Volksschüler darf eine Normalverteilung angenommen werden.
Bei den gegebenen Stichprobengrößen und den praktisch identischen Stichprobenvarianzen dürfen homogene Populationsvarianzen angenommen werden.
Die beiden Stichproben sind unabhängig, d.h. jeder Schüler geht nur in eine Schule und gehört damit eindeutig zu einer Stichprobe.

Nullhypothese: Der Unterschied zwischen den beiden Mittelwerten ist zufällig (die Differenz zwischen den beiden Mittelwerten ist Null).
Es kommt der t-Test für unabhängige Stichproben bei gleichen Varianzen zum Einsatz:
$t = (MW_{Sp1} - MW_{Sp2}) / SF_{MW1-MW2}$
wobei:

$$SF_{MW1-MW2} = \sqrt{\frac{SA_1^2 \cdot n_1 + SA_2^2 \cdot n_2}{n_1 + n_2 - 2}} \cdot \sqrt{\frac{1}{n_1} + \frac{1}{n_2}}$$

und: $FG = n_1 + n_2 - 2$

Zuerst wird SF berechnet:

$$SF = \sqrt{\frac{(15^2 \cdot 400 + 14{,}95^2 \cdot 300}{(400 + 300 - 2)}} \cdot \sqrt{\frac{1}{400} + \frac{1}{300})}$$

$$= \sqrt{\frac{90\,000 + 67\,050{,}75}{698})} \cdot \sqrt{(0{,}0025 + 0{,}0033)}$$

$$= \sqrt{225{,}001} \cdot \sqrt{0{,}0058} = 15 \cdot 0{,}0762 = 1{,}14$$

Dann ist der empirische t-Wert zu ermitteln

$$t = \frac{101 - 99}{1{,}14} = \frac{2}{1{,}14} = 1{,}75$$

Der t-Tabelle (p = 0,05; einseitige Testung) entnehmen wir, dass der t-Wert den Betrag von 1,64[8] überschreiten muss, um die Nullhypothese zu verwerfen. Das ist hier der Fall. Die Nullhypothese wird mit einer Irrtumswahrscheinlichkeit von 5 % verworfen. Das bedeutet: Bei der Interpretation des um zwei Punkte besseren Leistungsmittelwertes der Stichprobe 1 (Schüler in Schule A) darf der Zufall mit einer Irrtumswahrscheinlichkeit von kleiner als 5 % ausgeschlossen werden. Worauf der Unterschied zurückzuführen ist, kann mit statistischen Verfahren nicht entschieden werden.

Zweistichproben-t-Test für abhängige Stichproben

Weil hier mit gepaarten Werten gearbeitet wird, kommt ein etwas anderes Verfahren zum Zug: Es werden nicht die Mittelwerte der beiden Stichproben ermittelt, sondern nur ein Mittelwert, nämlich der Mittelwert der Differenzen (zwischen den jeweils gepaarten Werten). Auf dieselbe Weise wird mit den weiteren Parametern (Standardabweichung, Standardfehler) verfahren. Zu ermitteln sind also:

MW_d = Mittelwert der Differenzen (zwischen den gepaarten Werten)
SA_d = Standardabweichung der Verteilung der Differenzen
SF_d = Standardfehler der Verteilung der Differenzmittelwerte

Der t-Wert wird berechnet mit: $t = \frac{MW_d}{SF_d}$

8 Aufmerksame Leserinnen und Leser merken: Hier entspricht der t-Wert dem z-Wert, weil das n deutlich größer als 120 ist bzw. weil ab n = 50 mit dem z-Wert gerechnet werden dürfte. Hier kommen wir auch mit der t-Wert-Tabelle zum richtigen Ergebnis.

Wobei:

$MW_d = \frac{\Sigma (x_{i1} - x_{i2})}{n}$

SA_d = Wurzel aus (Summe von (Unterschiede zwischen jeder einzelnen Differenz (d_i) und dem Differenzenmittelwert $MW_d)^2$ / n) = Wurzel aus (Summe von $(d_i - MW_d)^2 / n$)

⇏ dient nur dem Verständnis – muss nicht berechnet werden

SF_d = Wurzel aus (Summe von (Unterschiede zwischen jeder einzelnen Differenz (d_i) und dem Differenzenmittelwert $MW_d)^2 / (n - 1) \cdot n$)
= Wurzel aus (Summe von $(d_i - MW_d)^2 / (n - 1) \cdot n$)

FG bei kleinen Stichproben (n kleiner oder gleich 30): FG = n – 1

TIPP | **zu Excel**

Berechnung mit Excel:

1. Werte eintragen:
   In zwei sinnvollerweise nebeneinander liegenden Spalten werden die Werte eingetragen. Die beiden jeweils abhängigen Werte sollten in nebeneinander liegenden Zellen eingefügt werden.
2. Im Menü „Extras" die „Analysefunktionen" aktivieren und dort den „Zweistichproben-t-Test für abhängige Stichproben" auswählen.
3. Es erscheint eine Dialogbox. Im Feld „Bereich Variable A" werden die Zellen der Werte der einen Stichprobe angegeben, im Feld „Bereich Variable B" die Zellen der Werte der anderen Variable.
   Das Element „Beschriftungen" ist nur dann zu aktivieren, wenn die jeweils oberste Zelle der Spalte mit den Werten die Beschriftung der Variable enthält.
   Für das „Alpha" ist das gewünschte Signifikanzniveau anzugeben (meist ist die Voreinstellung 0,05).
   Der „Ausgabebereich" lässt sich nach Wunsch wählen (auf aktuellem oder auf separatem Blatt).
4. Nun drücken Sie „OK". Excel produziert nun eine Ergebnis-Tabelle. Die wichtigen Ergebnisse sind: Die Mittelwerte für die beiden Variablen, der erhaltene t-Wert („t-Statistik") und die Irrtumswahrscheinlichkeiten des Ergebnisses ($p(T \leq t)$).

Beispiel zur Prüfung von zwei Mittelwerten aus abhängigen Stichproben

Eine Forscherin hat im Rahmen einer Vorstudie ein zweimonatiges Training zur Erhöhung der Leseflüssigkeit für 2. Klassen durchgeführt. Sie hat sich dabei auf besonders leseschwache Jungen konzentriert. Am Training haben zehn Kinder teilgenommen. Zehn weitere Kinder dienten als Kontrollgruppe. Die Kinder der Kontrollgruppe wurden parallelisiert (bezüglich Berufen der Eltern, Freizeitpräferenzen der Kinder, Schulleistungen in andern Fächern, Lesefähigkeit am Anfang des Trainings). So konnte jedem Kind der Versuchsgruppe ein Kind der Kontrollgruppe zugeordnet werden.

Nullhypothese: Die Differenz der Mittelwerte zwischen der Trainings- und der Kontrollgruppe ist Null.

Nach dem Training zeigten sich folgende Ergebnisse:

Kind	Versuchsgruppe	Kontrollgruppe	d_i: $x_{i1} - x_{i2}$	$(d_i - MW_d)^2$
1	15	13	2	1
2	20	10	10	49
3	12	14	–2	25
4	13	14	–1	16
5	18	18	0	9
6	9	12	–3	36
7	19	15	4	1
8	17	8	9	36
9	18	12	6	9
10	18	13	5	4
MW	15,9	12,9	3,0	

Der MW_d ist 3,0. Dies wird in der obigen Tabelle auf zwei Arten sichtbar: Zum einen als Mittelwert der Spalte (d_i: $x_{i1} - x_{i2}$), zum anderen als Differenzbetrag zwischen den beiden Mittelwerten von Versuchs- und Kontrollgruppe.

Ermittlung von SA_d:

$$\sum (d_i - MW_d)^2 = 186$$

$$\sum \frac{(d_i - MW_d)^2}{(n-1) \cdot} = 2{,}067$$

$$\sqrt{\frac{\sum (d_i - MW_d)^2}{(n-1) \cdot}} = 1{,}44$$

$$SF_d = \sqrt{\frac{\sum (d_i - MW_d)^2}{(n-1) \cdot n}}$$

$$t = \frac{MW_d}{SF_d} = \frac{3{,}0}{1{,}44} = 2{,}087$$

$$FG = n - 1 = 9$$

$$t_{95\,\%} = 1{,}83$$

Weil t größer ist als $t_{95\,\%}$, kann die Nullhypothese verworfen werden. Der Unterschied ist signifikant.

Eine Berechnung dieses t-Tests in Excel zeigt, dass die Irrtumswahrscheinlichkeit dieses Unterschiedes (einseitige Testung) 3,3 % (p = 0,033) beträgt, was aufgrund des geringen Unterschieds zwischen t und $t_{95\,\%}$ zu erwarten ist.

6.3 Testung von Zusammenhangshypothesen: Korrelationsrechnung

Bis jetzt wurden im Rahmen der schließenden Statistik nur Unterschiedshypothesen behandelt. Dabei stand die Frage im Zentrum, ob sich der Mittelwert einer Stichprobe zufällig von einem anderen Mittelwert (der Population oder einer anderen Stichprobe) unterscheidet. Will eine Lehrperson beispielsweise wissen, ob die Begeisterung, die sie beim Unterrichten zeigt, zu besseren Leistungen führt, dann kann sie die Leistungssteigerung (abhängige Variable) der Kinder in einem Fach messen und sie gleichzeitig fragen, wie diese die Begeisterungsfähigkeit der Lehrperson in diesem Fach einschätzen. Wir könnten nun eine Stichprobe zusammenstellen aus Klassen mit eher begeisterungsfähigen und Klassen mit eher wenig begeisterungsfähigen Lehrpersonen. Die Messung der Leistungsentwicklung könnte zu einem Ergebnis mit signifikanten Unterschieden in der Leistungssteigerung zugunsten der Gruppe mit eher begeisterungsfähigen Lehrpersonen führen.

Im Gespräch geben mehrere der als begeisterungsfähig eingeschätzten Lehrpersonen nun aber an, sie würden deshalb begeisterter unterrichten als sonst, weil ihre aktuellen Klassen sehr interessiert seien und weil dies für sie als Lehrpersonen so motivierend sei. Das nun aber verwirrt: Was ist jetzt die unabhängige Variable? Oben sind wir davon ausgegangen, dass dies die Begeisterungsfähigkeit der Lehrpersonen sei, einige von diesen aber geben an, dass es das Interesse und die Leistungsbereitschaft der Lernenden sei (andere wieder nicht). In diesem Fall ist also unklar, was unabhängige und was abhängige Variable ist. Für diese Situation ist es nicht sinnvoll, statistisch nach Unterschieden zu suchen, hier muss der Zusammenhang geprüft werden. Die Forschungshypothese lautet dabei: „Die von einer Lehrperson gezeigte Begeisterung steht in einem positiven Zusammenhang mit den Schulleistungen im betreffenden Fach." Damit ist beides möglich:

- Je besser die Schulleistungen, desto größer die von der Lehrperson gezeigte Begeisterung (⇏ gute Leistungen der Lernenden motivieren die Lehrpersonen).
- Je größer die von einer Lehrperson gezeigte Begeisterung, desto besser die Schulleistungen (⇏ Begeisterung der Lehrperson motiviert die Lernenden).

Für diese Situation können jedoch nicht mehr Mittelwerte auf ihre Unterschiede geprüft werden. Dazu braucht es ein anderes mathematisches Verfahren: Die Korrelationsrechnung.

6.3.1 Die Frage nach dem Zusammenhang

Manchmal interessiert die Frage nach dem Zusammenhang aus anderen Gründen. Wenn z. B. die Validität einer Prüfung zum Thema „Funktion des Waldrands" in einer 4. Klasse überprüft werden soll, dann kann die betreffende Lehrperson ein halbes Jahr nach der Prüfung (in diesem halben Jahr wurden ganz andere Dinge behandelt) mit den Kindern an den Waldrand gehen und eine unangekündigte (fairerweise nicht notenrelevante) handlungsorientierte Einzelprüfung durchführen, in welcher geschaut wird, ob die Kinder das ein halbes Jahr vorher erworbene Wissen hier für ausgewählte Bereiche in der konkreten Situation umsetzen können. Die von den Kindern erzielten Punkte können dann, mithilfe der Korrelationsrechnung, mit den in der Prüfung vor einem halben Jahr erzielten Punkten verglichen werden. Die dahinter stehende Hypothese lautet: Kinder, die vor einem halben Jahr in der Prüfung zu diesem Thema gut abgeschnitten haben, sollten auch in dieser Prüfung gut abschneiden. Hingegen sollten Kinder, welche damals schlecht abgeschnitten haben, jetzt auch schlecht abschneiden. Mit der aktuellen Prüfung wird also getestet, ob die Prüfung vor einem halben Jahr praxisorientiert war und ob sie auch überdauernde Lernergebnisse prüfte. Mit der dabei erzielten Korrelation hat die Lehrperson ein Maß für die *Gültigkeit* der Schulprüfung (Validität: Misst die Untersuchung auch das, was sie zu messen vorgibt?). Mit der Korrelation lässt sich auch die *Reliabilität* bestimmen, indem z. B. einige Fragen kurze Zeit nach dem Test nochmals gestellt werden (z. B. ein Tag später, damit das Gelernte noch nicht vergessen gehen konnte). Wenn dieselben Lernenden in denselben Fragen wieder ähnlich oder gleich gut abschneiden, dann ist der Test ziemlich zuverlässig (reliabel).

Die Korrelation eignet sich in der Schule auch zur Identifikation von Prüfungsfragen, die wenig taugen. Wie sieht dieser *Qualitätstest für Prüfungen* aus: Wenn z. B. leistungsstarke Lernende, die ein gutes Gesamtergebnis erzielt haben, bei einzelnen Fragen häufig versagen und gleichzeitig leistungsschwächere Lernende dort relativ oft erfolgreich sind, dann taugt die Frage vermutlich nicht viel und sollte in der Prüfung im nächsten Jahr nicht mehr gestellt werden. Die Korrelation ist ein elegantes Instrument für Lehrpersonen, um die eigenen Prüfungen laufend zu verbessern.

Die Korrelation ist ein Maß für den Zusammenhang zwischen zwei Variablen. Dabei werden die Stärke und die Richtung des Zusammenhangs durch das Maß ausgedrückt. Die Zahl, mit welcher dieser Zusammenhang ausgedrückt wird, heisst *Korrelations-koeffizient* (r).

In diesem Kapitel wird nur der lineare Zusammenhang zwischen zwei Variablen besprochen. Eine lineare Korrelation besteht, wenn die Ausprägungen der beiden Variablen gemeinsam ansteigen, gemeinsam fallen oder eine ansteigt während die andere fällt. Ob ein Zusammenhang linear ist, lässt sich anhand der Form der Verteilung im Streudiagramm erkennen: Diese sollte einigermaßen einer möglichst wenig gebogenen Wurst oder Ellipse ähneln.

6.3.2 Beschreibung und Darstellung

Streudiagramme

Mit Streudiagrammen können Zusammenhänge zwischen zwei Variablen dargestellt werden. Ein Punkt repräsentiert (auf x- und y-Achse) stets gleichzeitig die Ausprägung von zwei Variablen.

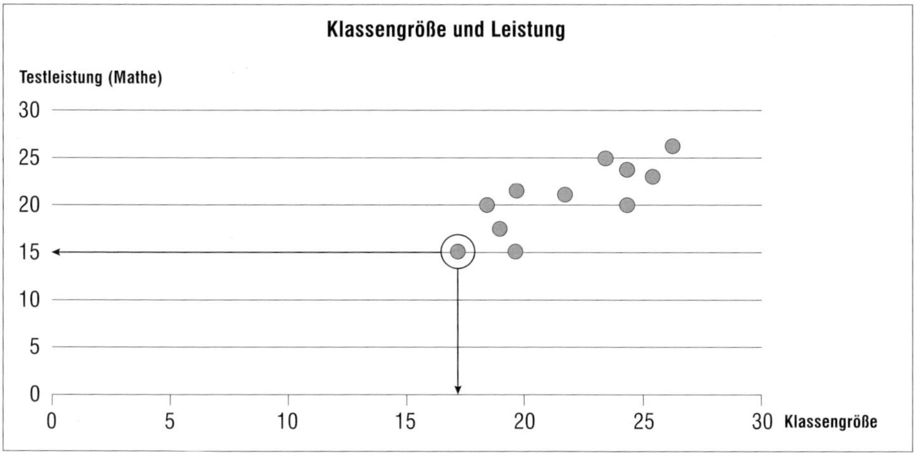

Abb. 26: Streudiagramm

So hat der eingekreiste Punkt im Streudiagramm in Abb. 26 die Ausprägungen 17/15 (x=17, y = 15). Streudiagramme helfen auch, z. B. bei nur sehr geringen Korrelationen, Untergruppen zu identifizieren, für welche stärkere Zusammenhänge vorliegen. Anhand von Streudiagrammen können zentrale Aspekte der Korrelation erläutert werden.

Stärke der Korrelation

Die Stärke der linearen Korrelation wird folgendermaßen umschrieben: Je näher die Punkte um die Gerade liegen, desto stärker ist die Korrelation bzw. der Zusammenhang. Dies wird als starke Korrelation bezeichnet (vgl. Abb. 29). Keine Korrelation (= ein nicht vorhandener Zusammenhang) wird veranschaulicht durch einen Punkteschwarm in Form eines Kreises (auch Punktwolke genannt, vgl. Abb. 27). Eine schwache Korrelation gleicht einem Punkteschwarm in Form einer Ellipse. Eine mittlere Korrelation entspricht einem Punkteschwarm in Form einer langgezogenen Ellipse (Abb. 28). Bei einer starken Korrelation liegen die Punkte nahe einer Geraden.

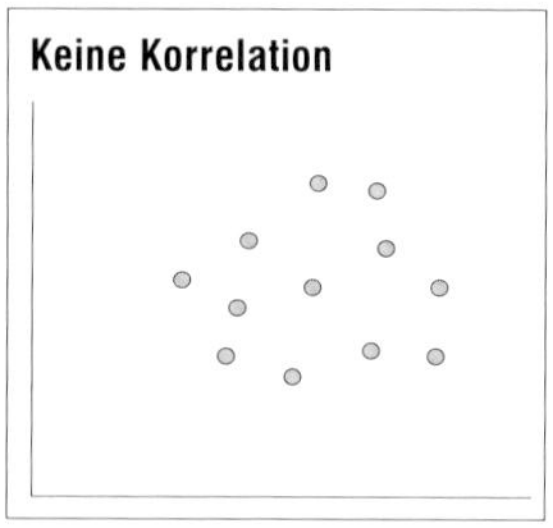

Abb. 27: Punktwolke

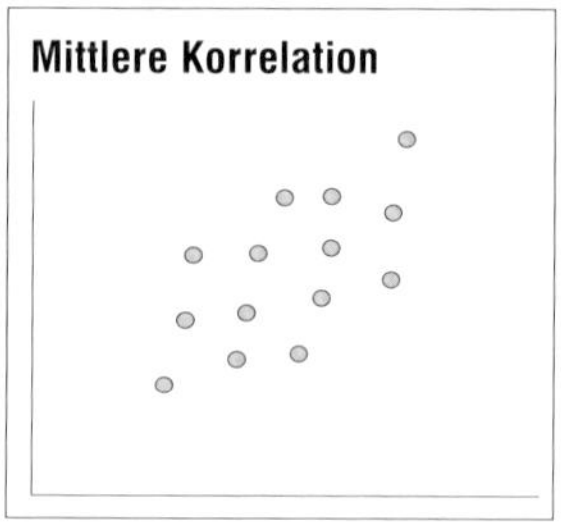

Abb. 28: Ellipse

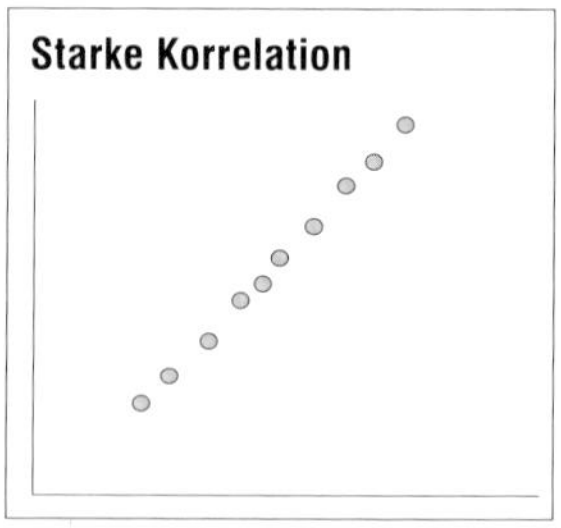

Abb. 29: Gerade (hier: perfekte Korrelation)

Richtung der Korrelation

Lineare Korrelationen bzw. Zusammenhänge können zwei Richtungen haben. Bei einer positiven Richtung steigen die Ausprägungen beider Variablen miteinander an (vgl. Abb. 31): Je größer die Ausprägung der Variable x desto größer die Ausprägung der Variable y. Positiv gerichtete Zusammenhänge verhalten sich deshalb direkt proportional: Je mehr desto mehr. Bei negativer Richtung einer Korrelation steigen die Ausprägungen beider Variablen gegenläufig: Je stärker die eine steigt, desto mehr fällt die andere (vgl. Abb. 30). Negativ gerichtete Zusammenhänge verhalten sich demzufolge indirekt proportional: Je mehr desto weniger.

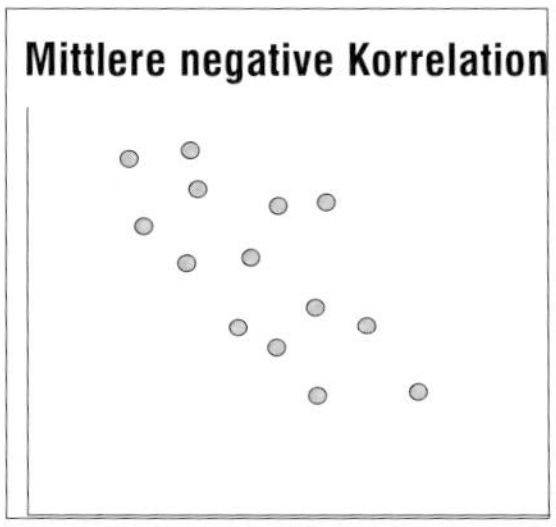

Abb. 30: indirekt proportionaler Zusammenhang

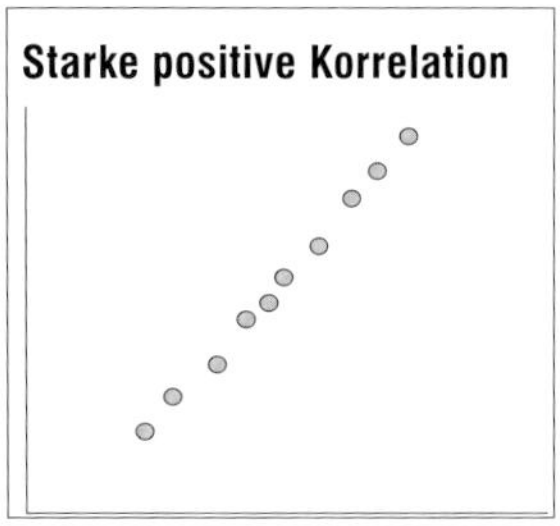

Abb. 31: direkt proportionaler Zusammenhang

Beispiel zur Korrelation

Abbildung 32 zeigt ein (fiktives) Streudiagramm zum Zusammenhang zwischen Klassengröße und Leistung in Mathematik. Dabei soll nun die Punkteverteilung charakterisiert, die Stärke des Zusammenhangs bestimmt und die Richtung (direkt oder indirekt proportional) beschrieben werden.

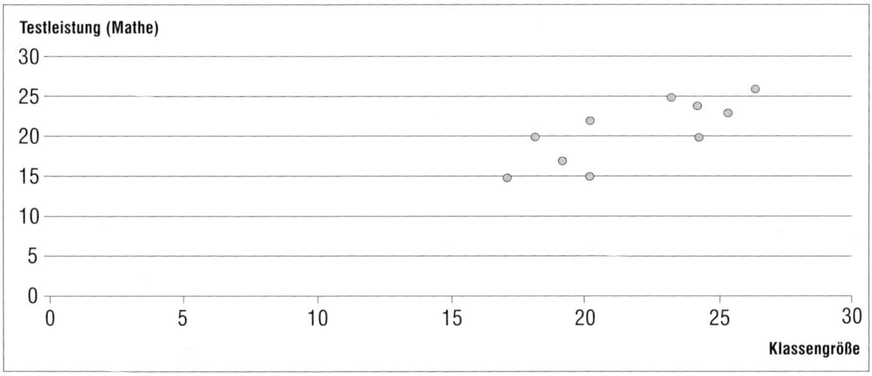

Abb. 32: Zusammenhang zwischen Klassengröße und Leistung (Beispiel für Übungszwecke)

Die Form der Verteilung ist einigermaßen linear, weil die Punkte ziemlich regelmäßig von oben rechts nach unten links (oder umgekehrt) verlaufen. Weil die beiden Variablen intervallskaliert sind (die Klassengröße ist es, für die Testergebnisse in Mathematik nehmen wir es an), sind nun die Bedingungen für die Berechnung der Korrelation mit der Produkt-Moment-Korrelation gegeben.

Charakterisierung:
Der Punkteschwarm ähnelt einer ungebogenen Wurst, welche an den beiden Enden in eine Spitze verläuft, hat also eine *elliptische Form.*

Stärke des Zusammenhangs:
Weil die Punkte ziemlich nahe an der Linie, die durch die Mitte des Schwarms gezogen werden kann, liegen, handelt es sich um einen eher *starken Zusammenhang.*

Richtung des Zusammenhangs:
Weil beide Variablen gemeinsam ansteigen, handelt es sich um einen *positiven Zusammenhang* (je größer die Klasse, desto besser die Leistung).

6.3.3 Der Korrelationskoeffizient[9]

Für unsere Zwecke reicht es, nur mit der Produkt-Moment-Korrelation zu rechnen. Sie erfordert intervall- (oder ratioskalierte) Daten. Auf die Korrelation von rangskalierten Daten wird in Kapitel 6.4.3 eingegangen.

In die Berechnung des Korrelationskoeffizienten gehen alle Werte der beiden Variablen ein. Eine perfekt positive Korrelation hat den Wert von r = +1,0; eine perfekt negative Korrelation hat den Wert von r = –1,0. Die Werte +1,0 und –1,0 sind also die beiden Extremwerte. In der Regel liegen die Korrelationswerte nicht auf einer Geraden, was dazu führt, dass sie meist kleiner als +1,0 bzw. größer als –1,0 sind.

Berechnung mit der Formel

Die Formel für die Berechnung der Korrelation lautet:

$$r = \frac{\text{Summe } (x_i - MW_x) \cdot (y_i - MW_y)}{(n-1) \cdot SA_x \cdot SA_y}$$

Das Ergebnis dieser Formel[10] ergibt stets eine Zahl zwischen +1 und –1. Die Formel bewirkt: Je größer die Abweichungen von einer Geraden, desto näher liegt der Wert bei 0. Das Durchspielen der obigen Formel an einem einfachen Beispiel (z. B. mit einem

9 Die Ausführungen in diesem Unterkapitel orientieren sich am Skript „Statistik für Nichtbegabte" (5. korr. Aufl., 1984) von Alberto Lenz (Universität Zürich).

10 Eine weitere Formel, mit welcher der Korrelationskoeffizient etwas einfacher (aber weniger anschaulich) berechnet werden kann, ist folgende:

$$r = \frac{\text{Summe } (x_i \cdot y_i) - MW_x \cdot MW_y \cdot}{(n-1) \cdot SA_x \cdot SA_y}$$

fiktiven Beispiel einer elliptischen Verteilung mit etwa 5–8 Punkten) lässt verstehen, wie diese Formel wirkt.

Je eher es möglich ist, durch die Werte eine Gerade zu legen, desto näher liegt der Wert bei +1 oder bei –1.

Beispiel

Für n=5 Versuchspersonen wurde der Zeitverbrauch (in Sekunden) zur Lösung einer Konstruktionsaufgabe gemessen. Die Messwerte des Erstversuchs gelten als x_i, die Messwerte im Zweitversuch derselben Personen gelten als y_i. Es wird gefragt, wie hoch die Leistungen im Erst- und Zweitversuch korrelieren.
Ergebnisse der beiden Messungen: $MW_x = 10$, $MW_y = 6$; $SA_x = 5$; $SA_y = 2{,}24$

Das Streudiagramm zeigt folgende Verteilung:

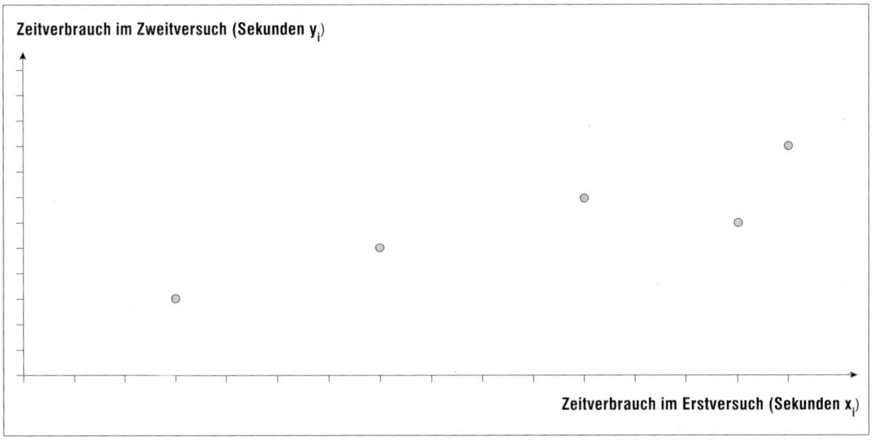

Abb. 33: Zusammenhang zwischen Erst- und Zweitversuch in einem erfundenen Beispiel

Das Bild auf dem Streudiagramm ergibt eine starke positive Korrelation.

Ergebnisse der einzelnen Personen:

Name	**Zeitverbrauch Erstversuch x_i (in Sekunden)**	**Zeitverbrauch Zweitversuch y_i (in Sekunden)**	$(x_i - MW_x) \cdot (y_i - MW_y)$
Monika	3	3	$= (3 - 10) \cdot (3 - 6) = (-7) \cdot (-3) = 21$
Erika	7	5	$= (7 - 10) \cdot (5 - 6) = (-3) \cdot (-1) = 3$
Traudel	11	7	$= (11 - 10) \cdot (7 - 6) = 1 \cdot 1 = 1$
Inge	14	6	$= (14 - 10) \cdot (6 - 6) = 4 \cdot 0 = 0$
Susi	15	9	$= (15 - 10) \cdot (9 - 6) = 5 \cdot 3 = 15$
Summe der miteinander multiplizierten Differenzen:			40

Damit haben wir aus der Formel den Zähler (Term über dem Bruchstrich) berechnet.
Nun ist der Nenner (Term unter dem Bruchstrich) noch zu berechnen:
$(n - 1) \cdot SA_x \cdot SA_y = 4 \cdot 5 \cdot 2{,}24 = 44{,}8$
Wenn wir für Zähler und Nenner die berechneten Werte einsetzen (40/44,8) ergibt dies einen Korrelationskoeffizienten von r = 0,89, was einem großen (bis sehr großen) Effekt entspricht (vgl. Kp. 6.1.1).
Der errechnete Korrelationskoeffizient r bestätigt die hohe positive Korrelation, die bereits aus der grafischen Darstellung abzulesen war. Demnach besteht zwischen dem Zeitverbrauch im Erstversuch (x) und dem Zeitverbrauch im Zweitversuch (y) ein Zusammenhang.

Der Korrelationskoeffizient weist drei Eigenschaften auf:
- Sein Wertebereich liegt zwischen –1 und +1.
- Sein Vorzeichen gibt die Richtung des linearen Zusammenhangs an.
- Seine Größe gibt die Stärke des Zusammenhangs der zwei Variablen an.

Signifikanztest mit Tabelle

Im oben beschriebenen Fallbeispiel ist zu berücksichtigen, dass eine kleine Stichprobe das Fehlerrisiko vergrößert. Und unsere Stichprobe mit n = 5 ist äußerst klein!

Es stellt sich also die Frage: Ist der festgestellte Zusammenhang signifikant oder bloß zufällig? Dazu muss zuerst das Signifikanzniveau bestimmt werden. Anschließend lässt sich mithilfe der Tabelle „kritische Werte für Korrelationskoeffizienten" (vgl. Tabelle 4 im Anhang) bestimmen, ob ein Koeffizient einen überzufälligen Zusammenhang belegt oder nicht.

Wenn in diesem Beispiel davon ausgegangen wird, dass die Probandinnen im Zweitversuch besser abschneiden, prüfen wir also eine einseitige Forschungshypothese und es ist das Signifikanzviveau für einen einseitigen Test zu wählen. Wir wählen die Irrtumswahrscheinlichkeit von 5 % ($p = 0{,}05$) und lesen aus der Tabelle für $n = 5$, dass die Korrelation dafür mindestens $r = 0{,}8054$ betragen muss, damit der Zusammenhang nicht als zufällig zu bewerten ist (= Nullhypothese). Da unsere Korrelation mit $r = 0{,}89$ höher liegt, kann die Nullhypothese abgelehnt werden. Es handelt sich um einen signifikanten Zusammenhang.

Effektstärke

Für die Korrelation muss die Effektstärke nicht zusätzlich noch errechnet werden, weil der Korrelationskoeffizient per Definition ein Effektstärkemaß darstellt, *„da er die Enge des Zusammenhangs zweier Variablen quantifiziert“* bzw. in Zahlen ausdrückt (Rost, 2005, S. 173).

Als Richtwerte für die Interpretation von Effekten bei Korrelationen gelten (gemäß Rost, 2005):
kleiner Effekt: ab $r = 0{,}1$ mittlerer Effekt: ab $r = 0{,}25$ großer Effekt: ab $r = 0{,}5$

Stichprobenumfang (n)

Um vor der Untersuchung den angemessenen Stichprobenumfang einigermaßen abschätzen zu können (dazu detaillierter in Kp. 6.1.2), gelten für das Prüfen von Zusammenhangshypothesen folgende Richtgrößen (gemäß Bortz & Döring, 1995, S. 575):

	Erwartete Effekte bei p = 0,01			Erwartete Effekte bei p = 0,05		
Effektstärke	klein	mittel	groß	klein	mittel	groß
Stichprobenumfang	998	107	36	618	68	22

Tab. 17: Optimale Stichprobenumfänge für Testung der Signifikanz mit der Produkt-Moment-Korrelation

6.3.4 Bestimmtheitsmaß

Die Stärke des Zusammenhangs zweier Variablen kann durch das Bestimmtheitsmaß konkretisiert werden. Es gibt an, welcher Anteil der Varianz in der einen Variablen durch die Varianz in der anderen Variablen erklärt werden kann. Berechnung: der Korrelationskoeffizient wird quadriert (r^2), mit 100 multipliziert und in Prozent ausgedrückt.

Beispiel für Zusammenhangshypothese

Forschungshypothese: Zwischen der Fähigkeit sich mündlich auszudrücken und der Anzahl des Aufrufens durch die Lehrperson besteht ein Zusammenhang (zwischen x und y besteht ein Zusammenhang).

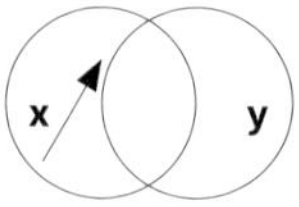

(r = 0,51)

Der Überschneidungsbereich zeigt an, welcher Anteil der Variable y durch Variable x erklärt werden kann. Wenn r = 0,51, dann ist $r^2 = 0{,}26$. Damit beträgt die durch diesen Zusammenhang erklärte Varianz $0{,}26 \cdot 100 = 26\,\%$.
Die mündliche Ausdrucksfähigkeit erklärt 26 % der Varianz in der Variable „Anzahl Aufgerufenwerden durch die Lehrperson“. Die restliche Varianz muss durch andere Variablen erklärt werden.

TIPP | **zu Excel**

Berechnung mit Excel
Am besten wenden Sie die unten stehende Anleitung gleich auf unser obiges Beispiel an.

Darstellung mit Streudiagramm
1. Diagrammassistent aktivieren.
2. Punktdiagramm anwählen („Punkt (XY)“).
3. Untertyp ohne Verbindungen wählen ⇏ weiter.
4. Datenbereich angeben (im Beispiel: Tabelle mit den Werten für den Erst- und den Zweitversuch).

Berechnen des Korrelationskoeffizienten
1. In Menü „Einfügen“ die „Funktion“ anwählen.
2. Dort unter „Statistik“ die „Korrel“ aktivieren.
3. Im erscheinenden Dialogfenster in „Matrix 1“ den Datenbereich für die erste Variable (im Bsp.: Werte für den Erstversuch) und in „Matrix 2“ denjenigen für die zweite Variable (im Bsp.: Werte für den Zweitversuch) eingeben, dann „OK“ drücken. Für unser Beispiel sollten Sie nun denselben Wert erhalten wie in Kasten 29 (r = 0,89).

6.3.5 Korrelation und Kausalität

Eine Korrelation gibt in der Regel keine Antwort darauf, ob zwischen zwei Variablen eine ursächliche (kausale) Beziehung besteht. Ausnahme: Experimentelle Anlagen, in welchen eine unabhängige Variable systematisch variiert und die Auswirkungen auf eine abhängige Variable beobachtet werden.

Zusammenhänge (Korrelationen) können auf mindestens vier unterschiedliche Arten entstehen. Dies wird für jede Art an einem Beispiel verdeutlicht:

Beispiele für die Entstehung von Korrelationen

Hypothese: Je begeisternder eine Lehrperson unterrichtet,
desto interessierter und lernbereiter sind die Lernenden.
Variable A: Begeisterungsfähigkeit der Lehrperson
Variable B: Lernbereitschaft der Lernenden

1. Variable A beeinflusst Variable B.
   Die Begeisterungsfähigkeit der Lehrperson wirkt auf die Lernbereitschaft:
   Je begeisternder eine Lehrperson unterrichtet, desto lernbereiter sind die Lernenden.
2. Variable B beeinflusst Variable A.
   Die Lernbereitschaft der Lernenden wirkt auf die Begeisterungsfähigkeit der Lehrperson: Je lernbereiter Lernende sind, desto motivierter unterrichtet eine Lehrperson.
3. Variable A und Variable B beeinflussen sich gegenseitig (Interaktionseffekt).
   Je motivierter eine Lehrperson unterrichtet, desto interessierter und lernbereiter sind die Lernenden, aber Lehrpersonen unterrichten auch motivierter bei interessierten und lernbereiten Lernenden. Dieser Effekt, wonach die Lernbereitschaft von Lernenden sich bei motiviert unterrichtenden Lehrpersonen deutlich erhöht und sich gleichzeitig die Begeisterungsfähigkeit von Lehrpersonen bei Lernbereitschaft von Lernenden deutlich verstärkt, wird als Interaktionseffekt bezeichnet. Es handelt sich um eine Gegenseitigkeit der Beeinflussung der beiden Variablen.
4. Variable A und Variable B sind abhängig von einer dritten Variablen. Es besteht jedoch keine direkte Beziehung (Kausalität) zwischen Variable A und Variable B:
   Die Lernbereitschaft der Lernenden wie die Begeisterungsfähigkeit der Lehrpersonen könnten – unabhängig voneinander – schon vorher da gewesen sein. So könnte in Schulen, welche vor allem von Kindern aus bildungsnahen Familien besucht werden, die Lernbereitschaft im Vorhinein (familienbedingt) sehr hoch sein. Gleichzeitig zieht es vielleicht gerade motivierte Lehrpersonen zu solchen Schulen hin oder aber die Schulleitungen solcher Schulen sind „gewiefter“ im Rekrutieren solcher Lehrpersonen. Die entscheidende Drittvariable wäre hier also die Bildungsnähe der Lernenden.

6.3.6 Lineare und nichtlineare Zusammenhänge

Wenn durch die Verteilungen eine Gerade gelegt werden könnte, welche die Verteilung beschreibt oder in etwa gleiche Hälften teilt (z. B. bei einer ellipsenförmigen Verteilung), dann handelt es sich um lineare Korrelationen.

Es gibt aber auch nichtlineare Zusammenhänge zum Beispiel U- oder J-förmige. Ein Beispiel dafür ist der Zusammenhang zwischen Leistungsfähigkeit und Erregungsgrad: höchste Lernfähigkeit bei mittlerer Erregung, eher tiefe Lernfähigkeiten bei geringer und starker Erregung.

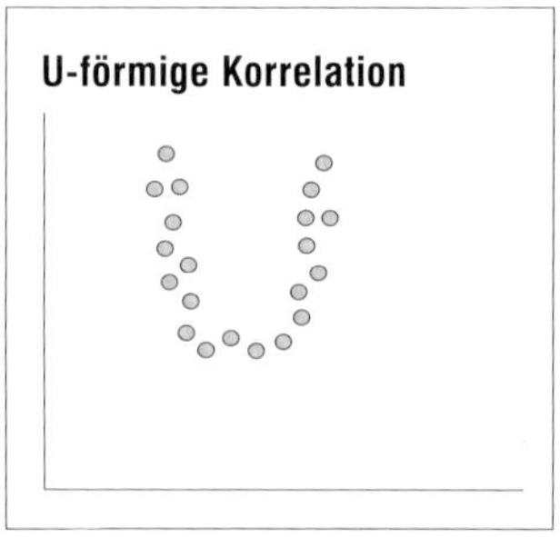

Abb. 34: Nichtlineare Korrelation

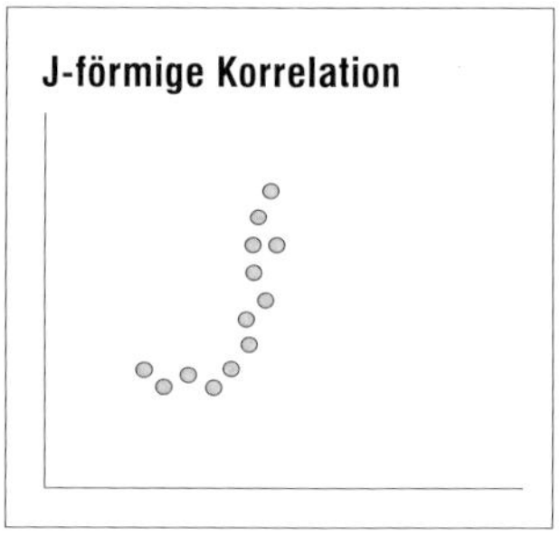

Abb. 35: Nichtlineare Korrelation

Die Produkt-Moment-Korrelation darf nur bestimmt werden, wenn es sich um eine lineare Korrelation handelt. Andernfalls muss (trotz intervallskalierter Daten) auf ein nonparametrisches Verfahren ausgewichen werden. (Für die Berechnung nicht linearer Korrelationen siehe Bortz, 1993, S. 181–187.)

6.4 Nonparametrische Verfahren

Nonparametrische Verfahren kommen zur Anwendung, wenn (a) Daten ordinal- oder nominalskaliert sind und wenn (b) intervallskalierte Daten nicht normalverteilt sind[11].

Nominal- und ordinalskalierte Daten

Daten in der Schule erreichen häufig nicht das Skalenniveau, das für eine schließende Statistik zur Parameterschätzung mit Mittelwerten und Standardabweichungen notwendig sind. Das notwendige Intervallskalenniveau ist z. B. bei Schulnoten eigentlich nicht gegeben. Auch wenn, größere Stichproben vorausgesetzt, die schließende Statistik auf der Basis der Parameterschätzung der Normalverteilung als relativ robust

[11] Für die Sonderfälle „Klumpeneffekt“ und zu „kleine Stichproben“ vgl. Fußnote 2, Kp. 7.1.1 zur Stichprobenziehung.

gegen mangelndes Skalenniveau angesehen wird, ist jedoch bei jeder Untersuchung das Skalenniveau zu berücksichtigen. Da es hervorragende statistische Prüfverfahren für nominale und ordinale Skalenniveaus gibt (vgl. Kp. 2), werden einige hier kurz dargestellt.

Abweichungen der Daten von der Normalverteilung
Einige Variablen, die in der Schule eine Rolle spielen, sind hinsichtlich ihrer Verteilungsformen schief und nicht normalverteilt (z. B. sehr schwere oder sehr leichte Klassenarbeiten, Wachstumsgeschwindigkeit bei Kindern, Geschwisterzahl). Auch wenn in der Population eine Normalverteilung zu erwarten ist, sind die Abweichungen davon bei Stichproben manchmal ziemlich stark. Selbst wenn etwa der t-Test für kleine Stichproben entwickelt wurde, so ist bei Zweigruppen-Stichprobenvergleichen zu einer sinnvollen Schätzung der Populationsparameter aus den Stichprobenparametern (wie arithmetisches Mittel und Standardabweichung) eine annähernde Normalverteilung Voraussetzung.

Rechnen mit nonparametrischen Verfahren
Leider gibt es im Statistikprogramm von Excel für die meisten nichtparametrischen Verfahren keine automatische Berechnungsmöglichkeit (Ausnahme: Median-Test). Dies ist jedoch nicht zu gravierend, zumal sich bei kleinen Stichproben diese Verfahren mithilfe eines Taschenrechners schnell von Hand berechnen lassen. Außerdem stehen (natürlich nicht nur) für große Stichproben die wichtigsten nonparametrischen Verfahren in statistischen Programmpaketen wie SPSS zur Verfügung.

Die nichtparametrischen Verfahren basieren auf der Berechnung der Wahrscheinlichkeit bestimmter Datenkombinationen, wobei nicht mit Parametern wie arithmetischem Mittel und Standardabweichung gearbeitet wird, sondern mit den Wahrscheinlichkeiten der Verteilung aller Einzeldaten.

6.4.1 Mann-Whitney-Test (U-Test) für zwei unabhängige Stichproben

Beim U-Test werden die Daten von zwei unabhängigen Stichproben verglichen. Der U-Test stellt eine Alternative zum t-Test dar (vgl. Kp. 6.2), wenn die Daten nicht normalverteilt sind. Der U-Test kann ebenfalls angewendet werden, wenn lediglich Rangdaten (ordinalskalierte Daten) bei der abhängigen Variablen vorliegen. Intervall- oder ratioskalierte Daten werden für den U-Test zunächst in Rangdaten umgewandelt. Der U-Test kann ebenfalls gut bei sehr kleinen Stichproben eingesetzt werden.

Ausgangspunkt der Prüfung ist wie immer eine Nullhypothese: Der Unterschied der zentralen Tendenzen der beiden Stichproben ist null. Oder genauer: Die Stichproben stammen aus Populationen, die hinsichtlich der zentralen Tendenz der Daten identisch sind.

Das Verfahren basiert auf recht einfachen Überlegungen: *„Wenn sich zwei Rangreihen bezüglich ihrer zentralen Tendenz nicht unterscheiden, so verteilen sich die Daten der beiden Rangreihen in einer gemeinsamen Rangreihe ‚gleichmäßig'."* (Hirsig, 1998, S. 539)

Formale Darstellung des Prinzips[12]

Regel: Die kleinste Ausprägung erhält stets den Rang 1.

Rangreihe der Daten der beiden Stichproben:
- Stichprobe A: a_1, a_2, a_3, a_4, … an_1
- Stichprobe B: b_1, b_2, b_3, b_4, … bn_2

Gemeinsame Rangreihe der beiden Stichproben:
a_1, b_1, a_2, a_3, b_2, a_4, b_3, …, bn_2

Bei einer gleichmäßigen Verteilung der Rangplätze wechseln sich die Rangplätze aus den beiden Stichproben in der gemeinsamen Rangreihe ab:
a_1, b_1, a_2, b_2, a_3, b_3, …, bn_2
In diesem Extremfall wird die Nullhypothese verworfen.

Im anderen Extremfall stehen die Ränge der einen Stichprobe geschlossen am Anfang, diejenigen der anderen Stichprobe am Ende der gemeinsamen Rangreihe.
Gemeinsame Rangreihe der beiden Stichproben:
a_1, a_2, a_3, a_4, …, an_1, b_1, b_2, b_3, b_4, …, bn_2
Hier liegt der Schluss nahe, dass sich die zentralen Tendenzen der beiden Stichproben signifikant unterscheiden (bzw. aus Stichproben mit unterschiedlichen zentralen Tendenzen stammen).

In der Forschungspraxis kommen diese beiden Extremfälle eher selten vor. Zur Prüfung der Nullhypothese sind nun verschiedene Werte zum U-Test zu ermitteln. Zu diesem Zweck wesentlich sind die Werte U und U'. U ist die Anzahl Rangplatzüberschreitungen, U' die Anzahl Rangplatzunterschreitungen.

Das Vorgehen lässt sich am einfachsten am Beispiel einer gemeinsamen Rangreihe beschreiben:

a_1, a_2, b_1, a_3, a_4, b_2, b_3, b_4, a_5
Wir zählen nun für jeden Rang der Stichprobe A ab, wie häufig ein Rang aus der Stichprobe B vor ihm steht. Die Summe dieser Rangplatzüberschreitungen ist unsere Prüfgröße U.

- a_1 und a_2 werden von keinem Rang aus der Stichprobe B überschritten: 0 Überschreitungen
- a_3 wird von einem Rang der Stichprobe B überschritten: 1 Überschreitung
- a_4 wird von einem Rang der Stichprobe B überschritten: 1 Überschreitung

[12] leicht überarbeitet nach Hirsig, 1998, S. 39

▶ a_5 wird von 4 Rängen der Stichprobe B überschritten: 4 Überschreitungen
Total U = 6 Überschreitungen

Aus dem Beispiel wird klar: Wenn eine Stichprobe A gleich viele Überschreitungen wie Unterschreitungen hat, dann unterscheidet sie sich nicht von der Stichprobe B.

Wenn wir den Extremfall berechnen, in welchem alle Rangplätze der Stichprobe A von denjenigen der Stichprobe B überschritten werden, dann beträgt das maximale $U_{max.} = n_1 \cdot n_2$.

Für das obige Beispiel würde es für jedes a (von a_1 bis a_5) vier Überschreitungen geben. Bei fünf a macht dies insgesamt ein U = 20. Je näher U bzw. U' sich genau zwischen dem Minimalwert (von 0) und dem Maximalwert (von $n_1 \cdot n_2$) befinden, desto eher ist die Nullhypothese gültig bzw. desto geringer ist der Unterschied zwischen den beiden zentralen Tendenzen. Das U beschreibt die Gleichmäßigkeit der Verteilung der Daten aus den beiden Stichproben. Damit beträgt der ideale oder erwartete Mittelwert:

$$MW_U = \frac{n_1 \cdot n_2}{2}$$

In unserem Beispiel:
Die Formel für die Prüfgröße lautet: $MW_U = \frac{4 \cdot 5}{2} = 10$
$U' = n_1 \cdot n_2 - U$
Für das obige Beispiel beträgt $U' = 4 \cdot 5 - 6 = 14$.
Aus technischen Gründen dient U als Prüfgröße, wenn U < U', im anderen Fall ist U' die Prüfgröße.
In unserem Beispiel ist U < U' und dient deshalb als Prüfgröße (U = 6).

Nun haben wir mit U und U' ein Maß der zentralen Tendenz. Die Frage ist nun, ob sich das ermittelte Maß der zentralen Tendenz (U oder U') signifikant vom erwarteten Maß der zentralen Tendenz (MW_U) unterscheidet. Dazu brauchen wir ein Maß für die Abweichung der Ränge. Die Formel für die Berechnung der Standardabweichung von U lautet:

$$SF_U = \sqrt{\frac{n_1 \cdot n_2 \cdot (n_1 + n_2 + 1)}{12}}$$

Für das obige Beispiel beträgt diese Abweichung:

$$SF_U = \sqrt{\frac{4 \cdot 5 \cdot (4 + 5 + 1)}{12}} = \sqrt{\frac{20 \cdot 10}{12}} = \sqrt{\frac{200}{12}} = \sqrt{16{,}67} = 4{,}082$$

Das empirisch ermittelte z_U beträgt: $z_U = \frac{U - MW_U}{SF_U}$

Für das obige Beispiel heißt dies: $z_U = \frac{6 - 10}{4{,}082} = \frac{-4}{4{,}082} = -0{,}98$

Nun ist der Ablehnungsbereich zu ermitteln. Ein Blick in die z-Wert-Tabelle zeigt, dass für eine Irrtumswahrscheinlichkeit von 5% der z-Wert den Betrag von +1,96 überschreiten oder den von −1,96 unterschreiten müsste. Unser empirisch ermitteltes z_U beträgt jedoch nur 0,98. Damit wird die Nullhypothese beibehalten.

Für kleine Stichproben ($n_1 < 10$ und $n_2 < 10$) sind spezielle Tabellen zu konsultieren (z. B. Bortz, 1993, Tab. F). Für größere Stichproben (n_1 oder $n_2 > 10$) kann ein empirisch ermittelter U-Wert anhand der z-Verteilung auf Signifikanz geprüft werden.

Für unser gewähltes Beispiel heißt dies: Beide Stichprobengrößen sind kleiner als n = 10. Wir bleiben jedoch aus Gründen der Anschaulichkeit bei diesem Beispiel. Dabei muss klar sein: Für die Berechnung der kritischen Werte beim U-Test bei $n_1 < 10$ und $n_2 < 10$ müssen die entsprechenden Tabellen zu Rate gezogen werden.

Beispiel Bauklötze stapeln bei Jungen und Mädchen in einer Kindergruppe

In einer Kindergruppe sind acht (n_1) Mädchen (Gruppe M) und acht (n_2) Jungen (Gruppe J). Diese stapeln folgende Mengen von Bauklötzen aufeinander: M (15, 13, 10, 9, 8, 3, 4, 1), J (6, 12, 17, 18, 19, 21, 22). Das Beispiel soll – wiederum der Anschaulichkeit wegen – mit dem oben beschriebenen Verfahren gerechnet werden, obwohl dafür die Stichprobe eigentlich zu klein ist.

Die Kindergärtnerin stellt sich die Frage, ob Unterschiede zwischen den Rangplätzen der Jungen und Mädchen zufällig sind oder nicht bzw. ob ein Geschlecht überzufällig weniger hoch baut als das andere.
Die Stapelmengen werden nun der Größe (eigentlich Kleinheit) nach geordnet und es werden Rangplätze zugeteilt.
Dabei erhält die hier kleinste gestapelte Menge den Rang 1, die größte gestapelte Menge Rangplatz 16. Das heißt: Erstrangiert ist das Kind, welches am wenigsten Klötze aufeinander gestapelt hat.

Gruppe	M_3	M_1	M_2	J_1	J_2	M_4	M_5	M_6	J_3	M_7	M_8	J_4	J_5	J_6	J_7	J_8
Wert	1	3	4	6	7	8	9	10	12	13	15	17	18	19	21	22
Rang	1	2	3	4	5	6	7	8	9	10	11	12	13	14	15	16

Die Überschreitungen verteilen sich wie folgt:

J_1 wird von 3 Rängen der Mädchen überschritten	= 3 Überschreitungen
J_2 wird von 3 Rängen der Mädchen überschritten:	= 3 Überschreitungen
J_3 wird von 6 Rängen der Mädchen überschritten:	= 6 Überschreitungen
J_4 wird von 8 Rängen der Mädchen überschritten:	= 8 Überschreitungen
J_5 wird von 8 Rängen der Mädchen überschritten:	= 8 Überschreitungen
J_6 wird von 8 Rängen der Mädchen überschritten:	= 8 Überschreitungen
J_7 wird von 8 Rängen der Mädchen überschritten:	= 8 Überschreitungen
J_8 wird von 8 Rängen der Mädchen überschritten:	= 8 Überschreitungen
Total	U = 52 Überschreitungen

Damit ist die Prüfgröße $U' = n_1 \cdot n_2 - U = 8 \cdot 8 - 52 = 12$

Weil U' der kleinere Wert ist, gilt dieser als Prüfgröße.
Der Vergleich von U und U' zeigt – ebenso wie der Augenschein –, dass die Jungen bezüglich der „Kleinheit" der Türme tendenziell mehr Überschreitungen aufweisen, d. h. höher bauen; dies ist jedoch auf Signifikanz zu prüfen.

Die erwartete zentrale Tendenz beträgt $MW_U = \frac{n_1 \cdot n_2}{2} = \frac{64}{2} = 32$
Die Varianz beträgt

$$SF_U = \sqrt{\frac{n_1 \cdot n_2 \cdot (n_1 + n_2 + 1)}{12}} = \sqrt{\frac{8 \cdot 8 \cdot (8 + 8 + 1)}{12}} = \sqrt{\frac{1088}{12}} = 9{,}523$$

Das empirisch ermittelte z_U beträgt: $z_U = \frac{U - MW_U}{SF_U} = \frac{12 - 32}{9{,}523} = -2{,}100$

Da der z-Wert die kritische Grenze von –1,96 unterschreitet, kann die Nullhypothese verworfen werden. Demnach unterscheiden sich die Populationsverteilungen von Jungen und Mädchen signifikant ($p \leq 0{,}05$).

Bei einer einseitigen Hypothese (die Jungen sind besser im Türme bauen als die Mädchen) und einer Irrtumswahrscheinlichkeit von 5 % liegt der kritische Wert bei 1,64 und wäre auch deutlich überschritten worden. Das bedeutet für unser Beispiel, dass die Jungen signifikant höhere Türme bauen als die Mädchen.

Bei verbundenen Rängen gilt ein anderes Verfahren (vgl. dazu z. B. Hirsig, 1998, S. 41). Ränge werden als verbunden bezeichnet, wenn ein Rang mehr als einmal besetzt ist.

6.4.2 Wilcoxon-Test für zwei abhängige (kleine) Stichproben

Bei abhängigen kleinen Stichproben und ordinalskalierten oder nicht normalverteilten Daten wird statt mit dem Mann-Whitney-U-Test mit dem Wilcoxon-Test gearbeitet.

Der Wilcoxon-Test arbeitet wie der t-Test für abhängige Stichproben mit Paardifferenzen. Bei diesen Paardifferenzen wird eine Rangreihe erstellt; dabei ist das Vorzeichen von Bedeutung. Bei Paaren mit gleichen Messwerten ergibt sich eine Paardifferenz von Null. Diese bleiben bei der Berechnung unberücksichtigt.

Es wird eine Teststatistik T berechnet:
T = Rangsumme der Differenzen mit dem selteneren Vorzeichen.
Beim anschließenden eigentlichen Test wird jede Paardifferenz mit Vorzeichen (plus oder minus) ermittelt und anschließend in eine Rangreihe gebracht. Das Vorzeichen wird nicht berücksichtigt. Dann wird die Rangsumme mit dem selteneren Vorzeichen gebildet. Differenzen von Null werden nicht berücksichtigt.

Dies wird hier an einem einfachen Beispiel einer Gruppe von zehn eher unbeliebten Kindern (K1–K10) in einer Klasse gezeigt.

Beispiel

Zu einem ersten Testzeitpunkt (Vortest) wird für jedes Kind die Beliebtheit in der Gruppe erhoben, ohne die erhaltenen Ränge den Kindern mitzuteilen. Dazu kann jedes Kind auf einer Klassenliste die ganze Klasse (außer sich selber) rangieren. Die erhaltenen Ränge pro Kind werden zusammengezählt und das Kind mit der tiefsten Zahl ist das beliebteste. Anschließend werden über ein halbes Jahr verschiedene Maßnahmen zur Erhöhung der Beliebtheit der wenig beliebten Kinder durchgeführt. Ein halbes Jahr später (Nachtest) wird erneut die Beliebtheit der Kinder erhoben. Es handelt sich also um zwei abhängige Stichproben mit ordinalskalierten Daten. Damit kommt der Wilcoxon-Test zur Anwendung.

	K1	K2	K3	K4	K5	K6	K7	K8	K9	K10
Vortest (T1)	11	12	13	14	15	16	17	18	19	20
Nachtest (T2)	6	11	17	10	9	8	17	14	12	18
Differenz	–5	–1	+4	–4	–6	–8	0	–4	–5	–2

Tab. 18: Datentabelle

Nach dem Eintragen der Ergebnisse von T1 und T2 sind die Auf- und Abstiege in der Rangliste zu ermitteln. So hat Kind 1 fünf Ränge verloren (Differenz = –5) und Kind 3 hat 4 Ränge gewonnen (Differenz = +4).

Nun können die Differenzen rangiert werden. Hier zählen nur noch die Absolutbeträge (somit wird –4 gleich +4 gewertet. Dabei erhält der kleinste Betrag den tiefsten Rang, der größte Betrag den höchsten Rang. Gleiche Ränge werden zusammengezählt und durch die Anzahl Ereignisse auf diesem Rang geteilt. So kommt die 4 dreimal vor (der dritt-, viert- und der fünfttiefste Rang) = Differenzrang 4. Differenzen von 0 werden nicht gezählt, weshalb bei Kind 7 kein Differenzrang eingetragen wird.

	K1	**K2**	**K3**	**K4**	**K5**	**K6**	**K7**	**K8**	**K9**	**K10**
Vortest (T1)	11	12	13	14	15	16	17	18	19	20
Nachtest (T2)	6	11	17	10	9	8	17	14	12	18
Differenz	-5	-1	+4	-4	-6	-8	0	-4	-5	-2
Differenzrang	6,5	1	4	4	8	9	–	4	6,5	2

Tab. 19: Datentabelle mit Zeile für Differenzrang

Das seltenere Vorzeichen kann aus der Zeile „Differenz“ ermittelt werden: Das Minuszeichen kommt achtmal, das Pluszeichen einmal vor. Damit ist das Pluszeichen das seltenere Vorzeichen. Nun können wir die Rangsumme für die Ränge mit dem selteneren Vorzeichen ermitteln:

$T = 4$

Als Erwartungswert für großes N gilt:

$$MW_T = \frac{n\,(n+1)}{4}$$

Differenzen von Null werden im MW_T nicht mitgerechnet. In unserem Beispiel ist deshalb das in die Berechnung der zentralen Tendenz eingehende $n = 9$ (weil eine Differenz 0 betrug).

Der Erwartungswert in unserem Beispiel beträgt $MW_T = \frac{n \cdot (n+1)}{4} = \frac{9 \cdot 10}{4} = 22{,}5$

Es wird die (Null-)Hypothese getestet, wonach die beiden Populationen der Paardifferenzen verschiedener Vorzeichen gleich sind.

Wenn die Hypothese stimmt, sind negative und positive Vorzeichen bezüglich der Ränge 1 bis n gleich wahrscheinlich.

Kritische T-Werte für Signifikanzen können tabellarisch oder mit der z-Wert-Berechnung überprüft werden.

Zur Berechnung des z-Werts ist der Standardfehler (SF_T) zu ermitteln:

$$SF_T = \sqrt{\frac{n \cdot (n+1) \cdot (2n+1)}{24}}$$

In unserem Beispiel: $SF_T = \sqrt{\frac{9 \cdot 10 \cdot 19}{24}} = \sqrt{\frac{1710}{24}} = \sqrt{71{,}25} = 8{,}44$

Nun lässt sich der z-Wert ermitteln:

$$Z_T = \frac{(T - MW_T)}{SF_T} = \frac{(4 - 22{,}5)}{8{,}44} = -2{,}192$$

Da der z-Wert in unserem Beispiel mit $z_T = -2{,}192$ deutlich innerhalb des Ablehnungsbereichs der Nullhypothese liegt (1,65 bei einseitiger Testung), sind die Rangplatzveränderungen der Gruppe als signifikant anzusehen. Demzufolge hat das Training genützt.

Beispiel zur Einstellung von Schulkindern zum Umweltschutz vor und nach einer Gruppendiskussion

Zehn Schülerinnen und Schüler geben auf einer Skala von 1 bis 10 an, wie wichtig ihnen der Umweltschutz erscheint (10 = größte Wichtigkeit). Sie führen eine Gruppendiskussion durch. Anschließend wird die Einstellung nochmals gemessen (Bsp. modifiziert nach Dancey & Reidy, 2004).

Es wird die Hypothese (1 %-Niveau) geprüft, dass die Diskussion die Einstellung positiv verändert.

Die folgenden Werte wurden bei den zehn Schülern erzielt:

Vortest	Nachtest	Differenz	Rang	
5	7	-2	4	
6	6	0	–	Differenz Null bleibt unberücksichtigt
2	3	-1	2	
4	8	-4	7,5	
6	7	-1	2	
7	**6**	**+1**	**2**	Rangplatz mit seltenerem Vorzeichen (Die Rangplatzsumme ist hier nur ein Wert, da nur die Differenz 7 – 6 ein positives Vorzeichen ergibt.)
3	7	-4	7,5	
5	8	-3	5,5	
5	5	0	–	
5	8	-3	5,5	

Für die Berechnung des T-Wertes benötigen wir die Ränge mit dem selteneren Vorzeichen. Die kleinste Differenz (unabhängig vom Vorzeichen) ist 1. Da die 1 dreimal vorkommt, sind die Ränge 1 bis 3 uneindeutig besetzt. Deshalb wird als niedrigster Rangplatz der Rang 2 als mittlerer Rangplatz vergeben: (1 + 2 + 3) : 3 = 2. Rang 5 und 6 sowie 7 und 8 sind ebenfalls „gebunden". Es werden hier die mittleren Rangplätze 5,5 und 7,5 vergeben. Da das positive Vorzeichen bei den Rangdifferenzen nur einmal vorkommt und den Rangplatz 2 hat, besteht die zu berechnende Rangsumme für T nur aus einem Wert, nämlich T = 2.

Der erwartete Mittelwert beträgt $MW_T = \frac{n \cdot (n+1)}{4} = \frac{8 \cdot 9}{4} = 18$

(Das n beträgt 8, weil zwei Differenzen den Betrag von 0 haben und deshalb nicht gezählt werden.)

$$SF_T = \sqrt{\frac{n \cdot (n+1) \cdot (2n+1)}{24}}$$

Der Standardfehler beträgt: $SF_T = \sqrt{\frac{8 \cdot 9 \cdot 17}{24}} = \sqrt{\frac{1224}{24}} = 7{,}14$

Der z-Wert beträgt: $z_T = \frac{T - MW_T}{SF_T} = \frac{2 - 18}{7{,}14} = 2{,}24$

Dieser z-Wert liegt im Ablehnungsbereich für einseitige Hypothesen ($z = 1{,}64$) und die Nullhypothese kann verworfen werden.

Ob der t-Wert zufällig ist oder nicht, kann auch in der Tabelle 5 im Anhang nachgeschaut werden. Für die einseitige Hypothese bei $n = 10$ gilt der kritische Grenzwert von 3. Da unser Wert unter dem kritischen Grenzwert liegt, können wir die Hypothese annehmen, wonach die Gruppendiskussion die Einstellung zum Umweltschutz positiv verändert hat.

Für weitere Verfahren sei auf Bortz (1995) verwiesen.

6.4.3 Rangkorrelationen (Spearman-Rangkorrelation)

Beurteilungen von Schulkindern sind häufig nur auf Rangniveau vorhanden (z. B. Schulnoten in verschiedenen Fächern, Urteile von Lehrpersonen bezüglich spezifischer Fähigkeiten u. ä.). Hier können die Berechnungen mit dem Pearson-Koeffizienten r zu starken Fehlinterpretationen führen. Auch darf bei vorliegenden Rängen keine Interpretation des r^2 als erklärte gemeinsame Varianz zweier Variablen vorgenommen werden. Für Ränge bieten sich jedoch einfache Methoden des Vergleichs an, die sozusagen die „Konkordanz“ oder „Übereinstimmung“ zweier (oder auch mehrerer) Datenreihen erlauben.

Am bekanntesten ist der *Rangkorrelationskoeffizient von Spearman*. Zur Veranschaulichung können wir uns vorstellen, dass Individuen bezüglich der Übereinstimmung von Rängen (Variablen) verglichen werden. Wenn die Rangordnungen gut übereinstimmen, sollte das Ergebnis eine positive Korrelation sein. Wenn die Rangordnungen nicht übereinstimmen, sollte eine negative Korrelation auftreten. Bei einer Nullkorrelation sollte keine Beziehung zwischen den Rängen der beiden Variablen auftreten. Wenn keine gebundenen Ränge auftreten (also nicht mehrere Individuen auf dem gleichen Rangplatz sind) ist die Berechnung der Korrelation nach folgender Formel möglich:

$$r_s = 1 - \frac{6 \cdot (\text{Summe der quadrierten Rangdifferenzen})}{N\,(n^2 - 1)}$$

Die Grundlage der Berechnung des Rangkorrelationskoeffizienten wird u. a. dadurch gegeben, dass der mittlere Rangplatz jeder der beiden Rangreihen (vergleichbar dem U-Test) über die Formel $(n + 1)/2$ zu berechnen ist. Ähnlich ist auch die Varianz der Ränge zu berechnen, sodass obige Formel resultiert. Die Berechnung der Spearman'schen Rangkorrelation wird am Beispiel auf S. 173 erläutert. Für Berechnungen mit großem N und zahlreichen Vergleichen bietet sich eine Berechnung über ein statistisches Programmpaket (z. B. SPSS) an. Dies gilt vor allem bei verbundenen Rängen, weil dort die Berechnung ziemlich aufwändig ist.

Anwendungsbeispiel zur rangskalierten Korrelation

Beispiel: Vergleich von Leistungen beim Zählen und Schnelllauf bei Kindergartenkindern
Eine Kindergärtnerin möchte feststellen, ob ein Zusammenhang zwischen den Leistungen beim Zählen und dem Schnelllauf von Kindern besteht. Da Zählen und Schnelllaufen „schief" verteilt sind und extreme „Ausreißer" vorkommen können, ist die Verwertung von Ranginformationen sinnvoll. Es wird ermittelt, welchen Rang jedes Kind beim Zählen und welchen Rang es beim Umrunden des Kindergartens erhält. Die Übereinstimmung soll mittels Rangkorrelation nach Spearman erfasst werden.

Kind	Zählen	Schnelllauf	Differenz	quadrierte Differenz
A	6	4	–2	4
B	4	1	–3	9
C	3	6	+3	9
D	1	7	+6	36
E	2	5	+3	9
F	7	8	+1	1
G	9	10	+1	1
H	10	3	–7	49
I	5	2	–3	9
Summe der quadrierten Differenzen:				128

Nun lässt sich r_s nach der oben gegebenen Formel berechnen:

$$r_s = \frac{6 \cdot 12}{10 \cdot 99} = 0{,}224$$

Der Zusammenhang zwischen Zählen und Schnelllauf ist hier zwar positiv, aber niedrig. Es besteht also nur ein schwacher Zusammenhang.

Wenn Rangkorrelationen auf Signifikanz getestet werden sollen, lässt sich dies bei Stichproben ≥ 10 über die t-Verteilung nach der nachfolgenden Formel berechnen:

$$t = r \cdot \frac{\sqrt{n-2}}{\sqrt{1-r^2}}$$

Dabei wird die Signifikanz über den entsprechenden Tabellenwert für t überprüft.

Signifikanzprüfung für das obige Anwendungsbeispiel:

$$t = r \cdot \frac{\sqrt{n-2}}{\sqrt{1-r^2}} = 0{,}224 \cdot \frac{\sqrt{8}}{\sqrt{1-0{,}224^2}} = 0{,}224 \cdot \frac{2{,}83}{0{,}975} = 0{,}65$$

Der Freiheitsgrad für den kritischen t-Wert beträgt n–1 = 9. Für den vermuteten positiven Zusammenhang (gerichtete, also einseitige Hypothese) beträgt der kritische t-Wert für p = 0,05: $t_{5\%} = 1{,}83$ (vgl. Tabelle 1 im Anhang). Weil das empirisch ermittelte t deutlich geringer ist, ist die Nullhypothese beizubehalten. Der Zusammenhang zwischen Zählen und Schnelllauf ist zufällig.

6.4.4 Der Chiquadrat-Unabhängigkeitstest

Der Chiquadrat-Unabhängigkeitstest berechnet die Beziehung von nominalskalierten Daten (Häufigkeiten) aus zwei Stichproben.

Typische Beispiele:

- Trainingserfolge, z. B. Vergleich zwischen verschieden behandelten Gruppen
- Unterscheidung von Gruppen in Bezug auf ihre Zusammensetzungen (z. B. Verteilung von Männern und Frauen in pädagogischen Hochschulen, kulturelle Herkunft in Schulklassen)

Die einfachste und häufig einsetzbare Variante eines Chiquadrat-Unabhängigkeitstests ist die Vierfeldertafel. Dabei wird für zwei Stichproben ermittelt, ob diese sich in der Verteilung von zwei Ausprägungen einer Variablen unterscheiden.

Komplexere Testverfahren des Chiquadrat-Unabhängigkeitstests finden sich z. B. in Hirsig (1998, Kp. 5.2).

Das Grundmuster des Chiquadrat-Prüfverfahrens vergleicht eine beobachtete Verteilung mit einer erwarteten Verteilung. Diese erwartete Verteilung kann sich auf bekannte Parameter einer Population beziehen oder aber auf eine theoretische Erwartung. Zu unterscheiden sind also eine empirisch ermittelte Erwartung und eine theoretisch ermittelte Erwartung. Die empirisch ermittelte Erwartung entspricht i. d. R. bekannten Werten aus der Population. Die theoretisch ermittelte Erwartung besteht i. d. R. aus gewichteten Durchschnittswerten aus den beobachteten Häufigkeiten.

Eine Variante der empirisch ermittelten Erwartung wird an einem einfachen Beispiel verdeutlicht:

Beispiel

Angenommen, wir haben für die Pädagogische Hochschule Z-Stadt ermittelt, dass 150 Frauen und 50 Männer das Studium aufgenommen haben. Gleichzeitig nehmen wir an, dass aus Untersuchungen das Verhältnis von 7:1 (Frauen:Männer) für Pädagogische Hochschulen im deutschsprachigen Raum bekannt ist. Daraus ließe sich die theoretisch erwartete Häufigkeit von Männern und Frauen für die Pädagogische Hochschule von Z-Stadt ermitteln:

Geschlecht	beobachtete Häufigkeit	theoretisch erwartete Häufigkeit	Differenzen
Frauen	150	$= \frac{200 \cdot}{8} = 175$	+25
Männer	50	$= \frac{200 \cdot}{8} = 25$	–25
	200	200	

Tab. 20: Berechnungsvorgaben zur Berechnung des Chiquadrat-Tests

Zu beachten: Innerhalb der beobachteten und der theoretisch erwarteten Häufigkeiten dürfen die Werte nicht kleiner als 5 sein.

Die Prüfgröße Chiquadrat wird wie folgt ermittelt:

$$\text{Chi}^2 = \text{Summe}\left(\frac{\text{Quadrierte Differenzen zwischen beob. und theoret. erw. Häufigkeite}}{\text{theoretisch erw. Häufigkeiten}}\right)$$

$$= \text{Summe}\left(\frac{(\text{Differenzen})^2}{\text{theoret. erw. Häufigkeite}}\right)$$

Die Summe der Differenzen muss Null ergeben, da die Gesamtsumme der beobachteten und der theoretisch erwarteten Häufigkeiten identisch sein müssen. Deshalb werden die Differenzen quadriert und durch die theoretisch erwarteten Häufigkeiten geteilt. Damit werden starke Abweichungen stärker gewichtet als geringe.

In obigem Beispiel ergibt $\text{Chi}^2 = ((+25)^2 / 175) + ((-25)^2 / 25) = 3{,}57 + 1 = 4{,}57$

Wie groß dieses Chiquadrat sein muss, um die Nullhypothese zu verwerfen, wird der Chiquadrat-Tabelle (Anhang, Tab. 6) entnommen. Für die Freiheitsgrade FG gilt: FG = k–1. Dabei steht k für die Anzahl der Ausprägungskategorien.

In unserem Beispiel haben wir nur die Ausprägungen männlich und weiblich. Damit ist $k = 2$ und $FG = k - 1 = 2 - 1 = 1$.

Der Tabelle 6 im Anhang ist zu entnehmen, dass schon ein Chiquadrat von 3,84 den Unterschied zwischen einer beobachteten und einer theoretisch erwarteten Häufigkeit als signifikant ausweist. Damit unterscheidet sich in unserem Beispiel die Verteilung der Geschlechter signifikant von derjenigen der Population.

Die Logik dieses Verfahrens kann gut anhand des Vorgehens in Excel erklärt werden. Im dabei integrierten Beispiel wird geprüft, ob ein spezifisches Training zum Jonglieren (üben mit langsam fallenden Tüchern) erfolgreicher ist als ein herkömmliches (üben mit Jonglierbällen). Das Training mit Tüchern hat zu einer höheren Erfolgsquote geführt. Nun soll mit dem Chi²-Test geprüft werden, ob dieser verbesserte Erfolg überzufällig ist.

TIPP **zu Excel**

1. Erstellen einer ***Vier- oder Mehrfeldertafel*** für die ***beobachteten Häufigkeiten***
   a) Bei einer sehr kleinen Stichprobe:
   Summen für die Felder von Hand ausrechnen (= abzählen), z. B.

	Erfolg	**Misserfolg**
jonglieren mit Tüchern	22	9
jonglieren ohne Tücher	11	20

   b) Bei einer größeren Stichprobe:
   Erstellen einer Rohwerttabelle und mit der Funktion „Summe" die Häufigkeiten berechnen.

2. Erstellen einer ***Vier- oder Mehrfeldertafel*** für die ***erwarteten Häufigkeiten***
   Schritt 1: Bestimmen der Randsummen in den beobachteten Häufigkeiten:

	Erfolg	**Misserfolg**	**Randsummen der Zeilen**
jonglieren mit Tüchern	22	9	31
jonglieren ohne Tücher	11	20	31
Randsummen der Spalten	33	29	62

Schritt 2: Berechnen der erwarteten Häufigkeiten:
Feld a: Randsumme der Zeile, in der die Zelle a vorkommt mal Randsumme der Spalte, in welcher die Zelle a vorkommt.
Feld b–d: dasselbe Vorgehen wie oben.
So entsteht eine zweite Vier- oder Mehrfeldertafel:

	Erfolg	**Misserfolg**
jonglieren mit Tüchern	Feld a (31 · 33) / 62 = 16,5	Feld b (31 · 29) / 62 = 14,5
jonglieren ohne Tücher	Feld c (33 · 31) / 62 = 16,5	Feld d (31 · 29) / 62 = 14,5

Durchführen des Chiquadrat-Tests von Hand: Gemäß der Formel: Chi^2 = Summe ((Differenzen)^2 / th. erw. Häufigk.) kann nun das empirisch ermittelte Chi^2 berechnet werden:

$Chi^2 = ((22 - 16{,}5)^2 / 16{,}5) + ((9 - 14{,}5)^2/14{,}5) + ((11 - 16{,}5)^2 / 16{,}5) + ((20 - 14{,}5)^2 / 14{,}5)$
$= 1{,}83 + 2{,}09 + 1{,}83 + 2{,}09 = 7{,}84$

Der Wert k (Anzahl Ausprägungskategorien) beträgt pro Variable 2 (Erfolg und Misserfolg, mit und ohne Tücher). Die Freiheitsgrade werden ermittelt, indem für jede Variable k – 1 gerechnet wird und diese miteinander multipliziert werden.

$FG = (k_1 - 1) \cdot (k_2 - 1) \cdot (...) \cdot (k_n - 1)$
In unserem Beispiel: $FG = (2 - 1) \cdot (2 - 1) = 1$

Ein Blick in die Tabelle zeigt, dass der für die Ablehnung der Nullhypothese zu überschreitende kritische Chi^2-Wert für einseitige Testung 2,71 beträgt.

Damit handelt es sich beim Wert von $Chi^2 = 7{,}84$ um einen signifikanten Wert. Demzufolge ist das Jonglieren mit Tüchern in unserem Beispiel signifikant wirksamer als das herkömmliche Training.

TIPP **zu Excel**

Durchführen des Chiquadrat-Tests in Excel:

1. Im Menü „Einfügen“ „Funktion“ anwählen.
2. Dort unter „Statistik“ den „Chitest“ aktivieren.
   Im Dialogfenster in „Matrix1“ die Felder für die beobachteten Häufigkeiten eingeben, in „Matrix2“ die Felder für die erwarteten Häufigkeiten eintragen.
   „OK“ klicken. Als Ergebnis erhalten Sie nun die Wahrscheinlichkeit (p), mit welcher Sie die Nullhypothese verwerfen können. Allerdings entspricht dieser Wert dem zweiseitigen Test.
   Für das obige Beispiel sind die Erfolgsraten beim Training mit Tüchern mit p = 0,005 (99,5 %iger Wahrscheinlichkeit) nicht zufällig unterschiedlich vom Training ohne Tücher. Mit dem Chiquadrat-Test können nur ungerichtete Hypothesen geprüft werden.

   Bei einer gerichteten Hypothese kann der Chiquadratwert berechnet werden mit:
   a) Im Menü „Einfügen“ ⇏ „Funktion“ ⇏ „Statistik“ ⇏ „CHIINV“
   b) Geben Sie das Ergebnis von „Chitest“ für die Wahrscheinlichkeit ein.
   c) Im darunter stehenden Dialogfeld wird der Freiheitsgrad verlangt: Die Formel lautet: (Anzahl Zeilen – 1) · (Anzahl Spalten – 1). Bei vier Feldern entspricht das dem Wert 1. Anschließend „OK“ ⇏ Sie erhalten den Chiquadratwert. Er beträgt hier 7,84.
   d) Vergleichen Sie nun mit der Tabelle für kritische Chiquadrat-Werte (Tab. 6 im Anhang). Beachten Sie dabei wieder den Freiheitsgrad (FG). Ist Ihr Chiquadratwert größer als der kritische Wert, dann ist Ihr Ergebnis signifikant.
   Beispiel: Der kritische Wert für einen einseitigen Test (bei df = 1) beträgt 2,71. Da der Chiquadratwert für die beobachteten Häufigkeiten mit 7,84 deutlich größer ist als der kritische Wert, wird die Forschungshypothese (einseitig: Das Training mit Tüchern ermöglicht bei gleicher Trainingsdauer einen früheren Kompetenzerwerb auf fünf Versuche) beibehalten und die Nullhypothese verworfen.
5. Sie können nun in Excel in der Tabelle mit den beobachteten Werten die Werte der Trainingsgruppe so lange manipulieren, bis der Unterschied nicht mehr signifikant ist. Dies ist bei 18 erfolgreichen und 13 nicht erfolgreichen Versuchen der Fall. So erhalten Sie ein Gefühl für die notwendigen Unterschiede in der Vierfeldertafel.

A

Übungen im Download:
6.3a – 6.3d

7. Testen und Leistungen messen in der Schule

7.1 Testen

Die folgenden Ausführungen zu den Anwendungen und Nutzungen von Tests beruhen auf Grundlagen der schließenden Statistik (v. a. Standardfehler und Konfidenzintervall) und der Korrelation. Die Grundlagen des Messens (Skalenniveaus und Gütekriterien) spielen ebenfalls bei der Testkonstruktion eine zentrale Rolle.

Im schulischen Kontext wird das Wort „Test“ in unterschiedlicher Bedeutung verwendet. Häufig werden mündliche oder schriftliche Prüfungen der Schulklasse als Tests bezeichnet. Auch „IQ-Test“ oder „PISA-Test“ sind geläufig. In der empirischen Psychologie und Pädagogik wird der Begriff Test in spezifischer Bedeutung vor allem dann verwendet, wenn mit Verfahren gearbeitet wird, die unter mathematisch-statistischen Merkmalen konstruiert und überprüft worden sind.

Diese Tests im engeren Sinne werden auch in der Schule zu Vergleichszwecken oder individuellen Abklärungen eingesetzt und spielen eine immer größere Rolle. Beispiele sind PISA, TIMMS, Klassencockpit u. a., die in Kapitel 7.2 beschrieben werden. Diese Tests sind nach testtheoretischen Kriterien konstruiert, von denen die wichtigsten Hauptkriterien im Folgenden beschrieben werden. Auf der Grundlage der vorangegangenen Kapitel und einiger Grundkenntnisse der Testtheorie ist es möglich, die Ergebnisse der eigenen Schulklassen in diesen Tests exakter zu interpretieren und evtl. auch Prüfungen und kleinere Tests anhand (einiger) testtheoretischer Kriterien selbst für den eigenen Gebrauch zu erstellen.

7.1.1 Testentwurf und Analysestichprobe

Hier soll nur auf wenige grundsätzliche Konstruktionsgesichtspunkte für Tests und Fragebögen hingewiesen werden. Die Leserinnen und Leser dieses Buches sollen dabei nicht befähigt werden, professionelle Tests zu entwickeln, sondern eigene qualitativ bessere Tests (auch Prüfungen in der Schule) zu konzipieren und laufend zu verbessern, aber auch im Rahmen kleiner empirischer Arbeiten im Studium thematische Befragungen mit größerem Ertrag durchzuführen. Und last but not least stellen diese Ausführungen für die Interpretation von Testergebnissen (z. B. Vergleichstests bei Schulkindern) zusammen mit den Kenntnissen aus den vorangegangenen Kapiteln eine gute Basis für den Umgang mit Statistiken dar.

Bei der Entwicklung eines professionellen Testverfahrens[1] steht am Anfang in der Regel immer die *Recherche* nach vorhandenen Verfahren in der *Fachliteratur*, um bestehende Konzepte und Aufgaben auf Brauchbarkeit zu analysieren.

[1] Tests, die nach der sogenannten klassischen Testtheorie entwickelt wurden, stellen über 95 % aller gängigen Testverfahren dar. Auf diese klassische Testtheorie wird im Folgenden ausschließlich eingegangen.

Beispiel

Aus Gründen der Anschaulichkeit wird an dieser Stelle ein erfundenes einfaches Beispiel eingeführt. In diesem Beispiel hat die forschungsinteressierte Lehrerin Meier die Absicht, für die Wirksamkeit eines Lehrmittels zur Vogelkunde ein Erhebungsinstrument zum ornithologischen Wissen in der Mittelstufe zu entwickeln (Ziel: Eine eigene kleine Evaluation).
Zum Thema findet Frau Meier in der Literatur keine Angaben. Innerhalb des gewählten Themas identifiziert Frau Meier aufgrund eines Brainstormings im Kollegium folgende Dimensionen (Unterbereiche):

1. Gesänge der 20 häufigsten Vögel in der Umgebung
2. Ökologie ausgewählter Indikatorvögel (Brutverhalten, Nahrungspräferenzen, Lebensraum von Pirol, Kiebitz, Heidelerche, Haussperling, Rabenkrähe usw.)
3. Fluglinien der 20 häufigsten Vögel in der Umgebung (Filmmaterial, gezeichnete Linien)
4. Vogelzug ausgewählter Indikatorvögel (Hierbleiber, Teilzieher, Langstreckenzieher; von Pirol, Kiebitz, Heidelerche, Haussperling, Rabenkrähe usw.)
5. Aussehen der 20 häufigsten Vögel in der Umgebung (Abbildungen aus Bestimmungsbüchern, Präparate, Beobachtung aus Distanz – evtl. mit Ferngläsern)

Eine vorläufige Sammlung von Aufgaben oder Fragen, der sog. *Testentwurf*, wird zunächst bezüglich inhaltlicher Validität analysiert. Jeweils eine Gruppe von Aufgaben eines Bereiches wird dabei zu einer *Dimension* oder *Skala* (Aufgaben, welche die gleiche Fähigkeit oder Leistung messen) zusammengefasst.

Der erste Arbeitsschritt „Analyse der inhaltlichen Validität des Testentwurfs“ und die Zusammenfassung von Fragen in Skalen wird in unserem Beispiel am Unterbereich „Gesänge“ verdeutlicht. Frau Meier hat für diesen Bereich eine Gruppe von Items entwickelt.

1.	**Stimmen zuordnen** Aufgabe: Ein Gesang wird als Hörprobe eingespielt, welcher aus den fünf nachfolgenden herausgehört werden soll. Auf dem Antwortblatt stehen jeweils vier Vögel auf einer Zeile. Um den richtigen Vogel muss ein Kreis gemacht werden. 1. Pirol (Weidenmeise, *Amsel*, **Pirol**, Uhu) 2. Waldkauz (Stockente, *Ringeltaube*, Kleiber, **Waldkauz**) 3. Haubenmeise (**Haubenmeise**, *Blaumeise*, Girlitz, Schwarzspecht) 4. Zaunkönig (*Rotkehlchen*, **Zaunkönig**, Kleinspecht, Bluthänfling) 5. Wendehals (Goldammer, Mönchsgrasmücke, *Kleinspecht*, **Wendehals**) Auswertung: *Naheliegende Stimmen* erhalten einen Punkt, die **richtigen Stimmen** 2 Punkte (max. 10 Punkte). Die Stimmen müssen nicht benannt, nur herausgehört werden.

2.	**Namen zuordnen A:** **__Amsel __Buchfink, __Blaumeise __ Grünfink, __Hausrotschwanz** Format: Nummer der Probe 1 2 3 4 5 Namen der 5 Vögel (wird auf Hörprobe jeweils angesagt) (zufällige Reihenfolge) ъ Antwort: richtige Nummern vor den Namen im Antwortblatt eintragen Auswertung: pro richtige Zuordnung 2 Punkte, bei „guten" Fehlern (ähnliche Stimmen) ein Punkt (max. 10 Punkte)
3.	**Namen zuordnen B:** Kohlmeise, Singdrossel, Bachstelze, Grünspecht, Girlitz (gleiches Vorgehen wie bei 2)
4.	**Namen zuordnen schwierig A:** Zaunammer, Kleinspecht, Gartengrasmücke, Fitis, Schwanzmeise) (gleiches Vorgehen wie oben)
5.	**Namen zuordnen schwierig B:** Bartmeise, Blaukehlchen, Bekassine, Seidenschwanz, Bergfink (gleiches Vorgehen wie in Aufg. 4)
6.	**Gesänge beschreiben:** Beschreibe von folgenden Vögeln mit passenden Buchstabenkombinationen (lautsprachlich) die Gesänge Modellbeispiel: Schwarzspecht: „kliööööóh" Deine Bespiele: Gimpel: .... Eichelhäher: .... Zilpzalp: .... Mäusebussard: .... Kleiber: .... Pro passende Silbenkombination: bis 2 Punkte / max. 10 Punkte

Eine erste Analyse der Validität („Misst das Verfahren auch das, was es messen soll?") führt Frau Meier mit zwei erfahrenen Lehrpersonen durch. Diese halten die Fragen für passend und erschöpfend, mit Ausnahme von Aufgabe 5: Die hier genannten Arten sind viel zu selten in unserem Gebiet, es macht auch wenig Sinn, die Kinder diese Stimmen erlernen zu lassen. Diese Aufgabe wird wegen mangelnder Validität ausgeschlossen (erste inhaltliche Itemselektion).
Nun werden die Aufgaben hergestellt (Zusammenstellung der Audioaufnahmen und des Testblattes) und vervielfältigt. Dieser Testentwurf wird dann empirisch einer Stichprobe, der so genannten *Analysestichprobe* zur Bearbeitung vorgegeben. Von dieser Stichprobe werden alle Aufgaben bearbeitet und anschließend nach verschiedenen Kriterien ausgewertet.
Die Analysestichprobe besteht in unserem Beispiel aus drei 5. Klassen, die vorher mit dem entsprechenden Lehrmittel gearbeitet haben.[2]

7.1.2 Aufgabenanalyse

In einem zweiten Schritt werden die Aufgaben nach den Aufgabenkennwerten Schwierigkeit und Trennschärfe ermittelt. Im Folgenden werden zunächst die grundlegenden Formeln eingeführt, dann wird die Berechnung am Testbeispiel Vogelstimmen aufgezeigt.

Bei der Testentwicklung sind die Berechnungen der notwendigen Testkennwerte entscheidend. Tests werden immer so konstruiert, dass die Häufigkeitsverteilungen für die Leistungswerte oder der Fragebögen (annähernd) der Normalverteilung entsprechen, d. h., dass „gute" und „schlechte" Leistungen in etwa gleich häufig sind und sich um einen Mittelwert verteilen, der gleichzeitig Median und Modus ist (vgl. Kp. 4.3).

Zunächst müssen für alle einzelnen Aufgaben eines Tests Kennwerte ermittelt werden (*Aufgaben- oder Itemanalyse*). Der einfachste Kennwert für eine Aufgabe oder Frage (in der Testtheorie Item genannt) ist die Schwierigkeit einer Aufgabe. Die Aufgabenschwierigkeit lässt sich auch für Prüfungen in der eigenen Klasse leicht berechnen. Die Schwierigkeit einer Aufgabe wird als *Schwierigkeitsindex (SI)* bezeichnet und ist für Leistungsaufgaben definiert als Prozentsatz derjenigen Personen, die die Aufgabe richtig gelöst haben.

2 Für einen Test, der später in größerem Rahmen angewendet werden soll, müsste die Analysestichprobe sehr viel größer sein, da eine Schulklasse keine Zufallsauswahl von Personen darstellt, sondern eine sog. „Klumpenstichprobe" (vgl. Kp. 5.1.4). Für einen Test, der später geeicht werden und im großen Umfang angewendet werden soll, müssten einige Hundert zufällig ausgewählte Personen in die Analysestichprobe aufgenommen werden, um ausreichende Aufgabenkennwerte zu erzielen. Da es sich in unserem Beispiel um eine eher kleine praxisorientierte Evaluation handelt, können schon kleinere Stichproben zu aufschlussreichen Ergebnissen führen.

Es gilt also: $SI = \frac{NR}{n} \cdot 100$

NR = Anzahl der Personen, welche die Aufgabe richtig beantwortet haben
n = Gesamtzahl aller Personen

Dieser Index ist eigentlich ein „Leichtigkeitsindex", denn wenn z. B. 90 von 100 Schulkindern eine Aufgabe lösen, ist der Schwierigkeitsindex = 90, d. h. es liegt eine leichte Aufgabe vor. Lösen z. B. 10 von 100 eine Aufgabe, so beträgt der Schwierigkeitsindex 10, d. h. es liegt eine schwierige Aufgabe vor. Bei Aufgaben, die etwa von der Hälfte der Personen gelöst werden, wird von mittlerer Schwierigkeit gesprochen.

Um das Raten bei Aufgaben mit vorgegebenen Antwortkategorien (Mehrfachwahl-Antworten oder Multiple-Choice-Antworten) zu verhindern, wird eine Zufallskorrektur (ZK) eingeführt. Diese lässt sich berechnen, indem zusätzlich zur obigen Formel noch die Anzahl der falschen Antworten (NF) durch die um 1 verminderte Anzahl der Wahlkategorien (m) dividiert wird und dieser Wert von der Zahl der richtigen Antworten (NR) subtrahiert wird.

Für den zufallskorrigierten SI_{ZK} gilt also: $SI_{ZK} = \{NR - [\frac{(\frac{NF}{m-1})}{n}]\} \cdot 100$

Falls nur zwei Antwortalternativen vorhanden sind, wird die Formel noch einfacher.
Es gilt:
$SI_{ZK} = \{[\frac{(NR - NF}{n}]\} \cdot 100$

Beispiel

Von 100 Personen lösen 90 (NR) eine Aufgabe mit zwei Antwortalternativen richtig und 10 (NF) falsch, so ergibt dies eine zufallskorrigierte Schwierigkeit von 80.
Wenn nicht alle Aufgaben bearbeitet werden, gelten besondere Regeln.[3]
Bei wissenschaftlichen Tests werden extrem schwere und extrem leichte Aufgaben in der Regel ausgeschlossen. In der Praxis ist es – wie bereits angedeutet – allerdings oft durchaus sinnvoll, z. B. zur Motivationssteigerung am Anfang eines Tests, Aufgaben zu haben, die alle Personen lösen können. Zur Identifikation von Extremgruppen bei speziellen Fragestellungen sind ebenfalls manchmal sehr leichte und schwere Aufgaben sinnvoll.

Im angegebenen Beispiel mit den Vogelstimmen soll die Aufgabenschwierigkeit ohne Zufallskorrektur berechnet werden. Für jede Aufgabe wird also berechnet, wie viel Prozent durchschnittlich richtige Lösungen erzielt werden. In unserem Beispiel mit

[3] Es kann zusätzlich eine Inangriffnahmekorrektur benutzt werden, die analog berechnet wird (näheres s. Lienert, Raatz, 1998 oder Bühner, 2004).

den Vogelstimmen ist hier eine leichte Modifikation der Berechnung und Beurteilung der Schwierigkeit zu berücksichtigen. Da bei jeder Aufgabe 0 bis 10 Punkte erzielt werden können (dies ermöglicht einen guten Streuungsbereich der Lösungen), bedeutet in unserem Beispiel eine durchschnittliche Punktzahl von 6 bei einer Aufgabe eine durchschnittliche Lösungsquote von 60 % (d. h. durchschnittlich werden 60 % der maximalen Punktzahl erzielt). Aufgaben mit einem Schwierigkeitsgrad um 50 herum werden als mittelschwer angesehen. Bei Aufgaben, die maximal 1 Punkt für die Lösung erhalten können (klassische Definition), bedeutet Schwierigkeitsgrad 60, dass 60 Prozent aller Personen der Analysestichprobe die Aufgabe lösen können.

Schwierigkeitsgrad (fiktiv) der Beispielaufgaben

1. Stimmen zuordnen: durchschnittliche Lösungsquote von 85 % = eher leichte Aufgabe
2. Namen zuordnen A: durchschnittliche Lösungsquote von 60 % = mittel schwierige Aufgabe
3. Namen zuordnen B: durchschnittliche Lösungsquote von 60 % = mittel schwierige Aufgabe
4. Namen zuordnen schwierig: durchschnittliche Lösungsquote von 45 % = schwierige Aufgabe
5. Gesänge beschreiben: durchschnittliche Lösungsquote von 55 % = mittel schwierige Aufgabe

Das Beispiel zeigt, dass alle fünf Aufgaben nach dem Kriterium Schwierigkeit gut für den Test geeignet sind. Die erste, eher leichte Aufgabe der Stimmenzuordnung ist günstigerweise am Anfang des Tests zu belassen (Einstieg, Motivationssteigerung). Eine Änderung der *Aufgabenreihung* braucht aufgrund des Schwierigkeitsgrades nicht vorgenommen zu werden.

Bei Tests mit vielen verschiedenen Aufgaben kann die Schwierigkeit ein wichtiges Kriterium für die Aufgabenreihung sein; so ist etwa bei Intelligenztests die Aufgabenreihung nach Schwierigkeitsgrad (leichte Aufgaben am Anfang, schwere Aufgaben am Ende) üblich, um die maximale Niveauhöhe in der angegebenen Zeit auch erzielen zu können. Diese Reihung empfiehlt sich auch für nicht nach testtheoretischen Kriterien konstruierten Prüfungen in der Schule bei Tests mit Aufgaben (stark) unterschiedlicher Schwierigkeit.

Im zweiten Schritt der Aufgabenanalyse wird die *Trennschärfe* einer Aufgabe ermittelt. Die Trennschärfe gibt an, wie genau eine Aufgabe zwischen guten und schlechten Leistungen unterscheidet. Bei einer trennscharfen Augabe lösen kompetente Personen die Aufgabe meist richtig, wenig kompetente Personen lösen die Aufgabe meist falsch. Eine wenig trennscharfe Aufgabe bedeutet, dass die Aufgabe von kompetenten und wenig kompetenten Personen annähernd gleich häufig richtig oder falsch gelöst wird.

Nun wird eine Korrelationsmatrix erstellt, in welcher alle Korrelationen zwischen zwei Einzelaufgaben und alle Korrelationen jeder Aufgabe mit dem Gesamtpunktwert aufgeführt sind. Dabei können die Gesamtpunktwerte für die Dimensionen und für den gesamten Test gesondert korreliert werden.

Berechnet wird die Trennschärfe wie angedeutet über die Korrelation der Aufgabe mit der Dimension oder Skala. Hierbei werden je nach Antwortmodus verschiedene Korrelationskoeffizienten unterschieden. Am häufigsten wird jedoch mit der Produkt-Moment-Korrelation (vgl. Kp. 6.3) gearbeitet. Es wird die Korrelation zwischen jeder Aufgabe und der Gesamtskala ermittelt. Dies ist mit Excel schnell und einfach durchführbar.

Für einfache praktische Zwecke reicht das Durchführen der üblichen unkorrigierten Korrelationen. Für markttaugliche und breit zur Anwendung kommende geeichte Tests sind jedoch Zusatzberechnungen notwendig. Da die Lösung einer Aufgabe jeweils auch den Wert der Gesamtskala erhöht oder erniedrigt, wird bei einer „einfachen" Korrelationsrechnung der Zusammenhang zwischen Aufgabe und Skala überschätzt, die Korrelation ist zu hoch (partielle Eigenkorrelation). Bei sehr vielen Items in einer Skala ist dies zu vernachlässigen, bei kurzen Skalen mit wenig Items kann dies jedoch zu gravierenden Fehleinschätzungen der Trennschärfe von Items führen.

Deshalb wird zur genauen Analyse eine Korrektur durchgeführt, bei welcher der Summenwert der Skala um den erzielten Wert bei der zu analysierenden Aufgabe vermindert wird (*Teil-Ganzheits-Korrektur*). Die entsprechenden Rechenformeln befinden sich bei Bühner (2004). Mit Excel sind die Teil-Ganzheits-Korrekturen nicht automatisch durchführbar. Über den Funktionsassistenten und das Programm KORREL muss für jede Aufgabe bei der Matrixeingabe eine Korrektur erfolgen. Bei kleineren Tests und/oder Stichproben ist dies relativ schnell machbar (vgl. Zwerenz, 2001).

Schwierigkeit und Trennschärfe einer Aufgabe sind nicht unabhängig voneinander. Die Trennschärfe wird umso höher, je mehr Differenzierungen zwischen Personen gemacht werden können, d.h. bei mittlerer Aufgabenschwierigkeit ist tendenziell die Trennschärfe am höchsten.

Nun wird aufgrund dieser sog. *Itemanalyse* die Entscheidung über die Aufnahme von Aufgaben in den Test vorgenommen. Aufgaben, welche hoch mit dem Gesamtpunktwert der Dimension (Skala) korrelieren, werden in den Test aufgenommen. Sie sind trennscharf. Auch Items, die von keinem oder von allen Personen der Stichprobe gelöst werden, müssen in der Regel als zu schwere oder zu leichte Aufgaben ausgeschlossen werden. In der Schule kann es allerdings durchaus sinnvoll sein, Aufgaben zu stellen, die von allen oder keinem Schüler gelöst werden, um den Leistungsstand einer Klasse genau ermitteln zu können. Aufgaben, die von allen Schülern gelöst werden, können auch am Anfang von Tests zur Angstreduktion oder Motivationssteigerung gestellt werden.

Beispiel

	1. ST	2. NA	3. NB	4. NS	5. GB
1. Stimmen zuordnen: ST	1	0,86	0,84	0,69	0,28
2. Namen zuordnen A: NA		1	0,85	0,41	0,22
3. Namen zuordnen B: NB			1	0,28	-0,19
4. Name zuord. schwierig: NS				1	-0,32
5. Gesänge beschreiben: GB					1
6. Gesamtskala:	0,75	0,70	0,85	0,45	0,20

Tab. 21: (Fiktive) Korrelationsmatrix für das Beispiel mit den Vogelstimmen (Interkorrelationen zwischen den Aufgaben und Korrelation der Aufgaben mit der Gesamtskala)

Im vorliegenden Beispiel ist es sinnvoll, die Skala „Gesänge beschreiben" (5 GB) auszuschließen. Dies geschieht aus zwei Gründen. Zum einen ist die Korrelation mit der Gesamtskala sehr gering, zum anderen korrelieren alle anderen Aufgaben mit der Aufgabe GB niedrig, NS und NB sogar negativ. So bleiben in unserer Skala die Aufgaben 1–4 erhalten. Aufgrund der Ergebnisse der Schwierigkeits- und Trennschärfenanalyse wird eine Aufgabenselektion (*Itemselektion*) vorgenommen. Aufgaben, die sehr niedrig oder negativ mit der Skala korrelieren, werden in der Regel ausgeschlossen. Aufgaben mit negativen Item-Test-Korrelationen weisen auf eine Inhomogenität der Skala hin: Bei einem zweiteiligen Rechentest kann man z. B. bei Aufgaben zur Berechnung von Flächen und Dreisatzaufgaben zwei verschiedene Summenwerte bilden, wenn die Item-Test-Korrelationen für einen Aufgabentyp mehrheitlich negativ sind. Die negativ trennscharfen Aufgaben können also bei Tests mit unterschiedlichen Dimensionen (sog. Testbatterien) sehr wertvoll zur Beschreibung verschiedener Dimensionen sein.

Neben der *Aufgabenselektion* wird eine Überarbeitung von Aufgaben vorgenommen (*Aufgabenrevision*). Ausgeschiedene Aufgaben können für eine andere Dimension des Tests benutzt werden. Grundsätzlich gelten für Tests und Fragebogen die gleichen Konstruktionsmerkmale. In unserem Beispiel könnte die Aufgabe GB evtl. weiter benutzt werden, wenn weitere Dimensionen z. B. Vogelzug oder Aussehen einen Zusammenhang mit der Aufgabe GB haben würden. Dann könnte z. B. eine neue Dimension „Beschreibung von Aussehen und Gesang" konstruiert werden.

7.1.3 Testgütekriterien und Eichung

Anschließend werden die Gütekriterien für den Gesamttest (z. B. Retest-Reliabilität, Paralleltest-Reliabilität, kriteriumsorientierte Validität) berechnet. Sind die Gütekriterien zufriedenstellend, kann die Erstellung von Normen erfolgen. Sind die Gütekriterien noch nicht ausreichend erfüllt, erfolgt eine weitere Überarbeitung. So kann z. B. die Retest-Reliabilität über die Verlängerung des Tests gesteigert werden[4].

Nach der Aufgabenanalyse erfolgt die Analyse des gesamten Tests bzw. seiner einzelnen Dimensionen (Skalen) nach den bekannten *Gütekriterien* (vgl. Kp. 3.3). Am umfassendsten ist dabei immer die Analyse der Reliabilitäten.

Die meisten Reliabilitätsbestimmungen beruhen auf Korrelationen. Die häufigste Zuverlässigkeitsbestimmung erfolgt über die *Retest-Reliabilität.* Hierbei wird der Test bei den gleichen Personen zu zwei verschiedenen Zeitpunkten angewendet und die Rohwertpaare der beiden Messungen mit der bekannten Methode korreliert. Die Werte sind dann sinnvoll interpretierbar, wenn möglichst keine unterschiedlichen Übungs- oder Erinnerungseffekte vorhanden und die zu messenden Merkmale stabil sind, d. h. keine gravierenden individuellen Merkmalsschwankungen vorkommen. Die Höhe des Koeffizienten kann natürlich stark vom Intervall der beiden Testzeitpunkte abhängen; die Durchführungsobjektivität sollte ebenfalls möglichst hoch sein.

Bei der zweiten Methode erfolgt die Reliabiltätsbestimmung über die *innere Konsistenz* eines Tests. Diese kann z. B. über die Methode der *Testhalbierung* erfolgen. Die Korrelation von Rohwertpaaren von zwei Testhälften gilt dabei als Ausgangspunkt. Die Aufgaben werden z. B. zufällig oder nach geraden und ungeraden Reihungsnummern paarweise aufgeteilt. Dann werden die Korrelationen der summierten oder gemittelten Rohwertpaare beider Testhälften berechnet. Anschließend wird mit einer Korrekturformel (*Spearman-Brown-Formel*) „aufgewertet“ (Testverlängerung erhöht die Reliabilität).

$$r(tt) = \frac{2 \cdot r\,(1;2}{1 + r\,(1;2)}$$

r (tt) = Testhalbierungskoeffizient
r (1;2) = Korrelation der beiden Testhälften

Bei relativ homogenen Schnelligkeitstests (bei sehr ähnlichen Aufgaben wie z. B. dem Durchstreichen des Buchstaben „d“ in einem Text) führt diese Methode zu einer recht

[4] Für Fragebogen für den Bereich der Schule s. hierzu z. B. Eder (1996) oder Helmke (2004). Zur Entwicklung von Tests und Fragebogen mithilfe der klassischen Testtheorie sei auf den Klassiker von Lienert (1961) als immer noch einfachste Einstiegsmöglichkeit ohne mathematische Vorkenntnisse verwiesen. Zur Möglichkeit der Berechnung von Test- und Fragebogengütekriterien mit dem Programm SPSS eignet sich gut Bühner (2004).

hohen Reliabilität[5]. Am günstigsten ist es, wenn nicht nur eine Testform sondern parallele Testformen mit gleicher Itemzahl vorliegen, die an derselben Stichprobe überprüft werden können. Dann kann die *Paralleltest-Reliabilität* bei einer Variation der Testabfolge zur Reduzierung von Wiederholungsfehlern sehr gut über die Korrelation der beiden parallelen Formen ermittelt werden.

Wenn die revidierte *Testendform* vorliegt, wird dieser an einer möglichst großen und repräsentativen Stichprobe geeicht, d. h. es werden die Kennwerte bestimmt, die zu Vergleichszwecken für Individuen oder Stichproben gelten können. Die *Eichung* oder *Normierung* wird dann tabellarisch für einzelne Jahrgänge oder Teilgruppen (Berufe, Schultyp o. ä.) vorgenommen. Bei der Eichung werden in der Regel die normalverteilten Testpunkte standardisiert (vgl. Kp. 4.3), d. h. die Daten werden z-transformiert. Damit sind verschiedene Tests vergleichbar und es können schnell Prozentränge für Gruppen und Individuen ermittelt werden.

7.1.4 Individuelle Testauswertung

Bei standardisierten und geeichten Tests können nun sowohl für Gruppen als auch für Individuen die relativen Positionen (Prozentränge etc.) ermittelt werden. Mithilfe der z-Wert-Tabelle und der Formel für die Berechung von z-Werten (vgl. Kp. 4.3.2) werden diese Prozentwerte bestimmt. Die standardisierten Normalverteilungen für die einzelnen Tests finden sich in den entsprechenden Testmanualen. Nun kann auch über die Berechnung von Ablehnungsbereichen oder Vertrauensintervallen die statistische Sicherheit der Größe der Differenz von Stichprobe und Population (wie in Kap. 5 beschrieben) zusätzlich ermittelt werden. Bei der Beurteilung der Testwerte von Gruppen und Individuen ist neben der deskriptiven Betrachtung der relativen Position in Bezug auf die Normen ein weiterer Gesichtspunkt besonders zu beachten. Jeder statistische Kennwert ist mit einer gewissen Unsicherheit, dem Standardfehler (vgl. Kp. 5.2) behaftet. So gilt: Je größer der Standardfehler, desto kleiner die Reliabilität.

Gemäß klassischer Testtheorie wird jede Messung als messfehlerbehaftet angesehen. Jeder Testwert T wird dabei als Summe eines wahren (W) und eines Fehlerwertes (E = error) ähnlich dem Standardfehler angesehen:

$$T = W + E$$

[5] Deshalb ist es hier besser mit einer anderen Konsistenzanalyse zu arbeiten: Teilt man den Test in mehr als zwei Teile, nämlich in so viele Teile wie Aufgaben vorhanden sind, so wird ein eigener *Konsistenzkoeffizient* (Cronbach-Alpha-Koeffizient) auf der Basis der Itemvarianz und Gesamtvarianz berechnet. Dies ist heute die häufigste Schätzung der Konsistenz und Cronbachs Alpha wird auch bei den meisten gängigen Testverfahren als Reliabilitätsschätzung angegeben. SPSS schätzt diesen Koeffizienten direkt. Er wird normalerweise wie ein Korrelationskoeffizient betrachtet. Bei unterschiedlichen Itemtrennschärfen stellt Alpha eher eine zu niedrige Schätzung der Reliabilität dar.

Aus der Idee der Fehlertheorie folgt, dass Tests nur konstruiert werden dürfen, wenn mindestens Intervallskalenniveau vorliegt. Da die Fehler um den wahren Wert streuen und die Differenzen Nullen ergeben sollen, darf nur mit Skalen gearbeitet werden, die Differenzberechnungen zulassen. Diese müssen mindestens intervallskaliert sein. Um nun das Intervallskalenniveau annähernd zu erreichen, sollten möglichst homogene Aufgaben zu Dimensionen eines Tests zusammengefasst werden.

Da jeder Testwert sich aus einem wahren Wert und einem Fehlerwert zusammensetzt, sind Messwerte von Individuen also nie genau. Auch wenn ich den gerade ermittelten Wert, den „beobachteten“ Wert als „wahren“ Wert ansehe, so ist doch aufgrund der nie vollständigen Reliabilität des Tests ein Schwankungsbereich für den „wahren“ Wert eines Individuums anzunehmen. Dieser Schwankungsbereich kann mithilfe des Konzepts des *Standard(mess)fehlers für Einzelwerte von Tests* über die Ermittlung eines Konfidenzintervalls berechnet werden. Dabei gilt:

Standardmessfehler (für Einzelwerte x von Tests) =
$SE\ x\ (i) = SA_{Pop} \cdot \sqrt{1 - r\ (tt)}$

r(tt) = Reliabilitätskoeffizient
SA_{Pop} = Standardabweichung in der Population

Für das *Konfidenzintervall (KI)* für den gemessenen „beobachteten“ Testwert einer Person x gilt nun analog zum Konzept des Konfidenzintervalls für Mittelwerte von Stichproben:
$KI = x +/- z(alpha/2) \cdot SE(x)$
z(alpha/2) = z-Wert für das 95 % Konfidenzintervall (zweiseitig) = 1,96

Beispiel zum Konfidenzintervall für Intelligenzquotient

In einem Intelligenztest mit Mittelwert 100 und Standardabweichung 15 und einem Reliabilitätskoeffizienten (Cronbach-Alpha) von 0,94 erreicht Schülerin Ursina einen IQ-Wert von 105. In welchem Bereich liegt mit 95 %iger Sicherheit ihr „wahrer“ IQ? Nach obiger Formel gilt:
$SE\ x = 15 \cdot \sqrt{1-0{,}94} = 3{,}67$
$KI = 105 +/- 1{,}96 \cdot 3{,}67 = 97{,}8$ bis $112{,}2$
Der „wahre“ IQ von Ursina im vorliegenden Intelligenztest liegt mit einer Sicherheit von 95 Prozent zwischen 98 und 112 IQ-Punkten. Damit liegt sie im „gut“ durchschnittlichen Bereich.

Die anschließend vorgestellten Leistungstests können Sie über das Internet nun bereits anhand einiger testtheroetischer Kriterien beurteilen.

7.2 Leistungsmessung in der Schule

„Beginnend mit dem ‚TIMSS-Schock' und noch verstärkt mit der ‚PISA-Katastrophe' (Ergebnisse von PISA 2000) ist klar geworden, dass die empirische Wende der Bildungspolitik, *verbunden mit einer zunehmenden Orientierung auf den Ertrag – den ‚Output' – der Schule, nicht mehr rückgängig zu machen ist. Die Schule muss sich daran messen lassen, welche Wirkungen, welchen Ertrag sie bei ihrer Klientel, den Schülerinnen und Schülern, erzielt. Darüber sind sich Bildungspolitiker, maßgebliche Vertreter der Schulpraxis, Elternverbände und nicht zuletzt auch die Bildungsforschung einig."* So charakterisiert Andreas Helmke (2003, S. 11) die Bedeutung der Leistungsmessung für den Beruf des Lehrers. Die Messung von Leistung und damit die Untersuchung der Wirkung von Schule prägt seit einigen Jahren die öffentliche Diskussion über Schule und Lernen. Lange Zeit hat es gereicht, diese Wirkung einfach zu behaupten. Dies gilt nun nicht mehr: *„Entscheidend und in gewisser Weise tatsächlich revolutionär für den Schulbereich ist es, sich bei der Steuerung nicht länger nur am Prinzip einer immer detaillierteren Vorgabe* Inputs *(Gesetze, Lehrpläne, Erlasse, Stundentafeln, Ordnungen), sondern verstärkt an dem Output bzw. Outcomes, also an tatsächlich erreichten Effekten und Wirkungen, zu orientieren – und diese mit gesetzten* Standards *zu vergleichen. So etwas hat Folgen: Nur zu behaupten, dass ein Mehr an Investitionen hier oder dort eben hier oder dort dann schon gesteigerte Effekte nach sich ziehen werde, ist nicht mehr ausreichend – es geht um tatsächlich zustande kommende Wirkungen, und zwar Wirkungen auf der Seite der Schüler, denn die Schule ist letztendlich für die Schüler da."* (Terhart, 2002, S. 104).

Dies weiterführend meint Helmke (2003, S. 11): *„Die Orientierung an messbaren Wirkungen der Schule (‚Output') bedeutet den Abschied von der gerade hierzulande lange gepflegten Input-Orientierung und dem, was Stryck (2000) die ‚Steuerungsillusion' nannte: Sicherung der Bildungsqualität allein durch solide Lehrerausbildung, gute Infrastrukturen, sorgfältig ausgewählte Curricula und sinnvoll gestaltete Stundentafeln."*

Die unter anderem aufgrund dieses Philosophie-Wandels durchgeführten internationalen Vergleichsstudien haben die öffentliche Diskussion über die Schule in den letzten Jahren stark beeinflusst. So fand sich beispielsweise in einer Zeitung (Liechtensteiner Vaterland) im Fürstentum Liechtenstein nach der Veröffentlichung des Berichts der Ergebnisse von PISA 2000 ein ganzseitiges Inserat mit der Schlagzeile: *„Jetzt muss gehandelt werden! Die PISA-Studie der OECD hat für Liechtenstein höchst bedenkliche Resultate zum Vorschein gebracht. Liechtenstein befindet sich demnach in der Bildung im internationalen Vergleich nur noch im hinteren Drittel. Wir fordern die Regierung auf, eine Bildungsrevision in die Wege zu leiten, damit unseren Jugendlichen für sich, aber auch für die Zukunft unseres Landes eine Bildung vermittelt wird, die den internationalen Ansprüchen gerecht wird. Zwölf besorgte Unternehmer Liechtensteins".* Nachfolgend waren auf etwas mehr als einer halben Zeitungsseite die Ränge der verschiedenen Länder in Mathematik, Naturwissenschaft und Lesen abgebildet, wobei der (hintere) Rang von Liechtenstein stets unterstrichen war. Lehrpersonen werden so auf bis dahin nicht bekannte Weise der öffentlichen Diskussion ausgesetzt. Die Messung von Wirkungen erzeugt eine neue Form der Rechenschaftspflicht.

Dazu kommt zusätzlich, dass der „Produktbeschreibung" der Schule nicht mehr vertraut wird: Wo früher die Noten der Abschlussklassen als Kriterium für den Eintritt ins Berufsleben eine verbreitete Gültigkeit hatten, werden sie gegenwärtig verbreitet nicht mehr ernst genommen. So wird heute in der Schweiz von vielen Betrieben bei jugendlichen Lehrstellenbewerbern und -bewerberinnen eine schulexterne Eignungsabklärung (der „Multicheck" oder der „basic-check") verlangt. Gemäß Auskunft der Anbieter wurden 2006 50 % mehr „Multichecks"[6] durchgeführt als im Jahre 2005.

Diese Entwicklungen sind auch Teil der Globalisierung, die auf diese Weise in die Schule wirkt. Sie werden höchst kontrovers diskutiert und viele dabei geäußerten Positionen, seien sie nun befürwortend oder ablehnend, sind sehr bedenkenswert. Worum praktizierende wie auch angehende Lehrpersonen jedoch mit Sicherheit nicht herum können, ist das Ernstnehmen der Diskussion und das kundige Mitreden. Dazu gehört neben einem minimalen Verständnis für Wissenschaftsmethoden (und damit auch für Statistik) auch ein Grundwissen über aktuelle Leistungstests, internationale und nationale Vergleichsstudien. Diese werden deshalb nachfolgend knapp vorgestellt und mit Hinweisen für weiterführende Literatur versehen. Methodische Hinweise (z. B. zur Konstruktion von Tests) finden sich in den vorangehenden Kapiteln.

7.2.1 PISA

PISA: Programme for International Student Assessment.

Es handelt sich um eine laufende OECD-Studie (1998–2007) zur Lesekompetenz, zur mathematisch-naturwissenschaftlichen Grundbildung und zu fächerübergreifenden Kompetenzen mit vielfältigen Indikatoren für Lernergebnisse bei 15-jährigen Schülern.

PISA 2000 legte den Schwerpunkt auf das Leseverständnis, PISA 2003 hatte den Schwerpunkt Mathematik und PISA 2006 legte den Schwerpunkt auf die Naturwissenschaften. Eine Fortsetzung des Zyklus ist so gut wie sicher.

Für PISA wird in der Regel eine repräsentative Auswahl von 15-jährigen Jugendlichen untersucht. Es handelt sich also um eine Individualstichprobe innerhalb von Schulen anstelle von Klassenstichproben. In PISA 2000 belegte Deutschland (ganz ähnlich wie die Schweiz) bei der Lesekompetenz einen Mittelplatz, desgleichen bei Mathematik und bei den Naturwissenschaften. In keinem anderen Teilnehmerland war die Lesekompetenz so stark von der sozialen Herkunft abhängig wie in Deutschland. In der Schweiz zeigte sich dieser Zusammenhang in ähnlicher Stärke. Weiter stellen die Migranten eine Risikogruppe dar. Wenn der soziale Kontext (z. B. Vergleich des An-

6 Der Multicheck (Angaben basieren auf der Selbstdeklaration der Anbieter) ist eine berufsbezogene Eignungsabklärung für Lehrstellenbewerber und -bewerberinnen. Er richtet sich nach den Anforderungen der verschiedenen Berufslehren.

teils von Kindern aus Migrationsländern, Verteilung der Herkunftsfamilien auf die unterschiedlichen Einkommenskategorien) berücksichtigt wird, dann wird die Position Deutschlands im internationalen Vergleich sogar noch schlechter. Weiter sind die Lehrkräfte zu wenig in der Lage, Risikoschüler (z. B. mit mangelnder Lesekompetenz) zu identifizieren.

Hinsichtlich des Niveaus der wahrgenommenen Unterrichtsqualität halten die Autoren (OECD, S. 498) fest: *„Die Einschätzung der Unterrichtsqualität durch die Schülerinnen und Schüler fällt verhalten positiv aus – und zwar in Deutsch wie in Mathematik. Überwiegend bestehen keine Schulformunterschiede, doch wird an Gymnasien eine signifikant geringere Lehrerunterstützung wahrgenommen. Insgesamt lassen die Ergebnisse den Schluss zu, dass es aus der Schülersicht noch erhebliche Möglichkeiten zur Qualitätsverbesserung des Unterrichts gibt."*

Sowohl in Deutschland wie in der Schweiz wird in der Regel eine zusätzliche Stichprobe getestet, um Unterschiede zwischen den Bundesländern bzw. zwischen Kantonen zu ermitteln.

Weiterführende Hinweise (auch zu den Methoden) finden sich in jedem Land auf entsprechenden Internetseiten.

7.2.2 SCHOLASTIK und SCHOLASTIK-VN

SCHOLASTIK: Schulorganisierte Lernangebote und Sozialisation von Talenten, Interessen und Kompetenzen.

Es handelt sich dabei um die Grundschul-Langzeitstudie des Max-Planck-Instituts für psychologische Forschung München (Weinert & Helmke, 1997), in welcher die Klassen eins bis vier der Grundschule untersucht wurden. Das Besondere an dieser Studie ist eine aufwändige und intensive Erforschung der Prozesse im Unterricht. Dazu wurden – neben der Erfassung der Sicht der Kinder per Fragebogen – durch trainierte Beurteiler verschiedene Aspekte des Unterrichts eingeschätzt. Dabei konnte beispielsweise gezeigt werden, dass die in der Öffentlichkeit oft stark diskutierten Kontextmerkmale wie die Klassengröße oder der Anteil an fremdsprachigen Kindern in einer Klasse einen sehr geringen bis nicht vorhandenen Einfluss auf die Leistungssteigerung in Sprache und Mathematik haben, dass hingegen wesentliche Unterrichtsmerkmale wie die Klassenführung (Intensität der Zeitnutzung, Effizienz der Unterrichtsorganisation, schnelle und gleitende Übergänge zwischen verschiedenen Unterrichtsphasen) und die Klarheit (Fehlen von Verständnisschwierigkeiten) einen starken positiven Einfluss auf die Lernfortschritte wie auch die Freude an diesen Fachbereichen haben. Ein weiterer Überblick findet sich auch in Helmke & Schrader (1998) sowie in Weinert (1998). Die – noch nicht abgeschlossene – Studie SCHOLASTIK gehört zu den weltweit umfassendsten zur Entwicklung im Alter von 4 bis 24 Jahren. Aus interkultureller Perspektive ist die Studie SCHOLASTIK-VN (Helmke, Schrader, Tuyet, Phuc & Tra, 2003) von großem Interesse, weil es sich dabei um eine Wiederholung von SCHOLASTIK in vietnamesischen Grundschulklassen handelt. Dabei zeigte sich unter anderem der interessante Befund, dass vietnamische Kinder trotz (oder wegen!) verhältnismäßig deutlich besseren Noten (mehr als 40 % dieser Kinder hatten in Mathematik die Bestnote 10) sowohl ein höheres mathematisches Fähigkeitsselbstkonzept als auch deutlich bessere Leistungen in Mathematik als deutsche Kinder zeigten.

7.2.3 Best practice in der Schule[7] (Schweiz)

In einem Vergleichstest wurden 61 dritte Klassen aus verschiedenen deutschschweizer Kantonen in ihren Fähigkeiten in Sprache und Mathematik gemessen. Die Ergebnisse wurden hinsichtlich der Lernvoraussetzungen Intelligenz, Sprache und Herkunft korrigiert: Ergebnisse von Klassen, in welchen die Kinder vergleichsweise hohe Intelligenzwerte aufwiesen und/oder vergleichsweise viele Kinder mit Deutsch als Muttersprache unterrichtet wurden und/oder vergleichsweise viele Kinder aus bildungsnahen oder gut verdienendem Milieu kamen, wurden nach unten korrigiert. Ergebnisse von Klassen mit weniger günstigen Voraussetzungen wurden nach oben korrigiert. Auf diese Weise wurden die 15 besten Klassen bzw. Lehrpersonen ausgewählt. Anschließend haben diese 15 ausgewählten Lehrpersonen über mehrere Tage – verteilt über mehrere Monate – zusammengetragen, was die Qualität ihres Unterrichts ausmacht. Auf diese Weise wurden zehn Merkmale[8] herausgearbeitet, welche von diesen erfolgreichsten Lehrpersonen als bedeutsam erachtet wurden: Einsatz verschiedener Lehr-Lern-Formen, Ansprechen mehrerer Sinne, gemeinsames Thematisieren von Lösungswegen, Abgabe von Verantwortung an die Kinder, systematisches Angehen von Aufgaben, Einbau von kurzen spielerischen Sequenzen und Betonung des Übens, möglichst große Transparenz, Individualisierung auf den Leistungsstand, konsequenter Gebrauch von Hochdeutsch, Aufstellen weniger klarer Regeln und Einfordern von Disziplin.

Das Buch ist gut lesbar geschrieben. Die Testinstrumente sind ausführlich dargestellt. Das Vorgehen zur Ermittlung der 15 besten Lehrpersonen wie auch das Herausarbeiten von deren Unterrichtspräferenzen werden transparent dargestellt. Die zehn Merkmale erfolgreichen Unterrichtens werden in knapper Sprache und jeweils mit Beispielen und Zitaten der 15 Lehrpersonen illustriert beschrieben.

[7] Urs Moser und Sarah Tresch (2003)

[8] Diese zehn Merkmale weisen eine erstaunliche Übereinstimmung mit den zehn Merkmalen guten Unterrichts von Hilbert Meyer (2004) auf. Meyer hat in seinem Buch versucht, auf für Lehrpersonen verständliche Weise eine Vielzahl relevanter Untersuchungsergebnisse zu gutem Unterricht zusammenzutragen und auf wesentliche Merkmale zu reduzieren. Damit ist ihm ein in der Praxis und in der Aus- und Weiterbildung von Lehrpersonen zu Recht breit gelesenes Überblickswerk auf dem Stand der Zeit gelungen.

7.2.4 Studien zur Begabungs- und Begabtenförderung

Das Lehren und Lernen von begabten Kindern bzw. das Fördern von kindlichen Begabungen ist in den letzten Jahren zum Gegenstand wissenschaftlicher wie auch bildungspolitischer Diskussion geworden. Zwei wichtige Untersuchungen werden nachfolgend vorgestellt.

Schweiz: Margrit Stamm (2005): Zwischen Exzellenz und Versagen
Vor etwas mehr als zehn Jahren war in verschiedenen Zeitungen und Zeitschriften der deutschen Schweiz zu lesen, dass fast ein Viertel der Kinder beim Schuleintritt im Lesen und/oder Rechnen ein halbes Jahr oder mehr voraus ist und deshalb in mittlerem bis größerem Ausmaß unterfordert wird. Diese Ergebnisse stellen seither zentrale Argumente in der Diskussion um verschiedene Aspekte der Schule in der Schweiz dar: Begabungs- und Begabtenförderung, vorzeitige Einschulung und Überspringen, Vorverlegung des Schuleintritts oder Veränderung des Schulanfangs in Richtung Basis- oder Grundstufe. Jetzt, zehn Jahre später, legt Margrit Stamm einen umfassenden Überblick über die Entwicklung dieser Kinder (im Vergleich mit einer Kontrollgruppe) vor. Für etwas mehr als 200 frühlesende und/oder -rechnende Kinder existieren nun Kennwerte zur Entwicklung vom 7. bis zum 15. Lebensjahr.

Inhaltlich findet sich eine Vielzahl von Befunden, die für die bildungspolitische Diskussion bedeutsam sind. So ist beispielsweise die Klassenwiederholungsquote bei früh eingeschulten Kindern und bei Klassenüberspringern etwas höher als bei den nichtüberspringenden Frühlesern und -rechnern. Dabei fallen die Befunde für das frühzeitige Einschulen insgesamt positiver aus als für das Überspringen. Die Tatsache, dass sowohl bei den früh eingeschulten Kindern als auch bei Klassenüberspringern etwa ein Fünftel im Laufe der Primarschulzeit ernsthafte Leistungsprobleme entwickelt, legt nahe, dass auch für die Hochbegabten die Bäume nicht in den Himmel wachsen und dass die Verantwortlichen für diese Akzelerationsmaßnahmen insbesondere bei den Jungen behutsam(er) vorgehen sollten. Die Ergebnisse der Expertiseforschung, wonach „Übung den Meister macht", werden auf vielfältige Weise bestätigt. Als erfreulich für Lehrpersonen erweist sich der Befund, wonach das Lehrerurteil besser ist als sein Ruf und ein recht gutes Screening-Instrument für die Identifikation überdurchschnittlich begabter Schülerinnen und Schüler darstellt. Hingegen erscheinen die spezifischen Fördermaßnahmen wenig zu bewirken, was die Wirksamkeit der in den letzten Jahren vielerorts aufgebauten schulischen Förderung von Begabungen und Begabten fraglich erscheinen lässt.

Von höchster Bedeutung sind die zusammenfassenden Befunde für die Entwicklung von Leistungsexzellenz: *„Nicht die allgemeinen Fähigkeitsniveaus oder das frühe Lesen- oder Rechnenlernen sind die Bedingungsmerkmale für Leistungsexzellenz am Ende der obligatorischen Schulzeit, sondern besonders ausgeprägte Persönlichkeitsmerkmale wie Ausdauer, Leistungsmotivation oder Konzentrationsvermögen"* (Stamm, 2005, S. 210). Dabei scheint dem sozialen Umfeld eine zentrale Bedeutung zuzukommen. Auf der Grundlage einer Clusteranalyse werden aus den Dimensionen „Anspruchsorientierung Eltern“, „Anregungsorientierung Eltern“, „Erwerbsstatus“, „Intelligenz“ und „Berufsambitionen Kind“ fünf Cluster gebildet, welche die Eltern in Gruppen zusammenfassen und begrifflich charakterisieren. Danach zeigen Kinder der „Bildungsgewohnten“ (vorwiegend aus akademischen Berufen, mit hohen Erwartungen, einem Selbstverständnis für gute Schulleistungen bei vielfältigem Anregungsmilieu, 27 %) die stabilsten Leistungsprofile und verweilen konstant deutlich über dem Durchschnitt. Die Kinder der „Ehrgeizigen“ (vorwiegend aus dem kaufmännisch-gewerblichen Milieu, mit u. a. deutlich höheren Erwartungen im Vergleich zu den kindlichen Ambitionen, 25 %) starten leicht über dem Mittelfeld und nähern sich von Messzeitpunkt zu Messzeitpunkt mehr den „Bildungsgewohnten“. Die „Distanzierten“ (vorwiegend aus dem Arbeitermilieu, mit u. a. deutlich unterdurchschnittlichen Erwartungen, 15 %) beginnen durchschnittlich und werden anschließend zunehmend schlechter. Mit diesen drei Profilen lassen sich nicht zuletzt auch die Befunde von PISA 2001, wonach die soziale Herkunft in der Schweiz besonders ausgeprägt über den Bildungserfolg entscheidet, eindrücklich replizieren. Zwei weitere Profile vervollständigen das Bild, wovon die „Unsicheren“ (24 %) sich konstant leicht über dem Mittelfeld bewegen und die „Fordernden“ (9 %) nach einem Start bei den Besten konstant in ihren Leistungen absinken.

Die Forschung über Frühleser und -rechnerinnen in der deutschen Schweiz liefert zentrales Wissen sowohl zur Entwicklung guter Lernerinnen und Lerner als auch für die aktuelle bildungspolitische Diskussion.

Deutschland: Detlev H. Rost (1998): Marburger Hochbegabtenstudie

Unter der Leitung von Detlev Rost begann an der Universität Marburg 1987 eine Lebensumweltanalyse Hochbegabter und Hochleistender (Rost, 1997, 1998; Tettenborn, 1996). Dazu wurde in einem ersten Schritt eine – unausgelesene – Stichprobe von mehr als 7.000 Grundschülern gezogenen. Daraus wurden die hinsichtlich ihrer allgemeinen Intelligenz besten zwei Prozent ausgewählt und mit einer Kontrollgruppe durchschnittlich intelligenter Kinder verglichen. An der Untersuchung nahmen auch die wichtigsten Bezugspersonen (Eltern, Lehrer) teil. Ziel der Studie war es, ein umfassendes Bild von der Persönlichkeit, der sozialen Situation, den Interessen und der Lebensumwelt Hochbegabter zu zeichnen. 1994 fand eine weitere intensive Befragung der Versuchs- und Kontrollgruppen sowie ihrer Eltern und Lehrer statt. 1995 wurde eine weitere Kohorte hochleistender und durchschnittlich leistender Jugendlicher mit dem gleichen Untersuchungsprogramm erforscht. Es besteht die Absicht, die Studie weiterzuführen.

Die Befunde zeichnen ein vielfältiges Bild Hochbegabter und konnten auch einige Vorurteile gegenüber Hochbegabten widerlegen. Neben dem erwarteten enormen kognitiven Entwicklungsvorsprung wurden in vielen Bereichen für Hochbegabte positivere Merkmale als für durchschnittlich Begabte gefunden. So gehen hochbegabte

Kinder stärker aus sich heraus, sind warmherziger, emotional stabiler, ruhiger, fröhlicher, enthusiastischer, natürlicher als Schüler mit mittlerer und niedriger Intelligenz. Weiter konnte für Hochbegabte gezeigt werden, dass sich deren Persönlichkeitsmerkmale und Temperamentsfaktoren von denen durchschnittlich Begabter kaum unterscheiden und wenn, dann im positiven Sinne. Auch in den familiären Strukturen (Tettenborn, 1996) und in den Erziehungszielen der Eltern (Rost & Witt, 1993) finden sich kaum Unterschiede. Allerdings schnitten die höchstleistenden Jugendlichen, also diejenigen, die in der Regel nicht hochbegabt, aber deutlich überdurchschnittlich intelligent sind, ähnlich gut ab wie die Hochbegabten. Dass die Resultate des Marburger Hochbegabtenprojektes generalisierbar sind, belegt eine Studie an Jugendlichen aus Weißrussland mit sehr ähnlichen Befunden (Kowaltchouk, 1998).

Für die Schule bedeutsam ist insbesondere der Befund, wonach die sogenannten Underachiever (hochbegabte Minderleister) von Lehrpersonen kaum erkannt werden (Rost & Hanses, 1997).

7.2.5 Forschung und Entwicklung am Schulanfang

Das Lehren und Lernen bzw. das Fördern von Kindern im Kindergarten und den ersten Schuljahren ist in den letzten Jahren – ganz ähnlich wie die Förderung von Begabungen – zum Gegenstand wissenschaftlicher wie auch bildungspolitischer Diskussion geworden. Auch hierzu werden nachfolgend zwei wichtige Untersuchungen vorgestellt.

Deutschland: BiKS und die Lernvoraussetzungen am Schulanfang

BiKS: Bildungsprozesse, Kompetenzentwicklung und Selektionsentscheidungen im Vor- und Grundschulalter (vgl. www.uni-bamberg.de//leistungen/forschung/foerderprogramme/biks/).

Das Projekt befasst sich mit der Frage, was Kinder im Alter von drei bis acht Jahren lernen, welche Rolle dabei Kindergarten, Schule und Elternhaus spielen und auf welcher Grundlage wesentliche Entscheidungen (wie Schuleintritt) gefällt werden.

Die Forschungsgruppe BiKS an der Otto-Friedrich-Universität Bamberg besteht aus einem Team von Wissenschaftlerinnen und Wissenschaftlern aus Pädagogik, Psychologie und Soziologie. Projektstart war der 1. März 2005.

Ausgangspunkte für diese Untersuchung sind das schlechte Abschneiden vieler deutscher Schülerinnen und Schüler in den internationalen Schulleistungsstudien der vergangenen Jahre und das gleichzeitige Fehlen wichtiger Informationen für die Schaffung besserer Lernbedingungen. Die genauen Bedingungen, welche die Entwicklung von Sprache und Denken bei Kindern fördern, welche aber auch über den Besuch einer weiterführenden Schule entscheiden, sind (noch) zu wenig erforscht. Es werden deshalb zufällig ausgewählte Kindergarten- und Schulkinder über einen längeren Zeitraum in ihrer Entwicklung begleitet. Diese erste Stichprobe (Längsschnitt BiKS-

3-8) umfasst 600 Kinder. Die Lernfortschritte der Kinder werden vom Eintritt in den Kindergarten bis in die zweite Grundschulklasse erforscht. In einem weiteren Längsschnitt (BiKS-8-12) werden ca. 2.000 Kinder von der dritten Grundschulklasse bis zur sechsten Klassenstufe in ihrer Entwicklung begleitet. Die Studie findet in Kindergärten und Schulen in Bayern und Hessen statt.

Schweiz: Evaluation des Projekts Basisstufe – im Vergleich mit dem herkömmlichen Modell[9]

Die Erziehungsdirektoren-Konferenz der Ostschweizer Kantone und des Fürstentums Liechtenstein (EDK-Ost) hat im Jahr 2002 ein Entwicklungsprojekt „Erziehung und Bildung in Kindergarten und Unterstufe" gestartet. Anvisiertes Ziel ist die Erprobung einer inhaltlichen und organisatorischen Neuausrichtung der Schuleingangsstufe.

Im Rahmen dieses Projekts gehen vier- bis achtjährige Kinder gemeinsam in eine Grundstufe (umfasst zwei Jahre Kindergarten und die 1. Grundschulklasse) oder in eine Basisstufe (umfasst zwei Kindergartenjahre und die 1. und 2. Grundschulklasse). Es handelt sich also nicht mehr um die traditionelle Form der Jahrgangsklasse, sondern um ein Mehrklassenmodell. Zudem wird im Teamteaching unterrichtet (zwei Lehrpersonen pro Klasse).

Mit diesen Schuleingangsmodellen soll dem Problem begegnet werden, wonach der herkömmliche Schuleintritt vom Kindergarten in die Unterstufe dem unterschiedlichen Entwicklungs- und Leistungsstand von vier- bis achtjährigen Kindern nicht mehr zu entsprechen vermag. Die Unterstützung und Förderung in altersheterogenen Klassen und der Erwerb der Kulturtechniken soll nun individuell und systematisch erfolgen. Dieses Schuleingangsmodell wird in breit angelegten Schulversuchen in mehreren Kantonen gleichzeitig erprobt, überprüft und ausgewertet.

Das Entwicklungsprojekt der EDK-Ost startete im Jahr 2003 und umfasst mit 220 Lehrpersonen in 108 Klassen mit etwa 2.400 Schülerinnen und Schülern mittlerweile alle deutsch- und gemischtsprachigen Kantone der Schweiz und das Fürstentum Liechtenstein, wobei die Versuche in neun Kantonen durchgeführt werden.

Ziel des Projektes ist es, in den Kantonen nach vergleichbaren Grundlagen individuelle Entscheidungen zu ermöglichen. Die Entscheidungen über Empfehlungen zu einer Umsetzung mit Verankerung in den kantonalen Gesetzgebungen sollen nach Abschluss der Evaluationsphase im Jahr 2009 aufgrund wissenschaftlicher Erkenntnisse sowie bildungs- und finanzpolitischer Überlegungen entschieden werden.

[9] Wiederkehr, B.; Vogt, F.; Bischoff, S.; Moser, U. & Berweger, S.; 2006

Die wissenschaftliche Begleitung der Schulversuche startete mit einer Bestandsaufnahme über den Lernstand der Kinder in Versuchs- und Kontrollklassen sowie mit der Befragung der involvierten Personen. Der Zwischenbericht im Frühjahr 2008 zeigt folgende Ergebnisse: Die Kinder in der Grund- und Basisstufe zeigen im Vergleich mit den Kontrollklassen (welche reguläre Kindergärten besucht hatten) nach zwei Jahren bessere Leistungen in Sprache und Mathematik (Moser et al. 2008). Hinsichtlich der Selbsteinschätzungen in Wohlbefinden und Fähigkeitskonzept fanden sich je nach Schulform keine Unterschiede (vgl. Moser et al. 2008). Eltern und Lehrpersonen, die mit der Grund-/Basisstufe Erfahrung haben, schätzen diese mehrheitlich positiv ein. In der Unterrichtsbeobachtung und aufgrund der Angaben der Lehrpersonen zeigt sich, dass stärker individualisierende Unterrichtsformen umgesetzt werden. Zudem wird den Kindern ein fließender Übergang vom Spielen zum schulischen Lernen ermöglicht: jüngere Kinder können sich schon früher mit Schriftsprache und Mathematik beschäftigen, auch ältere Kinder haben Zugang zu Spielförderung (vgl. Vogt et al. 2008). Der Schlussbericht ist für Anfang 2010 geplant.

Eine öffentlich zugängliche Zusammenfassung der Erhebung der Eingangsvoraussetzungen liegt ebenfalls vor und hat unter anderem ähnliche Befunde wie schon PISA 2000 und PISA 2003: *„Die Verteilungen der Leistungen weisen darauf hin, dass die Unterschiede zwischen den Kindern in diesem Alter sehr groß sind und sich zu einem beachtlichen Teil bereits durch Herkunftsmerkmale erklären lassen. Kinder aus immigrierten Familien sowie aus sozioökonomisch benachteiligten Familien treten mit deutlich weniger ausgebildeten Kompetenzen ins Bildungssystem ein als Kinder aus einheimischen und sozioökonomisch privilegierten Familien.“* (Wiederkehr et al., 2006, S. 15)

7.2.6 Leistungsmessung im Unterrichtsalltag: Klassencockpit

Das schweizerische Projekt „Klassencockpit“ dient der Qualitätssicherung durch systematische Leistungsmessung.

Die einzelnen Module überprüfen die Lernziele aus den Fachbereichen Deutsch und Mathematik und ermöglichen den Lehrpersonen einen Vergleich ihrer Klassen mit einer repräsentativen Stichprobe von 450 bis 500 Schülerinnen und Schülern. Das Projekt wird wissenschaftlich begleitet vom Kompetenzzentrum für Bildungsevaluation und Leistungsmessung an der Universität Zürich und in didaktisch-methodischen Fragen von Fachexperten der Pädagogischen Hochschule des Kantons St. Gallen (PHSG) und wird von pädagogischen Kommissionen unterstützt. Die Auswertungsmöglichkeiten laufen per Internet. Die Tests orientieren sich an den Zielsetzungen, Intentionen und Inhalten der Lehrpläne der beteiligten Kantone. Es handelt sich dabei um ein Selbstevaluationssystem für Lehrpersonen. Die Hinweise für den Einsatz von Orientierungsmodulen sollen dafür sorgen, dass dieses umfängliche System nicht als Controlling- oder Selektionsinstrument missbraucht werden kann.

8. Interpretieren

Die Interpretation von Forschungsergebnissen ist gerade für Verantwortliche in der Praxis (Lehrende, Bildungsverantwortliche, Entscheidungsträger aus der Bildungspolitik) oft schwierig, aber auch wichtig. Die Kernfrage dabei lautet: Wie weit können Ergebnisse generalisiert werden? Die seriös Forschenden sind hier meist sehr vorsichtig. Viele von ihnen halten die meisten Schlussfolgerungen für eine Form von mittlerer bis starker Spekulation. Eine prägnante Formulierung dieser Position stammt von Rost (2005, S. 182):

> *„Nach dem Ergebnisteil könnte ein Bericht abgeschlossen werden. Alles wirklich Wichtige ist gesagt worden. Dennoch lässt es sich kein Verfasser nehmen, die Hauptresultate kurz zusammenzufassen, seine Interpretationen und Schlussfolgerungen darzustellen und einen Ausblick auf zukünftige Forschung zu wagen. Wir sollten aber niemals eine Untersuchung deshalb als nützlich und wichtig akzeptieren, weil es der Autor selbst behauptet, denn ‚jeder Metzger lobt seine Wurst'. Es gibt wohl keinen Verfasser, der von seiner eigenen Veröffentlichung feststellt, dass sie überflüssig ist. Am besten fragen wir uns vor der Lektüre der Schlussfolgerungen, wie wir die Resultate beurteilen. Danach setzen wir uns mit den Ansichten und Interpretationen des Verfassers auseinander."*

Nachfolgend finden sich verschiedene in Forschungsartikeln immer wieder vorkommende Wendungen und die skeptischste Variante dessen, was damit wirklich gemeint sein könnte. Sie passen hervorragend zu Rosts Meinung, wonach die Interpretationen eigentlich den unwichtigsten Teil eines Forschungsberichts darstellen. Natürlich sollten diese Wendungen nicht ausschließlich auf die untenstehende Weise interpretiert werden. Aber die aufgelisteten Interpretationen helfen doch, das kritische Lesen zu erwerben oder zu erweitern, immerhin ein Kernziel wissenschaftlichen Denkens überhaupt.

Infokasten

It has long been known that ... *I haven't bothered to look up the original reference but*

Of great theoretical and practical importance ... *interesting to me*

While it has not been possible to provide definite answers to these questions ...
The experiment didn't work out, but I figured I could at least get a publication out of it

The MMPI was chosen as especially suitable to test this hypothesis ...
This is the only one test roughly known

This population was carefully selected for the study ...
Those were the only people we could finally trick into cooperating

Typical results are shown ... *the hypothesis-confirming results are shown*

Agreement with the hypothesis is:
Excellent ... *fair* / **good ...** *poor* / **satisfactory ...** *doubtful* / **fair ...** *imaginery*

It is suggested that; it is believed that, it may be that ... *I think*

It is generally believed that ... *a couple of others fellows think so too*
Hardly; scarcely; not likely ... *not at all, never*
Etc, e.g. ... *I can't think of any other example*

It is clear that much additional work will be required before a complete understanding ...
I don't understand it –

Unfortunately, a quantitative theory to account for these results has not been formulated ...
neither does anybody else understand it

Correct within an order of magnitude ... *wrong*

Thanks are due Ernst Glatz for assistence with the experiments and to Hans Brill for valuable discussion ... *Glatz did the work and Brill explained what it meant.*

C.B. Graham Jr., Mental Progress, 1957 (in: www.msm.cam.ac.uk/phase-trans/2005/joke.pdf)

Im Gegensatz zu den in der Regel eher vorsichtigen Forschenden sind Verantwortliche der Praxis auf Hinweise für Generalisierungsmöglichkeiten angewiesen. Sie brauchen Schlussfolgerungen für einen möglichst weiten Geltungsbereich. Lehrerinnen und Lehrer brauchen speicherbare und damit überschaubare Regeln, Routinen bzw. Skripts, welche in Handlungsroutinen überführt/übersetzt werden können. Letztlich muss die Praxis versuchen, aus den gerade in den Köpfen vorliegenden Ergebnissen bzw. einigermaßen gesicherten Theorien Gültigkeiten und Handlungspräferenzen abzuleiten bzw. zu generalisieren. Diese Generalisierungen sind zumindest stets dort zulässig, wo entweder keine Befunde vorliegen oder wo die Zeit für den Erwerb des entsprechenden Wissens/Könnens fehlt. Theorie- und forschungsbasierte Praxis ist deshalb immer auch mehr oder weniger beliebig in der Auswahl der Wissensbestände. Praxis ist stets *„Handeln unter Druck“* (Wahl, 1991). Würde von der Praxis verlangt, stets das (halbwegs generalisierbare) Gesamtwissen zu ihrem Arbeitsfeld zur Verfügung zu haben, würden wir – wenn wir als Forschende ehrlich sind – von ihr mehr einfordern, als wir für uns selber vermögen. Praxis ist deshalb stets auch angewiesen auf Übersetzungen, wie dies z.B. aktuell die Bücher von Meyer (2004) zum guten Unterricht oder von Lohmann (2003) zur Klassenführung anbieten.

Ein Beispiel für Lösungen in diesem Generalisierungsproblem sind die berichteten Befunde und Interventionsempfehlungen zum Umgang mit Mobbing und Gewalt in der Schule von Olweus (1995). Dazu liegen verschiedene Befunde und Empfehlungen vor (z. B. Olweus, 1995; Alsaker, 2002; Scheithauer et al., 2003). Auch wenn über die Gültigkeit des „autoritativen Erwachsenen-Kind-Interventions-Modells“ von Olweus für deutschsprachige Verhältnisse wenig bekannt ist, so ist es doch (a) dermaßen wirksam und (b) sind die Verhältnisse in Norwegen, woher die Forschungen von Olweus stammen, gemäß dem demografischen Wissen ausreichend vergleichbar mit den deutschsprachigen Ländern, dass sie auch auf unsere Verhältnisse generalisiert werden können und sollen, zumindest bis für unsere Länder bessere Befunde und besser abgestützte Programme vorliegen.

Ein weiteres Beispiel sind die Befunde von Niggli & Kersten (1999) zur Wirksamkeit von Wochenplanunterricht in der Sekundarstufe I, wonach der Lernertrag mit dieser Unterrichtsform mit jeder zusätzlichen wöchentlichen Wochenplanlektion im Vergleich mit dem herkömmlichen Unterricht schlechter wird. Auch wenn wir nicht wissen, ob dieser negative Zusammenhang auch für die Primarstufe gilt, so müssen Lehrpersonen doch generalisieren. Dabei stellt sich für Primar- oder Grundschullehrpersonen die Frage, ob sie die Ergebnisse von Niggli einfach negieren sollen, weil diese ja möglicherweise nur für die Oberstufe gelten. Im Wissen darum, dass ältere Studien über viele Altersgruppen hinsichtlich des Lernertrags für offene Lernformen eher skeptische Befunde berichten (vgl. z. B. in Lipowsky, 2002), ist es deshalb eine durchaus zulässige (Über-)Generalisierung, wenn auch Lehrpersonen für Primar- und Grundschulen mit dieser Unterrichtsform zurückhaltend umgehen und bei Anwendung derselben bekannte Fehler zu vermeiden versuchen (z. B. Kinder, welche lange Zeit für das Entscheiden der Weiterarbeit brauchen, in dieser Phase aktiv unterstützen und diesen Prozess beschleunigen und sie gleichzeitig etwas intensiver überwachen, vgl. Lipowsky, 1999).

Nachfolgend nun einige Hinweise, worauf beim Lesen bzw. Verfassen von Interpretationen – manchmal einfach als „Diskussion“ oder als „Zusammenfassung und Diskussion“ bezeichnet – zu achten ist.

1. Qualität der Methode:

Grundsätzlich sind stets die in diesem Buch thematisierten methodischen Grundfragen zu stellen: Entsprechen die Hypothesen den tatsächlich geprüften Inhalten? Ist die Literaturrecherche auf einem aktuellen Stand? Wurden ausreichend Alternativhypothesen erwogen? Macht das Messinstrument (Fragebogen, Experiment, ...) Sinn? Welche weiteren Instrumente wurden auch noch erwogen und allenfalls warum verworfen? Liegen Mess- oder Stichprobenfehler vor? Wurden die richtigen statistischen Prüfverfahren angewendet?

2. **Plausibilität des behaupteten Gültigkeitsbereichs:**
Welches Ausmaß hat die Generalisierung des Gültigkeitsbereichs? Wird die Generalisierung benannt und begründet? Jede Untersuchung bezieht sich auf eine Population. In der Regel ist dem Anfang des Berichtes zu entnehmen, für welche Population eine oder mehrere Hypothesen aufgestellt wurden. Im Schulbereich typische Populationen sind z. B. Lehrpersonen bestimmter Stufen/Klassen, Lernende aus bestimmten Stufen/Klassen. Wenn nun die Untersuchung Hypothesen zur Entwicklung bestimmter Fähigkeiten bei Kindern aus 1. Klassen geprüft hat, dann sind Generalisierungen auf andere Klassen problematisch, weil in der ersten Klasse oft eine Startphase (zum Beispiel für Schriftsprache, Lesen und Rechnen) bearbeitet wird, wohingegen in anderen Klassen dies in den meisten Bereichen eine geringere Rolle spielt. Wird jedoch das Freizeitverhalten von Kindern aus 1. Klassen untersucht, dann lassen sich entsprechende Ergebnisse durchaus noch auf einige Nachfolgeklassen generalisieren, weil die Veränderungen hier vermutlich eher fließend sind.
3. **Angemessenheit der theoretischen Argumentation:**
Werden die formulierten Fragen beantwortet und alle Hypothesen geprüft? Wie wird umgegangen mit unerwarteten Ergebnissen: Sind die Begründungen für die (z. B. vorläufige) Aufrechterhaltung einer Hypothese oder Theorie trotz diesbezüglich ungünstigen Ergebnissen in der berichteten eigenen Studie plausibel oder eher fadenscheinig?
4. **Angemessenheit der Schlussfolgerungen:**
Werden aus den Ergebnissen Schlussfolgerungen gezogen, *„die vor dem Hintergrund der Problemlage, der Planung, Durchführung und der Ergebnisse der Studie auch wirklich getroffen werden können? (...). Sind die Schlussfolgerungen in irgendeiner Hinsicht, praktisch oder wissenschaftlich wertvoll? Hat sich der ganze Aufwand gelohnt? (...). Diskutiert der Autor den Zusammenhang zwischen gewonnener Erkenntnis und praktischer Umsetzung (theoretische und praktische Relevanz)?“* (Rost, 2005, S. 182 f.)
5. **Einbezug des Bezugssystems mit Pro und Kontra:**
„Bezieht der Autor seine Befunde auf andere Arbeiten auf dem Gebiet? Nennt er Untersuchungen, die zu vergleichbaren Ergebnissen gekommen sind? Diskutiert er ebenso intensiv Studien, die zu gegensätzlichen Resultaten gelangt sind, und versucht er, die Gründe für diese Diskrepanzen aufzudecken?“ (ebenda)
6. **Sichtbarwerden von Neuem:**
„Werden noch unbeantwortete oder neu aufgetauchte Probleme diskutiert? Sind die aufgeworfenen Fragen relevant? Welche neuen Ansätze zu ihrer Bewältigung werden erwogen? Werden unerwartete Nebenergebnisse berichtet? Begründet der Autor, welche Nebenergebnisse in einer zusätzlichen Untersuchung getrennt weiterverfolgt werden?“ (ebenda)
7. **Finanzieller Ertrag:**
Wie steht es mit dem Verhältnis von Kosten und Nutzen? Waren die Investitionen gerechtfertigt?
8. **Inhaltlicher Mehrwert:**
„Wenn wir den Bericht zur Seite legen, sollten wir uns fragen: Was weiß ich nun über den Gegenstandsbereich, was ich vor der Lektüre noch nicht wusste? Kann ich den neuen Erkenntnissen ver-

trauen? Wenn ja, wie kann ich für mich den besten Nutzen daraus ziehen? Oder kenne ich jemand, dem diese Untersuchung weiterhelfen würde?“ (ebenda)

Je mehr dieser acht Fragen mit Ja beantwortet werden können, desto wertvoller ist eine Untersuchung einzuschätzen und desto eher sollten Elemente davon in irgendeiner Weise in das eigene (berufliche) Leben integriert werden.

Beim Lesen von wissenschaftlichen Texten bzw. Untersuchungsberichten sind Ungeübte in der Bewertung oft sehr unsicher und deshalb auch anfällig dafür, irgendwelchen Expertinnen und Experten zu glauben statt zuerst selber zu denken. Vertrauen Sie ruhig Ihrem Verstand und stellen Sie genau diese (vor allem die obigen) Fragen, welche Sie nach der Lektüre eines Berichts oder dem Anhören eines Forschungsreferates noch haben. Für gute und ehrliche Forscherinnen und Forscher gibt es fast keine dummen Fragen. Es gibt höchstens dumme Antworten.

Und: Lassen Sie sich vor allem nicht von unverständlicher Sprache beeindrucken. Fragen Sie auch hier nach, bis Sie verstehen. Was nicht übersetzbar ist, ist in der Regel auch nicht seriös. Zwar gibt es in vielen Forschungsberichten starke sprachliche Verdichtungen. Das ist verständlich, weil die Vorgaben (von Verlagen, Kongress- und Tagungsverantwortlichen) die Forschenden oft dazu zwingen, mit verdichteter Sprache Zeit zu gewinnen. Diese werden auf Nachfragen in der Regel doch gerne ausführlich und verständlich erläutern, worum es ihnen geht.

9. Anhang

Tabelle 1: Flächen unterhalb der Normalverteilung (z-Werte)

z	0,00	0,01	0,02	0,03	0,04	0,05	0,06	0,07	0,08	0,09
0,0	00,00	00,40	00,80	01,20	01,60	01,99	02,39	02,79	03,19	03,59
0,1	03,98	04,38	04,78	05,17	05,57	05,96	06,36	06,75	07,14	07,53
0,2	07,93	08,32	08,71	09,10	09,48	09,87	10,26	10,64	11,03	11,41
0,3	11,79	12,17	12,55	12,93	13,31	13,68	14,06	14,43	14,80	15,17
0,4	15,54	15,91	16,28	16,64	17,00	17,36	17,72	18,08	18,44	18,79
0,5	19,15	19,50	19,85	20,19	20,54	20,88	21,23	21,57	21,90	22,24
0,6	22,57	22,91	23,24	23,57	23,89	24,22	24,54	24,86	25,17	25,49
0,7	25,80	25,11	26,42	26,73	27,04	27,34	27,64	27,94	28,23	28,52
0,8	28,81	29,10	29,39	29,67	29,95	30,23	30,51	30,78	31,06	31,33
0,9	31,59	31,86	32,12	32,38	32,64	32,90	33,15	33,40	33,65	33,89
1,0	34,13	34,38	34,61	34,85	35,08	35,31	35,54	35,77	35,99	36,21
1,1	36,43	36,65	36,86	37,08	37,29	37,49	37,70	37,90	38,10	38,30
1,2	38,49	38,69	38,88	39,07	39,25	39,44	39,62	39,80	39,97	40,15
1,3	40,32	40,49	40,66	40,82	40,99	41,15	41,31	41,47	41,62	41,77
1,4	41,92	42,07	42,22	42,36	42,51	42,65	42,79	42,92	43,06	43,19
1,5	43,32	43,45	43,57	43,70	43,83	43,94	44,06	44,18	44,29	44,41
1,6	44,52	44,63	44,74	44,84	44,94	45,05	45,15	45,25	45,35	45,45
1,7	45,54	45,64	45,73	45,82	45,91	45,99	46,08	46,16	46,25	46,33
1,8	46,41	46,49	46,56	46,64	46,71	46,78	46,86	46,93	46,99	47,06
1,9	47,13	47,19	47,26	47,322	47,38	47,44	47,50	47,56	47,61	47,67
2,0	47,72	47,78	47,83	47,88	47,93	47,98	48,03	48,08	48,12	48,17
2,1	48,21	48,26	48,30	48,34	48,38	48,42	48,46	48,50	48,54	48,57
2,2	48,61	48,64	48,68	48,71	48,75	48,78	48,81	48,84	48,87	48,90
2,3	48,93	48,96	48,98	49,01	49,04	49,06	49,09	49,11	49,13	49,16
2,4	49,18	49,20	49,22	49,25	49,27	49,29	49,31	49,32	49,34	49,36
2,5	49,38	49,40	49,41	49,43	49,45	49,46	49,48	49,49	49,51	49,52
2,6	49,53	49,55	49,56	49,57	49,59	49,60	49,61	49,62	49,63	49,64
2,7	49,65	49,66	49,67	49,68	49,69	49,70	49,71	49,72	49,73	49,74
2,8	49,74	49,75	49,76	49,77	49,77	49,78	49,79	49,79	49,80	49,81
2,9	49,81	49,82	49,82	49,83	49,84	49,84	49,85	49,85	49,86	49,86
3,0	49,87									
3,5	49,98									
4,0	49,997									
5,0	49,99997									

Tabelle 2: t-Verteilung, ein- und zweiseitige Grenzen für die Ablehnungsbereiche der Nullhypothese (gekürzt, aus Hirsig, 1998, S. I-A.6)

	Außerhalb des Intervalls –t bis +t (zweiseitige Hypothese)			
FG	**(10%)**	**5%**	**(2%)**	**1%**
1	6,31	12,71	31,82	63,66
2	2,92	4,30	6,97	9,93
3	2,35	3,18	4,54	5,84
4	2,13	2,78	3,75	4,60
5	2,02	2,57	3,37	4,03
6	1,94	2,45	3,14	3,71
7	1,90	2,37	3,00	3,50
8	1,86	2,31	2,90	3,36
9	1,83	2,26	2,82	3,25
10	1,81	2,23	2,76	3,17
11	1,80	2,20	2,72	3,11
12	1,78	2,18	2,68	3,06
13	1,77	2,16	2,65	3,01
14	1,76	2,15	2,62	2,98
15	1,75	2,13	2,60	2,95
16	1,75	2,12	2,58	2,92
17	1,74	2,11	2,57	2,90
18	1,73	2,10	2,55	2,88
19	1,73	2,09	2,54	2,86
20	1,73	2,09	2,53	2,85
21	1,72	2,08	2,52	2,83
22	1,72	2,07	2,51	2,82
23	1,71	2,07	2,50	2,81
24	1,71	2,06	2,49	2,80
25	1,71	2,06	2,49	2,79
30	1,70	2,04	2,46	2,75
40	1,68	2,02	2,42	2,70
60	1,67	2,00	2,39	2,66
120	1,66	1,98	2,36	2,62
unendl. (t = z)	1,64	1,96	2,33	2,58
	5%	(2,5%)	1%	(0,5%)
	Außerhalb des Intervalls –t bis +t (einseitige Hypothese)			

Tabelle 3: F-Verteilung (Signifikanzniveau p = 5 %)

n \ m	1	2	3	4	5	6	7	8	9	10
1	161,40	199,50	215,70	224,60	230,20	234,00	236,80	238,90	240,50	241,90
2	18,51	19,00	19,16	19,25	19,30	19,33	19,35	19,37	19,38	19,40
3	10,13	9,55	9,28	9,12	9,01	8,94	8,89	8,85	8,81	8,79
4	7,71	6,94	6,59	6,39	6,26	6,16	6,09	6,04	6,00	5,96
5	6,61	5,79	5,41	5,19	5,05	4,95	4,88	4,82	4,77	4,74
6	5,99	5,14	4,76	4,53	4,39	4,28	4,21	4,15	4,10	4,06
7	5,59	4,74	4,35	4,12	3,97	3,87	3,79	3,73	3,68	3,64
8	5,32	4,46	4,07	3,84	3,69	3,58	3,50	3,44	3,39	3,35
9	5,12	4,26	3,86	3,63	3,48	3,37	3,29	3,23	3,18	3,14
10	4,96	4,10	3,71	3,48	3,33	3,22	3,14	3,07	3,02	2,98
11	4,84	3,98	3,59	3,36	3,20	3,09	3,01	2,95	2,90	2,85
12	4,75	3,89	3,49	3,26	3,11	3,00	2,91	2,85	2,80	2,75
13	4,67	3,81	3,41	3,18	3,03	2,92	2,83	2,77	2,71	2,67
14	4,60	3,74	3,34	3,11	2,96	2,85	2,76	2,70	2,65	2,60
15	4,54	3,68	3,29	3,06	2,90	2,79	2,71	2,64	2,59	2,54
16	4,49	3,63	3,24	3,01	2,85	2,74	2,66	2,59	2,54	2,49
17	4,45	3,59	3,20	2,96	2,81	2,70	2,61	2,55	2,49	2,45
18	4,41	3,55	3,16	2,93	2,77	2,66	2,58	2,51	2,46	2,41
19	4,38	3,52	3,13	2,90	2,74	2,63	2,54	2,48	2,42	2,38
20	4,35	3,49	3,10	2,87	2,71	2,60	2,51	2,45	2,39	2,35
21	4,32	3,47	3,07	2,84	2,68	2,57	2,49	2,42	2,37	2,32
22	4,30	3,44	3,05	2,82	2,66	2,55	2,46	2,40	2,34	2,30
23	4,28	3,42	3,03	2,80	2,64	2,53	2,44	2,37	2,32	2,27
24	4,26	3,40	3,01	2,78	2,62	2,51	2,42	2,36	2,30	2,25
25	4,24	3,39	2,99	2,76	2,60	2,49	2,40	2,34	2,28	2,24
26	4,23	3,37	2,98	2,74	2,59	2,47	2,39	2,32	2,27	2,22
27	4,21	3,35	2,96	2,73	2,57	2,46	2,37	2,31	2,25	2,20
28	4,20	3,34	2,95	2,71	2,56	2,45	2,36	2,29	2,24	2,19
29	4,18	3,33	2,93	2,70	2,55	2,43	2,35	2,28	2,22	2,18
30	4,17	3,32	2,92	2,69	2,53	2,42	2,33	2,27	2,21	2,16
40	4,08	3,23	2,84	2,61	2,45	2,34	2,25	2,18	2,12	2,08
50	4,03	3,18	2,79	2,56	2,40	2,29	2,20	2,13	2,07	2,03
60	4,00	3,15	2,76	2,53	2,37	2,25	2,17	2,10	2,04	1,99
70	3,98	3,13	2,74	2,50	2,35	2,23	2,14	2,07	2,02	1,97
80	3,96	3,11	2,72	2,49	2,33	2,21	2,13	2,06	2,00	1,95
90	3,95	3,10	2,71	2,47	2,32	2,20	2,11	2,04	1,99	1,94
100	3,94	3,09	2,70	2,46	2,31	2,19	2,10	2,03	1,97	1,93
200	3,89	3,04	2,65	2,42	2,26	2,14	2,06	1,98	1,93	1,88
300	3,87	3,03	2,63	2,40	2,24	2,13	2,04	1,97	1,91	1,86
400	3,86	3,02	2,63	2,39	2,24	2,12	2,03	1,96	1,90	1,85
500	3,86	3,01	2,62	2,39	2,23	2,12	2,03	1,96	1,90	1,85

Quelle: http://www.uni-graz.at/sor/Lehre/VUStatistikSoziologen.htm

Tabelle 4: Kritische Werte für Korrelationskoeffizienten

	Signifikanzniveau für einen einseitigen Test				
	0,05	**0,025**	**0,01**	**0,005**	**0,0005**
	Signifikanzniveau für einen zweiseitigen Test				
n	**0,10**	**0,05**	**0,02**	**0,01**	**0,001**
5	0,8054	0,8783	0,9343	0,9587	0,9587
6	0,7293	0,8114	0,8822	0,9172	0,9741
7	0,6694	0,7545	0,8329	0,8745	0,9507
8	0,6215	0,7067	0,7887	0,8343	0,9249
9	0,5822	0,6664	0,7498	0,7977	0,8982
10	0,5494	0,6319	0,7155	0,7646	0,8721
11	0,5214	0,6021	0,6851	0,7348	0,8471
12	0,4973	0,5760	0,6581	0,7079	0,8233
13	0,4762	0,5529	0,6339	0,6835	0,8010
14	0,4575	0,5324	0,6120	0,6614	0,7800
15	0,4409	0,5139	0,5923	0,6411	0,7603
16	0,4259	0,4973	0,5742	0,6226	0,7420
17	0,4124	0,4821	0,5577	0,6055	0,7246
18	0,4000	0,4683	0,5425	0,5897	0,7084
19	0,3887	0,4555	0,5285	0,5751	0,6932
20	0,3783	0,4438	0,5155	0,5614	0,6787
21	0,3687	0,4329	0,5034	0,5487	0,6652
22	0,3598	0,4227	0,4921	0,5368	0,6524
27	0,3233	0,3809	0,4451	0,4869	0,5974
32	0,2960	0,3494	0,4093	0,4487	0,5541
37	0,2746	0,3246	0,3810	0,4182	0,5189
42	0,2573	0,3044	0,3578	0,3932	0,4896
47	0,2428	0,2875	0,3384	0,3721	0,4648
52	0,2306	0,2732	0,3218	0,3541	0,4433
62	0,2108	0,2500	0,2948	0,3248	0,4078
72	0,1954	0,2319	0,2737	0,3017	0,3799
82	0,1829	0,2172	0,2565	0,2830	0,3568
92	0,1726	0,2050	0,2422	0,2673	0,3375
102	0,1638	0,1946	0,2301	0,2540	0,3211

Tabelle 5: Kritische Werte für den Wilcoxon-(Paardifferenzen-)Test

Test	zweiseitig			einseitig		Test	zweiseitig			einseitig	
n	**5%**	**1%**	**0,1%**	**5%**	**1%**	**n**	**5%**	**1%**	**0,1%**	**5%**	**1%**
6	0			2		**54**	514	445	368	550	473
7	2			3	0	**55**	536	465	385	573	493
8	3	0		5	1	**56**	557	484	402	595	514
9	5	1		8	3	**57**	579	504	420	618	535
10	8	3		10	5	**58**	602	525	438	642	556
11	10	5	0	13	7	**59**	625	546	457	666	578
12	13	7	1	17	9	**60**	648	567	476	690	600
13	17	9	2	21	12	**61**	672	589	495	715	623
14	21	12	4	25	15	**62**	697	611	515	741	646
15	25	15	6	30	19	**63**	721	634	535	767	669
16	29	19	8	35	23	**64**	747	657	556	793	693
17	34	23	11	41	27	**65**	772	681	577	820	718
18	40	27	14	47	32	**66**	798	705	599	847	742
19	46	32	18	53	37	**67**	825	729	621	875	768
20	52	37	21	60	43	**68**	852	754	643	903	793
21	58	42	25	67	49	**69**	879	779	666	931	819
22	65	48	30	75	55	**70**	907	805	689	960	846
23	73	54	35	83	62	**71**	936	831	712	990	873
24	81	61	40	91	69	**72**	964	858	736	1020	901
25	89	68	45	100	76	**73**	994	884	761	1050	928
26	98	75	51	110	84	**74**	1023	912	786	1081	957
27	107	83	57	119	92	**75**	1053	940	811	1112	986
28	116	91	64	130	101	**76**	1084	968	836	1144	1015
29	126	100	71	140	110	**77**	1115	997	862	1176	1044
30	137	109	78	151	120	**78**	1147	102	889	1209	1075
31	147	118	86	163	130	**79**	1179	105	916	1242	1105
32	159	128	94	175	140	**80**	1211	108	943	1276	1136
33	170	138	102	187	151	**81**	1244	111	971	1310	1168
34	182	148	111	200	162	**82**	1277	114	999	1345	1200
35	195	159	120	213	173	**83**	1311	117	1028	1380	1232
36	208	171	130	227	185	**84**	1345	121	1057	1415	1265
37	221	182	140	241	198	**85**	1380	124	1086	1451	1298
38	235	194	150	256	211	**86**	1415	127	1116	1487	1332
39	249	207	161	271	224	**87**	1451	130	1146	1524	1366
40	264	220	172	286	238	**88**	1487	134	1177	1561	1400
41	279	233	183	302	252	**89**	1523	137	1208	1599	1435

42	294	247	195	319	266	**90**	1560	141	1240	1638	1471
43	310	261	207	336	281	**91**	1597	144	1271	1676	1507
44	327	276	220	353	296	**92**	1635	148	1304	1715	1543
45	343	291	233	371	312	**93**	1674	151	1337	1755	1580
46	361	307	246	389	328	**94**	1712	155	1370	1795	1617
47	378	322	260	407	345	**95**	1752	158	1404	1836	1655
48	396	339	274	426	362	**96**	1791	162	1438	1877	1693
49	415	355	289	446	379	**97**	1832	166	1472	1918	1731
50	434	373	304	466	397	**98**	1872	170	1507	1960	1770
51	453	390	319	486	416	**99**	1913	174	1543	2003	1810
52	473	408	335	507	434	**100**	1955	177	1578	2045	1850
53	494	427	351	529	454						
n	5%	1%	0,1%	5%	1%	**n**	5%	1%	0,1%	5%	1%
Test	zweiseitig			einseitig		**Test**	zweiseitig			einseitig	

(Beachtet sei, dass z. B. die einseitige 5%-Schranke zugleich zweiseitige 10 %-Schranke ist und die zweiseitige 1 %-Schranke zugleich einseitige 0,5 %-Schranke.)
Tabelle aus: http://www.forst.tu-dresden.de/Biometrie/formeln/form07

Tabelle 6: Kritische Chiquadrat-Werte

	Wahrscheinlichkeit einseitig					
	5%	**(2,5 %)**	**1 %**	**(0,5 %)**	**0,1 %**	**(0,05 %)**
	Wahrscheinlichkeit zweiseitig					
FG	**(10 %)**	**5 %**	**(2 %)**	**1 %**	**(0,2 %)**	**0,1 %**
1	2,71	3,84	5,41	6,63	7,88	10,82
2	4,60	5,99	7,82	9,21	10,60	13,81
3	6,25	7,81	9,84	11,34	12,84	16,26
4	7,78	9,48	11,67	13,27	14,86	18,46
5	9,24	11,01	13,39	15,08	16,75	20,51
6	10,64	12,59	15,03	16,81	18,55	22,45
7	12,02	14,06	16,62	18,47	20,28	24,32
8	13,36	15,50	18,17	20,09	21,96	26,12
9	14,68	16,91	19,68	21,66	23,59	27,87
10	15,99	18,30	21,16	23,20	25,19	29,58
11	17,28	19,67	22,62	24,72	26,76	31,26
12	18,55	21,02	24,05	26,21	28,30	32,90
13	19,81	22,36	25,47	27,68	29,82	34,52
14	21,06	23,68	26,87	29,14	31,32	36,12
15	22,31	24,99	28,26	30,57	32,80	37,69

(gekürzt in Anlehnung an Weinbach/Grinell, 2000, S. 199; Bortz, 1995, S. 699 f.)

10. Literatur

Alsaker, F. D. (2002): Quälgeister und ihre Opfer. Mobbing unter Kindern – und wie man damit umgeht. Bern: Huber Verlag.

Altrichter, H. & Mayr, J. (2004). Forschung in der Lehrerbildung. In: Blömeke, S.; Reinhold, P.; Tulodziecki, G. & Wildt, J. (2004): Handbuch Lehrerbildung. Kempten: Klinkhardt. S. 164–183.

Amelang, M. & Bartussek, D. (1997): Differentielle Psychologie und Persönlichkeitsforschung. Stuttgart: Kohlhammer.

Ammann, L. & Bähr, K. (2001): Überspringen einer Klasse. Zwischenbericht für das Schuljahr 1999/2000. (htttp://www.begabungsfoerderung.ch ⇏ Rubrik „Kantone" ⇏ „ZH").

BFS/EDK (Bundesamt für Statistik und Schweizerische Konferenz der kantonalen Erziehungs-direktoren)(2004): PISA 2003: Kompetenzen für die Zukunft – Erster nationaler Bericht. Neuchatel/Bern.

BFS/EDK (Bundesamt für Statistik und Schweizerische Konferenz der kantonalen Erziehungs-direktoren)(2005): PISA 2003: Kompetenzen für die Zukunft – Zweiter nationaler Bericht. Neu-chatel/Bern.

Bortz, J. (1993): Statistik für Sozialwissenschaftler (4. vollst. überarb. Aufl.). Berlin: Springer-Verlag.

Bortz, J. & Döring, N. (1995): Forschungsmethoden und Evaluation (2. vollst. überarb. Aufl.). Berlin: Springer-Verlag.

Bott, H. (1934).: Personality development in young children. University of Toronto Studies, Child development series, No.2. I

Breitenbach, E. & Kessler, B. (1997). Edu-Kinesthetik aus empirischer Sicht – eine empirische Überprüfung des Muskeltests. Sonderpädagogik, 1, S. 8–18.

Bühner, M. (2004): Einführung in die Test- und Fragebogenkonstruktion. München, Pearson Studium.

Dancey, C. P. & Reidy J. (2004): Statistics without Maths for Psychology, Harlow: Pearson, Prentice Hall.

Dann, H. D. & Humpert, W. (2007): Das Konstanzer Trainingsmodell (KTM) – Ein Verfahren zur Qualifizierung pädagogischen Personals. In: Merkle, A.; Schröder, A. und Rademacher, H.: Handbuch Konflikt- und Gewaltpädagogik. Bad Schwalbach: Wochenschauverlag. S. 315–328.

Eder, F. (1996): Schul und Klassenklima. Innsbruck: Studienverlag.

EDK (Schweizerische Konferenz der kantonalen Erziehungsdirektoren) (1992): Mädchen – Frauen – Bildung. Unterwegs zur Gleichstellung. Bern.

Ericsson, K. A. (2003): How the expert-performance approach differs from traditional approaches to expertise in sports: In search of a shared theoretical framework for studying expert performance. In: J. Starkes and K. A. Ericsson (Eds.): Expert performance in sport: Recent advances in research on sport expertise. Champaign, IL : Human Kinetics. S. 371–401.

Fassnacht, G. (1995): Systematische Verhaltensbeobachtung. München: Ernst Reinhardt.

Flynn, J. R. (2007): What ist Intelligence? Beyond the Flynn Effect. New York: Cambridge University Press.

Gigerenzer, G. (2002): Das Einmaleins der Skepsis. Berlin: Berlin Verlag.

Grawe, K.; Donati, R. & Bernauer, F. (1994): Psychotherapie im Wandel – von der Konfession zur Profession. Göttingen: Hogrefe.

Hauser, B. (2005): Das Spiel als Lernmodus: Unter Druck von Verschulung – im Lichte neuerer Forschung. In: Guldimann, T. & Hauser, B. (Hrsg., 2005): Bildung 4- bis 8-jähriger Kinder. Münster: Waxmann. S. 143–167.

Hauser, B. & Humpert, W. (2005): Empirische Methodik in der Ausbildung von Lehrpersonen: Virtuelle und tutorielle Seminare im Vergleich. Rorschach: Schlussbericht des Forschungsprojekts der IBH.

Helmke, A. (2003): Unterrichtsqualität erfassen, bewerten, verbessern. Seelze: Kallmeyersche Verlagsbuchhandlung.

Helmke, A.; Schrader, F.-W.; Tuyet, V. T. A.; Phuc, L. D. & Tra, T. T. B. (2003): Selbstkonzept und schulische Leistungen im Kulturvergleich: Ergebnisse der Grundschulstudie SCHOLASTIK in München und Hanoi. In: Schneider, W. & Knopf, W. (Hrsg.): Entwicklung, Lehren und Lernen. Göttingen: Hogrefe. S. 187–206.

Hirsig, R. (1998): Statistische Methoden in den Sozialwissenschaften. Band 1 (2. überarb. Aufl.). Zürich: Seismo Verlag.

Humpert, W.; Hauser, B.; Nagl, W. (2006): Was (zukünftige) Lehrpersonen über wissenschaftliche Methoden und Statistik wissen sollen und wollen. Beiträge zur Lehrerbildung, 24 (2). S. 231–244.

Humpert, W. & Dann, H.-D. (2012): KTM kompakt – Basistraining zur Störungsreduktion und Gewaltprävention. Bern: Huber. 2. erw. Aufl. Göttingen: Hogrefe.

Humpert, W. & Dann, H.-D. (1988): Das Beobachtungssystem BAVIS. Ein Beobachtungsverfahren zur Analyse von aggressionsbezogenen Interaktionen im Schulunterricht. Göttingen: Hogrefe.

Humpert, W.; Tennstädt, K. C. & Dann, H.-D. (1987): Erfassung subjektiver Theorien und berufsbezogener Einstellungen von Hauptschullehrern, Projekt „Aggression in der Schule", Universität Konstanz , Sozialwissenschaftliche Fakultät.

Humpert, W.; Tennstädt, K. C. und Dann, H.-D. (1983): Die Aggressionsbegriffe von Lehrern. Zeitschrift für Sozialpsychologie, 14. S. 44 – 59.

Jäger, A. O. (1970): Dimensionen der Intelligenz, Göttingen: Hogrefe.

Kasten, H. (1995): Einzelkinder – Aufwachsen ohne Geschwister. Berlin: Springer Verlag.

Kowaltchouk, O. L. (1998): Hochbegabte Jugendliche und ihre Peer-Beziehungen. Dissertation, München: Ludwig-Maximilian-Universität.

Kronig, W. (2007): Die systematische Zufälligkeit des Bildungserfolgs. Theoretische Erklärungen und empirische Untersuchungen zur Lernentwicklung und zur Leistungsbewertung in unterschiedlichen Schulklassen. Bern: Haupt-Verlag.

Lienert, G. A. und Raatz, U. (1998): Testaufbau und Testanalyse. Weinheim: Beltz.

Lipowsky, F. (1999): Lernzeit und Konzentration. Grundschulkinder in offenen Lernsituationen. Die Deutsche Schule, 1999, (2). S. 232 – 245.

Lipowsky, F. (2002): Zur Qualität offener Lernsituationen im Spiegel empirischer Forschung – Auf die Mikroebene kommt es an. In: Drews, U. & Wallrabenstein, W. (Hrsg.): Freiarbeit in der Grundschule. Frankfurt: Grundschulverband. S. 126 –159.

Lohmann, G. (2003): Mit Schülern klarkommen. Professioneller Umgang mit Unterrichtsstörungen und Disziplinkonflikten. Berlin: Cornelsen Scriptor.

Lüdtke, O. & Köller, O. (2002): Individuelle Bezugsnormorientierung und soziale Vergleiche im Mathematikunterricht. Zeitschrift für Entwicklungspsychologie und Pädagogische Psychologie, 34 (3). S. 156 –166.

Meyer, H. (2004): Was ist guter Unterricht? Berlin: Cornelsen Scriptor.

Moser, U.; Bayer, N. & Berweger, S. (2008): Summative Evaluation Grundstufe und Basisstufe. Zwischenbericht zuhanden der EDK-OST Zürich: Institut für Bildungs-evaluation, Assoziiertes Institut der Universität Zürich

Moser, U.; & Tresch, S. (2003): Best Practice in der Schule. Von erfolgreichen Lehrerinnen und Lehrern lernen. Buchs: Lehrmittelverlag des Kantons Aargau.

Nagl, W. (2003): Einführung in die Statistik, Konstanz, Skript zur gleichnamigen Veranstaltung. (He-runterladbar: www.uni-konstanz.de/ZE/RZ/statistik/wnagl/downloads/d_statisti_einf.html - 8k -).
Niggli, A. & Kersten, B. (1999): Lehrerverhalten und Wochenplanunterricht. Bildungsforschung und Bildungspraxis. Schweizerische Zeitschrift für Erziehungswissenschaft, 3, 1999. S. 273 – 291.
Nunner-Winkler, G. (1995): Zur sozialen Konstruktion von Differenzen. Beiträge zur Lehrerbildung, 14. S. 43 – 52.
OECD (Organisation für wirtschaftliche Zusammenarbeit und Entwicklung) (Hrsg.) (2001): Lernen für das Leben. Erste Ergebnisse der Internationalen Schulleistungsstudie PISA 2000. Paris: OECD Publications.
Olweus, D. (1995): Gewalt in der Schule: Was Lehrer und Eltern wissen sollten – und tun können. Bern: Huber.
Parten, M. B. (1932): Social participation among preschool children. Journal of Abnormal and Social Psychology, 27. S. 243 – 269.
Peterson, J. S. & Ray,K. E. (2006): Bullying and the Gifted: Victims, Perpetrators, Prevalence, and Effects. Gifted Child Quarterly, Spring 2006, Vol 50, No 2. S. 148 –168.
Rollin, M. (1990): Typisch Einzelkind. Das Ende eines Vorurteils. Hamburg: Hoffmann & Campe.
Rost, D. H. (1993): Lebensumweltanalyse hochbegabter Kinder. Göttingen: Hogrefe.
Rost, D. H. (2005): Interpretation und Bewertung pädagogisch-psychologischer Stu-dien. Weinheim und Basel: Beltz.
Rost, D. H. & Witt, M. (1993): Erziehungsziele von Eltern hochbegabter Kinder. In: D. H. Rost (Hrsg.): Lebensumweltanalyse hochbegabter Kinder. Göttingen: Hogrefe. S. 75 –104.
Rost, D. H. (1998): Hochbegabung. In: Rost, D. H. (Hrsg.): Handwörterbuch Pädagogische Psychologie. Weinheim: Beltz. S. 177–182.
Rost, D. H. & Hanses, P. (1997): Wer nichts leistet, ist nicht begabt? Zeitschrift für Entwicklungspsychologie und Pädagogische Psychologie, 29. S. 167–177.
Scheithauer, H.; Hayer, T. & Petermann, F. (2003): Bullying unter Schülern. Erscheinungsformen, Risikobedingungen und Interventionskonzepte. Göttingen: Hogrefe.
Stamm, M. (2005): Zwischen Exzellenz und Versagen. Frühleser und Frührechnerinnen werden erwachsen. Zürich/Chur: Rüegger.
Stern, E. (2001): Intelligenz, Wissen, Transfer und der Umgang mit Zeichensystemen. In: Stern, E., Guthke, J. (Hrsg.) (2001): Perspektiven der Intelligenzforschung. Lengerich: Pabst. S. 163 – 203.
Stern, E. (2003): Der Erwerb mathematischer Kompetenzen. In: Schneider, W. & Knopf, M. (2003): Entwicklung, Lehren und Lernen. Göttingen: Hogrefe.
Strittmatter, A. (2004): Noten sind praktisch – und unprofessionell. Elementarwissen zur Noten-Kontroverse – und die (bekannte) professionelle Alternative. In: Bildung Schweiz, 6. S. 7–10.
Swoboda, H. (1971): Knaurs Buch der modernen Statistik. Muenchen: Droemer Knaur.
Terhard, E. (2002): Nach PISA. Hamburg: Europäische Verlagsanstalt.
Tettenborn, A. (1996): Familien mit hochbegabten Kindern. Münster: Waxmann.
Vogt, F.; Zumwald, B.; Urech, C.; Abt, N.; Bischoff, S.; Buccheri, G. & Lehner, M. (2008). Zwischenbericht formative Evaluation Grund-/Basisstufe im Auftrag der EDK-Ost, St. Gallen: Institut für Lehr- und Lernforschung, Pädagogische Hochschule St. Gallen.
Wahl, D. (1991): Handeln unter Druck. Der weite Weg vom Wissen zum Handeln bei Lehrern, Hochschullehrern und Erwachsenenbildnern. Weinheim: Deutscher Studien Verlag.
Wechsler, D. (1964): Die Messung der Intelligenz Erwachsener. Bern: Huber.
Weinbach, R. W. & Grinell, R. M. (2000): Statistik für soziale Berufe. Neuwied: Luchterhand.

Weinert, F. E. (1996): Für und Wider die „neuen Lerntheorien“ als Grundlagen pädagogisch-psychologischer Forschung. Zeitschrift für Pädagogische Psychologie, 10. S. 1–12.
Weinert, F. E. & Helmke, A. (1997): Entwicklung im Grundschulalter. Weinheim: Psychologie Verlags Union.
Wiederkehr, B.; Vogt, F.; Bischoff, S.; Moser, U. & Berweger, (2006): Erziehung und Bildung in Kindergarten und Unterstufe im Rahmen der EDK-Ost. Zusammenfassung der Ersterhebung aus den Kantonen BE, FR, LU und ZH. http://www.edkost.sg.ch/home/projekte/grundstufe_basisstufe/aktuelles/was_wir_wollen.html (18. 2. 07).
Wild, K. P. (1991): Identifikation hochbegabter Schüler. Heidelberg: Asanger.
Windeler, J. (1998): Was ist der Placebo-Effekt? SKEPTIKER, 3. S. 98–103.
Wissenschaftsrat (2001): Empfehlungen zur künftigen Struktur der Lehrerausbildung. Berlin: http://www.wissenschaftsrat.de/texte/5065-01.pdf (31. 3. 2003).
Zutavern, M. (2001): Forschung und Lehrerbildung. Journal für Lehrerinnen- und Lehrerbildung, 3, 2001. S. 16–26.
Zwerenz, K. (2001): Statistik verstehen mit Excel. München: Oldenbourg.

Unter **www.friedrich-verlag.de** finden Sie Materialien zum Buch als Download.
Bitte geben Sie den achtstelligen Download-Code in das Suchfeld ein.

DOWNLOAD-CODE: d18014sg

Hinweis:

Das Buch enthält Arbeitsaufträge, die beim Selbststudium unterstützen. Bei einigen wird auf das Download-Material verwiesen, das die angesprochenen Materialien enthält.
Durch den Kauf dieses Buches (ISBN 978-3-7800-8014-1) haben Sie das Recht erworben, das ergänzende Download-Material in Ihren derzeitigen und zukünftigen Lerngruppen und Klassen einzusetzen und zu vervielfältigen. So können Sie etwa einzelne Seiten ausdrucken und verteilen oder mit Beamer oder Whiteboard verwenden.

Was Sie **nicht** dürfen:
- Das Download-Material oder Teile davon an Kolleginnen und Kollegen weitergeben.
- Das Download-Material oder Teile davon in Netzwerke einstellen, wie etwa Schulserver oder Cloud-Systeme, sodass Kolleginnen und Kollegen darauf Zugriff erhalten.
- Die Lizenzinformation und Quellenhinweise auf dem Downloadmaterial entfernen.
- Bei einer Bibliotheksausleihe des Buches das Download-Material herunterladen.

Bitte tragen Sie im Sinne dieser Lizenz dazu bei, dass wir weiterhin digitales Ergänzungsmaterial für Lehrerinnen und Lehrer bereitstellen können. Der Verlag behält sich dabei vor, auch gegen urheberrechtliche Verstöße vorzugehen.

Unsere Autorinnen und Autoren sowie der Verlag wünschen Ihnen viel Erfolg bei der Nutzung der Materialien!

Haben Sie Fragen zum Download? Dann wenden Sie sich bitte an den Leserservice der Friedrich Verlags GmbH. Schreiben Sie uns oder rufen Sie uns an!

Sie erreichen unseren Leserservice
Montag bis Donnerstag von 8 – 18 Uhr
Freitag von 8 – 14 Uhr
Tel.: 0511/40004-150
Fax: 0511/40004-170
E-Mail: *leserservice@friedrich-verlag.de*

Wir freuen uns über Ihre Rückmeldung und helfen Ihnen gerne weiter!